Heinz Abels

Wirklichkeit

Hagener Studientexte zur Soziologie

Herausgeber:
Heinz Abels, Werner Fuchs-Heinritz
Wieland Jäger, Uwe Schimank

Die Reihe „Hagener Studientexte zur Soziologie" will eine größere Öffentlichkeit für Themen, Theorien und Perspektiven der Soziologie interessieren. Die Reihe ist dem Anspruch und der langen Erfahrung der Soziologie an der FernUniversität Hagen verpflichtet. Der Anspruch ist, sowohl in soziologische Fragestellungen einzuführen als auch differenzierte Diskussionen zusammenzufassen. In jedem Fall soll dabei die Breite des Spektrums der soziologischen Diskussion in Deutschland und darüber hinaus repräsentiert werden. Die meisten Studientexte sind über viele Jahre in der Lehre erprobt. Alle Studientexte sind so konzipiert, dass sie mit einer verständlichen Sprache und mit einer unaufdringlichen, aber lenkenden Didaktik zum eigenen Studium anregen und für eine wissenschaftliche Weiterbildung auch außerhalb einer Hochschule motivieren.

Heinz Abels

Wirklichkeit

Über Wissen und andere
Definitionen der Wirklichkeit,
über uns und Andere,
Fremde und Vorurteile

Mit einem Beitrag von
Benita und Thomas Luckmann

VS VERLAG FÜR SOZIALWISSENSCHAFTEN

Bibliografische Information der Deutschen Nationalbibliothek
Die Deutsche Nationalbibliothek verzeichnet diese Publikation in der
Deutschen Nationalbibliografie; detaillierte bibliografische Daten sind im Internet über
<http://dnb.d-nb.de> abrufbar.

1. Auflage 2009

Alle Rechte vorbehalten
© VS Verlag für Sozialwissenschaften | GWV Fachverlage GmbH, Wiesbaden 2009

Lektorat: Frank Engelhardt

VS Verlag für Sozialwissenschaften ist Teil der Fachverlagsgruppe
Springer Science+Business Media.
www.vs-verlag.de

Umschlaggestaltung: KünkelLopka Medienentwicklung, Heidelberg
Druck und buchbinderische Verarbeitung: Krips b.v., Meppel
Gedruckt auf säurefreiem und chlorfrei gebleichtem Papier
Printed in the Netherlands

ISBN 978-3-531-16773-2

Wirklichkeit

Über Wissen und andere Definitionen der Wirklichkeit,
über uns und Andere, Fremde und Vorurteile

Einleitung und Überblick – auch ein kleiner Dank

„Wissen ist zu einem Leitbegriff der gegenwärtigen Gesellschaft geworden." So beginnt eine aktuelle Sammlung von Beiträgen über „Neue Perspektiven der Wissenssoziologie". (Tänzler, Knoblauch, Soeffner 2006, S. 7) Als Beispiele nennen die Herausgeber Schlagworte wie »Wissensgesellschaft« oder »Wissensmanagement«, unter denen man sich alles und nichts vorstellen könne. Deshalb, folgern sie, sei die »Wissenssoziologie« herausgefordert, „zur Paradoxie der, wie es bei Ulrich Beck heißt, »zweiten, reflexiven Moderne« Stellung zu nehmen, die von sich (...) kein angemessenes Bewusstsein zu haben scheint." (ebd.)

Diese Verknüpfung (nämlich zum Bewusstsein der Moderne von sich selbst!) will ich mit dem hier vorliegenden Buch *nicht* leisten. Sehr wohl aber möchte ich Sie dazu bringen, sich klar zu machen, wie Wissen über die Wirklichkeit zustande kommt und wie es wirkt.

Was die Paradoxie der »zweiten, reflexiven Moderne« angeht, so kann ich sie hier nur kurz skizzieren.[1] Nach der These von Beck meint einfache Modernisierung die Rationalisierung oder Entzauberung der Tradition und reflexive Modernisierung die Rationalisierung oder Entzauberung der Rationalisierung. (vgl. Beck 1991, S. 40) Letzteres heißt, dass die Bedingungen und Folgen der Rationalisierung zum Problem werden. Es werden nämlich nicht geplante Nebenfolgen unseres Handelns offensichtlich, und vor allem stellen wir fest, dass sich die Rationalitäten pluralisiert haben. Sie führen jede für sich gute Gründe an, aber in der Summe widersprechen sie sich. Die Konsequenz ist, dass wir vieles schon gar nicht mehr wissen, was man eigentlich wissen sollte, und wir müssen es wohl oder übel Experten und Eingeweihten über-

---

[1] Ausführlich habe ich sie im Buch Identität (2006), Kap. 17.5 „Reflexive Modernisierung" behandelt.

lassen. Wir handeln also unter dem Damoklesschwert des Nichtwissens!

Die Pluralisierung der guten Begründungen, die man mit einigem guten Willen für alles und jedes finden kann, hat zur Folge, dass der gesellschaftliche Konsens, wie Gesellschaft sinnvoll geregelt werden sollte, brüchig wird. Die Institutionen, die für solche Regelungen stehen, verlieren „ihre historischen Grundlagen, werden widersprüchlich, konflikthaft, individuumabhängig, erweisen sich als zustimmungsbedürftig, auslegungsbedürftig, offen für interne Koalitionen und soziale Bewegungen." (Beck 1991, S. 50) Wenn alles im Fluss ist, woran man sich glaubte zu Recht orientieren zu dürfen, und wenn der paradoxe Fall normal wird, dass im Zeichen der Rationalisierung aller gesellschaftlichen Bedingungen unerwünschte Bedingungen herauskommen, dann ist es an der Zeit, sich zu fragen, wie denn unser Wissen von der Wirklichkeit, die da um uns herum wogt und wirkt, zustande kommt und was wir davon haben, wenn wir das wissen. Das war einer der Anlässe, dieses Buch zu schreiben!

Es behandelt deshalb einige grundlegende Fragen der Soziologie: Was ist Wirklichkeit? Was ist Wissen?[2] Diese beiden Fragen stellen sich dem Mann auf der Straße in aller Regel gar nicht. Er „kümmert sich normalerweise nicht darum, was wirklich für ihn ist und was er weiß, es sei denn, er stieße auf einschlägige Schwierigkeiten. Er ist seiner »Wirklichkeit« und seines »Wissens« gewiss." (Berger u. Luckmann 1966, S. 2) Und wenn man der Frau auf der Straße entsprechende

---

2 Das vorliegende Buch beabsichtigt *keine* Einführung in *die* Wissenssoziologie, sondern rückt eine – allerdings – zentrale These dieser soziologischen Diskussion, die von Berger und Luckmann über „Die gesellschaftliche Konstruktion der Wirklichkeit" (1966), in den Blick. Wer sich informieren will, was dieser Diskussion vorausgegangen und wo sie heute angekommen ist, kann aus einer breiten Palette wählen: Tänzler, Knoblauch, Soeffner (Hrsg.) (2006a); Knoblauch (2005); Luckmann (2002); Maasen (1999); Hitzler, Reichertz, Schroer (Hrsg.) (1999); Luhmann (1995, 1993); Meja, Stehr (Hrsg.) (1982); Krüger (1981); Fischer, Marhold (Hrsg.) (1978); Coser u. Rosenberg (1957); Merton (1945). Für die soziologische Diskussion Richtung weisend ist natürlich Mannheim (1964). Den besten und aktuellsten Überblick über die Wissenssoziologie bietet das Handbuch Wissenssoziologie und Wissensforschung, herausgegeben von Schützeichel (2007).

Fragen stellen würde, würde sie wahrscheinlich so antworten: „Es ist, wie es ist, und was ich weiß, das weiß ich – und beides versteht sich von selbst."

Soziologen sind geborene (oder wenigstens: gelernte) Zweifler, und nichts, was nur im Entferntesten mit Gesellschaft zu tun hat, ist ihnen selbstverständlich. Wissen hat mit Gesellschaft zu tun und Wirklichkeit auch. Das eine ist ein *Prinzip* der symbolischen Ordnung einer jeden Gesellschaft; das andere *Form* der symbolischen Ordnung, die eine konkrete Gesellschaft für sich insgesamt und die Individuen in ihr jeweils für sich und zusammen mit anderen *konstruieren*. Damit ist schon die These angedeutet, die dem vorliegenden Buch zugrunde liegt: Wissen und Wirklichkeit sind Konstruktionen, durch die Ordnung in die komplexe Welt gebracht wird. An diesen Konstruktionen sind die Gesellschaft mit ihren institutionellen Regelungen und die Individuen zugleich beteiligt. Da eine Gesellschaft nur solange besteht, wie Individuen in ihr gemeinsam und zustimmend handeln, ja letztlich nur im Handeln ihrer Mitglieder besteht, kann die Konstruktion der Wirklichkeit nicht verstanden werden, wenn wir nicht die Interaktionen verstehen, in denen sie jeweils zustande kommt.

Die Frage nach dem Zusammenhang von Wissen und Wirklichkeit berührt eine der Grundfragen der Soziologie. Sie lautet: Wie wird Gesellschaft zusammengehalten? Auf diese unerschöpfliche Frage hat es berühmte Antworten gegeben. Ich nenne stellvertretend für viele andere klassische Erklärungen

- EMILE DURKHEIM mit seiner These vom kollektiven Bewusstsein,
- GEORGE HERBERT MEAD mit der These vom „universe of discourse" oder
- TALCOTT PARSONS mit der These von der Dominanz des kulturellen Systems.[3]

Neben diesen klassischen Antworten ist die von PETER L. BERGER und THOMAS LUCKMANN im letzten Drittel des 20. Jahrhunderts ins Gespräch gekommen. Sie sagen, dass eine Gesellschaft vor allem durch

---

3 Einen Überblick über diese und andere Antworten finden Sie bei Abels 2007, Bd. 1, Kap. 3 „Soziale Ordnung oder: Wie ist Gesellschaft möglich?".

das *gemeinsame Wissen* zusammengehalten wird. Diese These zieht
sich durch ihr Buch, das 1966 unter dem Titel „The Social Construction
of Reality" in den USA erschienen ist und inzwischen zu den Klassi-
kern der soziologischen Literatur zählt.

Die hier vorliegende Diskussion will aus diesem in Theorien und
Themen weit ausgreifenden Werk vor allem die Frage behandeln, wie
sich das gemeinsame Wissen hinter dem Rücken der Individuen aufbaut, wie es im eigentlichen Sinne des Wortes „wirklich" wird und inwiefern es einen Rahmen bildet für unser *subjektives* Wissen. Die diesbezügliche These steckt zum Teil schon im Titel des Buches. Er enthält
aber auch eine ernsthafte soziologische Warnung und eine genauso
ernsthafte Aufforderung: Die Wirklichkeit ist eine *gesellschaftliche
Konstruktion*! Der Titel warnt vor der falschen Annahme, es gäbe eine
Wirklichkeit an und für sich und sei deshalb selbstverständlich; richtig
ist, dass die gesellschaftlichen Verhältnisse schon geregelt sind, bevor
wir auf die Bühne des Lebens treten. Solche Regelungen werden als
»Institutionen« bezeichnet. Doch wir dürfen nie vergessen, und genau
dazu regt der Titel an, dass sich diese Regelungen aus dem *Handeln
von Menschen*, auch wenn sie sich dessen vielleicht gar nicht bewusst
waren, ergeben haben und als praktische Lösungen beibehalten wurden.
Dieses Wissen wach zu halten, ist ein Anliegen des Buches von Berger
und Luckmann. Die Wirklichkeit ist nur *scheinbar* selbstverständlich,
und deshalb ist sie auch allen soziologischen Fragens würdig.

Doch das ist nicht so leicht, denn unser gesamtes Denken über den
ganz normalen Alltag und vor allem unsere soziale Kommunikation mit
den Anderen in unserer gemeinsamen Wirklichkeit erfolgt in einem
Medium, das von keines Zweifels Blässe getrübt ist: in Form von *Sprache*. In ihr ist alles festgestellt, was hier und heute als vernünftiges
Denken und Handeln in der geordneten Wirklichkeit gilt. Sie versorgt
uns mit dem Wissen, das jedermann in dieser Gesellschaft besitzt –
oder besitzen sollte. Und hier liegt auch das Problem, dass wir nämlich
in der unbedachten Verwendung der Sprache und des in ihr zum Ausdruck kommenden gesellschaftlichen Wissens annehmen, dass die
Wirklichkeit so ist, wie sie ist, und dass alle anderen sie deshalb auch
genau so sehen wie wir.

In dieser Hinsicht wirft das Kap. 2 skeptische Fragen auf und versucht erste Antworten. Eine Antwort wird auf die These hinauslaufen, dass die Dinge nicht von sich aus so sind, wie sie sind, sondern dass wir ihnen in den Interaktionen mit anderen Individuen Bedeutung beimessen und so gemeinsam eine symbolische Wirklichkeit schaffen.

In den folgenden Kapiteln geht es um natürliche Einstellungen zu einer „selbstverständlichen" Lebenswelt und um die Frage, wie Wissen in der Alltagswelt überhaupt entsteht und welches pragmatische Interesse wir an „der" Wirklichkeit entwickeln. Dabei werden wir feststellen, dass die „Wirklichkeit" schon vorab durch die Gesellschaft konstruiert ist. Sie stellt sich in Institutionen immer wieder neu fest. Beide Sätze bilden keinen Widerspruch, denn im Augenblick unseres Handelns sind Bedingungen des Handelns – auch durch gesellschaftliches Wissen! – schon festgestellt, institutionalisiert, aber durch unser Handeln setzt schon der Prozess ein, in dem wir die Institutionen bestätigen oder revidieren. Da das so ist, setzt die Gesellschaft – als selbstverständliche symbolische Ordnung bis dahin – alles daran, ihre Legitimation unter Beweis zu stellen. Wo Zweifel auftauchen, greift sie korrigierend oder auf andere, drastischere Weise in die symbolische Ordnung der Individuen ein. Schließlich steht auch die subjektive Wirklichkeit nicht fest, und es gibt eine ganze Reihe von bewussten oder stillen Revisionen, mit denen die Vergangenheit auf Vordermann gebracht und die Zukunft vorbereitet wird.

Dieser letzte Fall ist weder ehrenrührig noch selten. Im Gegenteil, die Moderne hat zu einer Pluralisierung der symbolischen Wirklichkeit geführt, und das hat Folgen für die moderne Identität.

Im 9. Kapitel lenke ich den Blick auf unsere Beziehung zu anderen, d. h. ich frage, wie unsere Wissen über uns und die anderen entsteht und wie es funktioniert. Dabei wird schnell deutlich werden, dass das Denken über uns und die Anderen eng mit dem zusammenhängt, was die Bezugsgruppe, der wir uns in irgendeiner Weise verbunden fühlen, denkt. Und etwas anderes sollte auch deutlich werden: das Denken über „uns" ist dadurch gekennzeichnet, dass wir Grenzen gegenüber „Anderen" ziehen.

Um diese Anderen geht es vor allem in Kapitel 11, wo die soziale Figur des Fremden, dies allerdings nur in einer ganz bestimmten soziologischen Einschränkung, angesprochen wird. Es geht in diesem Buch nicht um eine Soziologie des Fremden. Das wäre ein ganz anderes Thema und wäre angesichts der weit verzweigten soziologischen Diskussion in der Kürze auch gar nicht zu leisten.[4] Es gilt vielmehr, den Fremden als paradigmatischen „Querbegriff" zu Begriffen der sozialen und vor allem der kulturellen Ordnung zu verstehen. Meine These wird sein, dass unsere kulturelle Ordnung bei weitem nicht so fest gefügt ist, wie wir das gerne annehmen, und dass uns das im Umgang mit dem Fremden *bewusst werden kann*. Ich formuliere deshalb etwas zögerlich, weil das mit dem „Bewusstwerden" im Alltag so eine Sache ist. Im Normalfall machen wir uns nämlich keineswegs bewusst, wie wir denken, sondern – siehe oben – wir denken „wie üblich". Und wenn unsere Ordnung der selbstverständlichen Gewissheiten gestört wird, reagieren wir in der Regel mit Abwehr.

Dieser Versuch, die vertraute Sinnwelt durch Abwehr von Alternativen zusammenzuhalten, steht im Mittelpunkt der letzten Kapitel über den Zusammenhang von Wissen und Vorurteil. Dabei wird das Vorurteil als eine besondere Form der Abwehr von Zweifeln an der Selbstverständlichkeit der gesellschaftlichen Wirklichkeit verstanden. Der Fremde hier vor Ort, in *unserem* eigenen Land, ist ein Beispiel für etwas, das diese Zweifel auslösen kann. Zweifel können aber auch aus der Gesellschaft selbst entstehen, weil die kulturellen Orientierungen in eine Krise geraten oder die Individuen sich gegenüber den objektiven Bedingungen ihrer Gesellschaft unsicher fühlen. In dieser Situation kommt es nicht selten zu einer Identifizierung von „Schuldigen", die man mit unseren Problemen bepackt und symbolisch in die Wüste jagt oder sogar tatsächlich vernichtet. Vorurteile dienen auch dazu, eine vertraute Sinnwelt zusammenzuhalten!

---

4 Aus der Fülle der neueren soziologischen Literatur nenne ich nur Beispiele: Schäffter (Hrsg.) (1991), Stichweh (1992), Hahn (1994, 1995), Beck (1995), Nassehi (1995), Lengfeld (Hrsg.) (1995), Münkler (Hrsg.) (1997), Weiß (1999), Geenen (2002).

In die Diskussion dieser These beziehe ich einen Beitrag von BENI-TA und THOMAS LUCKMANN aus einem Studienbrief über „Wissen und Vorurteil" ein, den sie seinerzeit für die FernUniversität in Hagen verfasst haben. (Luckmann u. Luckmann 1983) Dieser Studienbrief, der in die Jahre gekommen war, war überhaupt der Auslöser, grundsätzlicher danach zu fragen, wie unser Wissen von der Wirklichkeit zustande kommt und wie es in der Interaktion mit anderen funktioniert.

Bei meinen Überlegungen habe ich nicht nur den exemplarischen Fall einer Hexenverfolgung Ende des 17. Jahrhunderts (Kap. 14.2) aufgegriffen, sondern bin auch an vielen anderen Punkten der Argumentation von Benita und Thomas Luckmann gefolgt. Manche der damals geäußerten Gedanken, vor allem zum Thema „Wissen und Wirklichkeit", haben sich ohnehin in meinem Kopf so festgesetzt – und gehören wohl auch zur opinio communis in der Soziologie, inzwischen vielleicht sogar im gehobenen Alltagsdiskurs –, dass Trennlinien gar nicht immer gezogen werden können.

Umso mehr habe ich mich gefreut, dass Thomas Luckmann meine expliziten Übernahmen aus dem damaligen Text ausdrücklich gebilligt und aus dem ihm vorgelegten Manuskript den Schluss gezogen hat, ich sei mit seinem Denken „nicht nur vertraut", sondern wisse auch „mit ihm umzugehen". – Jedenfalls will ich mein Scherflein dazu beitragen, dass dieses Denken sich in vielen Köpfen breitmacht. Es betrifft ein zentrales Thema im Verhältnis zwischen Individuum und Gesellschaft!

Damit schlage ich noch einmal den Bogen zurück zu der eingangs geforderten Antwort auf die Paradoxie der »reflexiven Moderne«: Wenn wir uns auf die Analyse des Zusammenhangs von Wissen und gesellschaftlicher Wirklichkeit einlassen, dann haben wir wenigstens schon mal *einen* Schritt getan, die Dinge wieder selbst in die Hand zu nehmen. Denn: Wer einmal angefangen hat zu fragen, warum wir meinen, die Verhältnisse seien selbstverständlich, wird sie nie mehr für selbstverständlich nehmen können. Auch das Wissen über sich selbst nicht!

1   Prolegomena über Wissen und Wirklichkeit

Im Jahre 1969 kam in Deutschland ein Buch mit dem merkwürdigen Titel „Die gesellschaftliche Konstruktion der Wirklichkeit" heraus. Geschrieben hatten es PETER L. BERGER, der 1929 in Wien geboren wurde und später in die USA ging, und Thomas Luckmann, der 1927 in Jesenice (Slowenien) geboren wurde und nach einigen Jahren in den USA an verschiedenen deutschen Hochschulen lehrte. Beide waren in den 1950er Jahren Schüler von ALFRED SCHÜTZ, einem erst spät bekannt gewordenen phänomenologischen Soziologen, an der New Yorker New School of Social Research.

Das Buch wurde erstaunlich rasch rezipiert und liegt seit 2004 in der 20. Auflage vor. Dafür gibt es mehrere Gründe. Es kam der Kritik an der bis dahin herrschenden strukturfunktionalistischen Soziologe von TALCOTT PARSONS entgegen, indem es die damals in Deutschland noch nicht so bekannten Thesen von GEORGE HERBERT MEAD, HERBERT BLUMER, ERVING GOFFMAN und ANSELM STRAUSS und andere Anregungen aus der „Symbolic-Interactionist-School" (Berger u. Luckmann 1966, S. 18) vorstellte. „Interaktion war einer derjenigen Begriffe, mit dem man gegen die seinerzeit dominierende Version von Systemtheorie protestierte. Die Kritik an Parsons wurde als mikrosoziologische Revolution inszeniert", schildert ANDRÉ KIESERLING rückblickend den Geist der Zeit. (Kieserling 1999, S. 23) Der Gedanke der gesellschaftlichen Konstruktion der Wirklichkeit weckte Hoffnungen!

Sie wurden durch die Lektüre auch bestärkt, denn die Autoren entwerfen in Grenzen eine optimistische Theorie des Verhältnisses zwischen Individuum und Gesellschaft, sagen sie doch, dass die gesellschaftliche Wirklichkeit eine Konstruktion ist, an der jedes Individuum beteiligt ist. Macht es sich das nur klar – so muss man diese Theorie weiterlesen –, ist das Leiden an der Gesellschaft[1] vielleicht nicht mehr gar so schlimm.

Man kann das Interesse an der „Gesellschaftlichen Konstruktion der Wirklichkeit" aber auch genau andersherum begründen: Geahnt haben wir es immer – und die Soziologen wussten es sowieso immer schon! –, dass wir unter der Macht der Verhältnisse leben, aber manchmal haben wir auch geseufzt, dass wir auch nichts dagegen tun. Das Buch von Berger und Luckmann macht mit tiefsinnigen Überlegungen und munteren Beispielen klar, dass wir wegen dieser Haltung wenigstens ab und zu ein schlechtes Gewissen haben sollten. Deshalb werde ich im Folgenden auch das Thema *Wissen* im Allgemeinen und eine noch unbedachtere Variante des „Wissens", das *Vorurteil,* so ausführlich behandeln, denn beide Einstellungen zur Welt haben etwas mit uns zu tun, konkret: mit unserer Bereitschaft, selbst zu denken und kritisch zu fragen. Was in dieser Hinsicht von uns unterlassen oder auch getan wird, vor allem aber möglich ist, wird z. B. in einem Kapitel „Das Wissen über uns und die Anderen", aber auch in einem Kapitel „Wir und ‚die' Anderen" gezeigt. Das Individuum wird nämlich nicht nur in dieser gesellschaftlichen Wirklichkeit plaziert, sondern es richtet sich auch selbst in seiner Welt ein. In ihr lebt es zusammen mit Anderen, und wie es die Anderen sieht, das hängt mit sozialen, aber auch höchst individuellen Bildern vom „richtigen" Verhalten in dieser Gesellschaft zusammen.

Diese Bilder bestehen in explizitem oder auch tief ins Bewusstsein abgesunkenem Wissen darüber, wie die Gesellschaft im Innersten zusammenhängt und was wir in ihr zu tun haben. Das gesellschaftliche Wissen hält soziale Regeln fest und setzt Regeln. Damit können wir auch den Bogen vom Wissen zur Gesellschaft schlagen. Nach Berger u. Luckmann sieht der Zusammenhang so aus, dass sich die Gesellschaft durch die permanente Erzeugung und praktische Verwendung von Wissen *konstituiert.* Das Wissen in einer Gesellschaft stellt die Summe der „Deutungsschemata" dar, „mit deren Hilfe sich eine Gesellschaft selbst

---

1 So lautet der Titel des seinerzeit viel gelesenen Buches von Hans Peter Dreitzel (1968): Die gesellschaftlichen Leiden und das Leiden an der Gesellschaft.

beschreibt und definiert" (Srubar 2006, S. 140). Gesellschaften unterscheiden sich nach „der Art des gebrauchten Wissens" und „der Ausdifferenzierung des gesellschaftlichen Wissensvorrats" (ebd. S. 139). Das Wissen in einer Gesellschaft ist nicht homogen, sondern differenziert, und insofern variieren auch die Deutungen der Gesellschaft insgesamt und ihrer Teilbereiche.

Die Individuen übernehmen dieses Wissen, das man ganz im Sinne der von Emil Durkheim so bezeichneten „sozialen Tatsachen" oder „Institutionen" verstehen kann, im Prozess der Sozialisation, verinnerlichen es und organisieren danach ihr Verhalten. Wieder im Sinne der Durkheimschen Institutionen, ist im Wissen festgehalten, wie die Wirklichkeit und die Anderen zu sehen sind und wie man miteinander *handeln* soll. Die soziale Wirklichkeit wird dadurch permanent *konstruiert*, dass wir im Prozess der Kommunikation mit den anderen auf die differenzierten Deutungen zurückgreifen, die im kollektiven Wissen abgelagert sind, und sie in einer konkreten Situation auf eine gemeinsame Deutung zuführen. Das gesellschaftliche Wissen und die Institutionen, in denen es als soziale Regelung vorläufig festgestellt ist, bilden so etwas wie ein „sozio-historisches Apriori" (Luckmann 2006, S. 24), aber im wahrsten Sinne „wirklich" wird das Wissen erst in den Handlungen der Individuen. Gesellschaft besteht in den Handlungen von Akteuren, die gesellschaftliches Wissen verwenden. Insofern „muss jede Gesellschaftsform als wissensbasiert gelten." (Srubar 2006, S. 139)

Wissen erhält sich durch die wechselseitigen Bestätigungen in den Interaktionen der Individuen, aber dort wird es auch kontinuierlich weiterentwickelt. Natürlich ist die Verfügung über das gesellschaftliche Wissen nicht frei, wie uns ja auch die Institutionen mit eigentümlichem Zwang gegenüberstehen. Wir haben es als „richtige Regel" so verinnerlicht, dass wir oft gar nicht auf den Gedanken kommen, dass die Dinge auch anders geregelt sein könnten. So bleibt unsere grundsätzliche Freiheit hinter der Gewohnheit des Denkens und Handelns zurück. Vor den kecken Gedanken, die Dinge anders zu sehen, hat die Gesellschaft außerdem einen abgestuften Prozess der Legitimation des Bestehenden (und des richtigen Wissens darüber!) gestellt. Darauf gehen Berger u. Luckmann besonders ein, und man erfährt so einiges über die Sicherungen, die die Gesellschaft einbaut, damit die Individuen nicht aus dem Ruder laufen. Damit kein falscher Eindruck entsteht: Die Gesellschaft ist natürlich kein Subjekt, das als solches handeln könnte, und auch nicht der große Leviathan, der uns kontrolliert, ob wir auch das richtige Wissen haben und beherzigen. Die Legitimationen sind aus dem Wissen selbst entstanden, das die Mitglieder der Gesellschaft lange vor unserer Zeit generiert und an das sich andere später ganz selbstverständlich gehalten haben, aber sie erhalten sich auch durch unsere Zustimmung zu eben diesem Wissen. Insofern heißt über den Zusammenhang von Wissen und Wirklichkeit nachzudenken immer auch, über uns selbst in dieser Gesellschaft und in der Wirklichkeit, die wir zusammen mit den anderen konstruieren, nachzudenken.

Seit dem ersten Erscheinen spricht „Die gesellschaftliche Konstruktion der Wirklichkeit" eigentlich jeden an, der sich mit soziologischen Fragen über den Zusammenhang von Individuum und Gesellschaft befasst oder der ganz einfach sein Routinedenken anhält und fragt: In welcher Gesellschaft lebe ich eigentlich und was *trage* ich zu ihr *bei* resp. *lasse* ich *zu*?

Diese letzte Herausforderung stellt auch HANS-GEORG SOEFFNER heraus, der zum 25jährigen von „Social Construction of Reality" die Soziologie von Berger und Luckmann so bewertet hat: „Diese Soziologie beschreibt die menschliche Zugangsweise zur Welt, die Entstehung, Tradierung und Veränderung unseres Wissens über die Welt, unsere Mitmenschen und uns selbst, die Konstituierung der Intersubjektivität aus dem Geist und der Perspektive der Subjektivität und die spiegelbildlich darauf bezogene Entstehung der sozialen »Identität von Individuen« im Horizont auferlegter »Vergesellschaftung« und eines soziohistorischen Apriori. Vor allem geht es darum, die Formung unserer Alltagswirklichkeit und unseres Alltagshandelns durch Institutionen, Produkte, Weltsichten, kollektive »Mentalitätsfiguren«, Handlungsmuster und Wissensformen zu zeigen. Sie alle werden im menschlichen Handeln modelliert, gewinnen dort ihre Gestalt und Wirklichkeit und wirken ihrerseits auf menschliches Handeln zurück. Kurz: Es geht auch um die Rückwirkung der gesellschaftlichen Konstruktionen auf ihre Konstrukteure. Die Analyse versteht sich damit als *Rekonstruktion der*

sozialen Konstruktion der Wirklichkeit. Sie zeigt einerseits die Hervor-
bringung der sozialen Welt(en) durch deren Bürger und andererseits die
Bedingungen, die soziale Welten ihren Bürgern auferlegen. Hier repro-
duziert sich weder ein System, das regelgeleitet neue »Inputs« nach
alten Mustern prozessiert, noch sieht man dem Ineinandergreifen un-
endlicher Zahnräder einer sozialen Mechanik zu. Wir erfahren stattdessen, *wie* Gesellschaften das herstellen, was sie zu wissen glauben, und
worin sie leben. Damit erhalten wir die Chance, uns den konkreten historischen Materialien und Formen einer nicht-spekulativen Weise zuzuwenden." (Soeffner 1992, S. 477)

Mit der Formulierung der Chance, sich den sozialen Tatsachen (ich
komme gleich noch einmal auf diese Durkheimsche These zurück) auf
nicht-spekulative Weise zuzuwenden und über sie konkret zumindest
mit zu verfügen, ist ein neuer Anspruch der Wissenssoziologie, für die
Berger und Luckmann ausweislich des Untertitels eine Theorie liefern
wollen, angesprochen. Die Autoren bezeichnen sie bescheiden als „Prolegomena über die Grundlagen des Wissens in der »Alltagswelt«".
(Berger u. Luckmann 1966, S. 18) Das ist aber eine ganz neue Perspektive, die so in der Wissenssoziologie bis dahin gar nicht eingenommen
worden war. Bis dahin war Wissenssoziologie als Geistesgeschichte im
Sinne von Ideengeschichte betrieben worden. Doch „theoretische Gedanken, »Ideen«, Weltanschauungen, sind so wichtig nicht in der Gesellschaft" (S. 16), behaupten Berger und Luckmann, denn erstens sind
sie auch nur Teil des Wissens in einer Gesellschaft, und zweitens geht
das alles nur wenige an: „Nur ein begrenzter Kreis von Leuten ist zum
Theoretisieren berufen, zum Geschäft mit »Ideen« bestellt, zur Fabrika-
tion von Weltanschauungen. Aber jedermann in der Gesellschaft hat so
oder so Teil an Wissen. Etwas freundlicher gesagt: wenige befassen
sich mit der theoretischen Interpretation der Welt, aber alle leben in
einer Welt." (ebd.)

Ergo: „Allerweltswissen, nicht »Ideen« gebührt das Hauptinteresse
der Wissenssoziologie, denn dieses »Wissen« eben bildet die Bedeu-
tungs- und Sinnstruktur, ohne die es keine menschliche Gesellschaft
gäbe." (Berger u. Luckmann 1966, S. 16) Und damit auch klar wird,
wie sie den Zusammenhang von Wissen und Gesellschaft sehen, schi-

cken sie gleich die These hinterher: „Die gesellschaftliche Konstruktion der Wirklichkeit ist also (sic!) der Gegenstand der Wissenssoziologie." (Berger u. Luckmann 1966, S. 16)

Ihr Interesse an der Problematik von »Wirklichkeit« und »Wissen« rechtfertigen Berger und Luckmann mit der „Tatsache der gesellschaftlichen Relativität" beider Phänomene: „was für einen tibetanischen Mönch »wirklich« ist, braucht für einen amerikanischen Geschäftsmann nicht »wirklich« zu sein. Das »Wissen« eines Kriminellen ist anders als das eines Kriminologen" (Berger u. Luckmann 1966, S. 3), – und – so muss man schließen – jenes ist »wahr« wie dieses!

Diese Annahme ist natürlich keineswegs neu. Als ein Beispiel für einen Denker, dem das schon früh durch den Kopf gegangen ist, zitiere ich den griechischen Sophisten PROTAGORAS (481-411), für den die Wahrheit „zu den relativen Dingen" gehörte, „weil alles, was ein Mensch sich vorstellt oder meint, in Hinsicht auf diesen (auch) wirklich wahr sei".[2] (zit. in: Capelle 1935, S. 327) Und der französische Philosoph, Mystiker und Mathematiker BLAISE PASCAL (1623-1662) gab zu bedenken, dass die Wahrheit auf der einen Seite der Pyrenäen der Irrtum auf der anderen Seite ist. (Pascal 1669, V 294)

Über Relativität des Wissens nachzudenken, macht natürlich nur Sinn, wenn man unterstellt, dass es ein vergleichbares Wissen gibt, von dem viele oder sogar alle annehmen, dass es für sie *gemeinsam* relevant ist. Wenn Berger und Luckmann sich für Wissen interessieren, dann weniger für das Wissen, das im deutschen Kreuzworträtsel verlangt wird, und für das Fachwissen des italienischen Geigenbauers nur bedingt, sondern – so habe ich es schon angedeutet – für das, was „jedermann" weiß. Dieses Wissen nennen sie Alltagswissen. Es geht also nicht um die vielen Einzelwissen, sondern um das, wovon wir zu wissen meinen, dass *alle* darüber in der gleichen Weise verfügen. „Dieses »Wissen« (..) bildet die Bedeutungs- und Sinnstruktur, ohne die es keine menschliche Gesellschaft gäbe." (Berger u. Luckmann 1966, S. 16)

---

2 Deshalb ist der Mensch auch „das Maß der Dinge"! Und daraus soll Protagoras den Schluss gezogen haben, der später als Thomas-Theorem Einzug in die Soziologie genommen hat: „Denn alles, was den Menschen so vorkommt, ist auch wirklich so." (zit. nach Capelle 1935, S. 331)

Diesem Allerweltswissen gilt das Hauptinteresse der Wissenssoziologie, wie sie Berger und Luckmann betreiben.

Dieses Allerweltswissen oder Alltagswissen ist in der soziologischen Diskussion mit unterschiedlichen Namen bezeichnet worden:

- ALFRED SCHÜTZ hat vom „stock of knowledge" gesprochen. Dieser Grundstock des Wissens äußert sich in so erschlagenden Argumenten wie: „Das weiß doch jeder!"
- EMILE DURKHEIM spricht vom Kollektivbewusstsein. Das äußert sich, wenn wir überhaupt meinen, uns erklären zu müssen, z. B. in so unwiderlegbaren Sätzen wie „Das weiß man doch!" oder „Alle sehen das so!"
- Und die Frau auf der Straße erklärt ihr Wissen mit dem „gesunden Menschenverstand". Gegen den kommt man nun schon gar nicht an, und deshalb brauchen wir ihn auch gar nicht zu verbalisieren. Wer so „gesund" (sprich: normal) denkt wie wir, denkt so gesund wie wir. Wer in den ganz „natürlichen" Dingen des ganz „natürlichen" Lebens anders denkt, ist dann eben ...

Natürlich erarbeiten wir uns einen Teil unseres Wissens selbst, indem wir z. B. selbst Erfahrungen sammeln, den Rat der Eltern annehmen oder eifrig Bücher des Wissens lesen, um dann nachher mit Befriedigung festzustellen, dass andere Menschen genau so Bescheid wissen wie wir. Daraus schließen wir dann, dass es so ganz falsch nicht sein kann, was wir wissen.

Auf der anderen Seite wissen wir aber auch, dass wir uns vieles nicht selbst erarbeiten, sondern von anderen – Personen oder Institutionen – übernehmen. Manchmal haben wir ihr Wissen gerne übernommen, weil es uns auf Anhieb plausibel erschien oder weil uns diejenigen, die es uns bewusst oder unbewusst zur Verfügung stellten, wichtig oder sympathisch waren; manchmal wurde uns Wissen mit mehr oder weniger sanftem Nachdruck nahe gebracht; und ganz oft merken wir es gar nicht, dass wir Wissen übernehmen, das in dieser Gesellschaft gang und gäbe ist.

Denn das dürfte auch dem Mann auf der Straße klar sein: das Wissen in der Gesellschaft entsteht nicht mit uns neu, sondern es lag schon längst bereit, bevor wir auf die Bühne der Welt traten. Wissen liegt also immer schon vor. Aber es wird auch permanent hergestellt und weitergegeben. Um diese Prozesse geht es Berger und Luckmann vor allem.

Schließlich wissen wir, dass sich das, was „man" weiß und denkt, auch ändert. Was früher für die Alten Sinn machte, darüber können die Jungen oft nur noch den Kopf schütteln. So »wusste« man z. B. im 8. Jahrhundert, dass es der höheren Ehre Gottes dient, wenn man taufunwillige Friesen und Sachsen einen Kopf kleiner macht, und morgen werden wir wissen, dass man seine Feinde lieben muss.

Obwohl sich das Wissen ändert, scheint es doch immer auf der Höhe der Zeit zu sein, denn so gut wie nie kommt uns der Zweifel an, dass unser Wissen nicht mit der Wirklichkeit übereinstimmen könnte. Für Berger und Luckmann stellt sich nun die Frage, „wie es vor sich geht, dass gesellschaftlich entwickeltes, vermitteltes und bewahrtes Wissen für den Mann auf der Straße zu außer Frage stehender »Wirklichkeit« gerinnt." (Berger u. Luckmann 1966, S. 3) Ihre Antwort läuft, wie gesagt, auf die These von der *gesellschaftlichen Konstruktion der Wirklichkeit* hinaus.

Bevor ich nun den geistesgeschichtlichen Hintergrund skizziere, vor dem Berger und Luckmann über diese gesellschaftliche Konstruktion nachdenken, will ich ihre beiden leitenden Fragen und ihre Definitionen, die sich daran anschließen, präzisieren: Sie fragen, wie es zu dem Bestand des *Wissens* kommt, das jedermann hat; und sie fragen, was die *Wirklichkeit* ist, auf das sich dieses Wissen bezieht.

Zur Beantwortung dieser beiden Fragen ist eine kurze Definition der Begriffe »Wissen« und »Wirklichkeit« hilfreich:
- Unter Wissen verstehen Berger und Luckmann „die Gewissheit, dass Phänomene wirklich sind und bestimmbare Eigenschaften haben". (Berger u. Luckmann 1966, S. 1)
- Wirklichkeit definieren sie „als Qualität von Phänomenen (...), die ungeachtet unseres Wollens vorhanden sind – wir können sie ver-, aber nicht weg wünschen". (ebd.)

Vor dem Hintergrund dieser Definitionen will ich im Folgenden zeigen, warum wir uns unserer Wirklichkeit so *gewiss* sind und wie wir sie in

Gemeinsamkeit mit anderen immer wieder neu herstellen. Dazu referiere ich zunächst einige skeptische Fragen und erste Antworten und gehe dann über zu der Erklärung von ALFRED SCHÜTZ, warum wir die Lebenswelt für selbstverständlich halten.

Vor diesem theoretischen Hintergrund wiederum befasse ich mich schließlich mit den Grundlagen des Wissens in der Alltagswelt, wie sie Berger und Luckmann sehen. Damit sollte ein erster Schritt zu ihrer eigentlichen These von der „objektiven Wirklichkeit" der Gesellschaft getan sein!

2 Wissen und Wirklichkeit. Einleitende skeptische Fragen und erste Antworten

2.1 Ein klassischer Verdacht: „Die" Wirklichkeit ist vielleicht nicht wahr, aber sie wirkt

Dem Arzt und Analytiker SIGMUND FREUD (1856-1939) war aufgefallen, dass viele der vom ihm behandelten Patientinnen unter dem Eindruck einer Verführung in ihrer Jugend standen. Eine genauere Analyse zeigte dann, dass diese Hysterikerinnen eine solche Verführung nicht wirklich erlebt hatten, sondern sie phantasierten. Für diese »Tatsache« führte Freud den Begriff der »psychischen Realität« ein. (Freud 1914, S. 56) Diese *subjektive*, phantasierte „Wirklichkeit" beeinflusste das Denken und Handeln der Patientinnen massiv, war also *objektiv* wirklich, solange sie sich dessen nicht bewusst waren.

Wirklich, im wörtlichen Sinne von „wirkend", ist, was wir uns vorstellen. So ist das Wort des griechischen Stoikers EPIKTET (50-138) zu verstehen, wonach „nicht die Dinge selbst" die Menschen beunruhigen, „sondern die Vorstellungen von den Dingen." (Epiktet, S. 24) So ist auch das schon zitierte Thomas-Theorem gemeint: „Wenn Menschen Situationen als real definieren, sind auch ihre Folgen real." (Thomas u. Thomas 1928, S. 114) Freud hat gewissermaßen den empirischen Nachweis erbracht, dass objektive Phänomene Produkte subjektiver Wirklichkeitskonstruktionen sein können.

Erinnern wir uns, wie Berger und Luckmann »Wissen« definiert haben: Es ist „die Gewissheit, dass Phänomene wirklich sind" (Berger u. Luckmann 1966, S. 1). Genau dieses „Wissens" waren sich die Patientinnen Freuds gewiss, und selbstverständlich sind wir uns auch „der Wirklichkeit" gewiss, von der wir ganz natürlich annehmen, dass sie „ungeachtet unseres Wollens" (ebd.) so ist, wie sie ist.

Doch in dieser Hinsicht haben Berger und Luckmann ihre Zweifel. Bevor ich sie ausbreite, will ich nach der Vermutung der *subjektiven* Konstruktion der Wirklichkeit noch einen anderen Gedanken Freuds referieren, der mir für die *gesellschaftliche* Konstruktion der Wirklichkeit wichtig zu sein scheint.

Freud hat gezeigt, wie das Kind in der ödipalen Auseinandersetzung mit der elterlichen Autorität allmählich deren Weltsicht übernimmt und sie zur Maxime seines Handelns macht. Freud nennt das die Entstehung des Über-Ich. Für die These von der gesellschaftlichen Konstruktion der Wirklichkeit ist diese Erklärung deshalb wichtig, weil Freud die Autorität der Eltern, vor allem des Vaters, als Repräsentanz der gesellschaftlichen Normen versteht. Im Prozess der Identifikation mit dem Vater internalisiert das Kind das Wissen um das richtige Verhalten in dieser Gesellschaft. Mit diesem erzwungenen Wissen werden die gesellschaftlichen Regeln hingenommen.

Doch mit dieser psychologischen Antwort geben sich die Soziologen Berger und Luckmann nicht zufrieden. Sie vermuten, dass sich das Wissen in unseren Köpfen nicht nur auf die von Freud beschriebene Weise, sondern in einer eher harmlosen Weise etabliert. Diese Vermutung klingt in ihrer leitenden Frage an, die so lautet: Wie geht es vor sich, „dass gesellschaftlich entwickeltes, vermitteltes und bewahrtes Wissen für den Mann auf der Straße zu außer Frage stehender »Wirklichkeit« gerinnt". (Berger u. Luckmann 1966, S. 3) Das ist die zentrale Frage der Wissenssoziologie, und sie gehört auch in das Zentrum der Analyse des Verhältnisses von Individuum und Gesellschaft, mehr noch: Berger und Luckmann zielen mit dieser Frage direkt auf eine Theorie der Gesellschaft. (vgl. S. 19) Die Antworten, die Berger und Luckmann geben, habe ich im vorigen Kapitel schon kurz angedeutet, wo ich den Bogen vom Wissen zur Gesellschaft mit der These geschlagen habe, dass sich die Gesellschaft durch die permanente Erzeugung und praktische Verwendung von Wissen *konstituiert*.

Betrachten wir nun einige[1] theoretische Anleihen, die Berger und Luckmann bei ihrer Erklärung des Zusammenhangs von Wissen und Wirklichkeit machen. Das sind vor allem KARL MARX und FRIEDRICH NIETZSCHE, EMILE DURKHEIM und MAX WEBER, WILHELM DILTHEY und KARL MANNHEIM, ganz besonders ALFRED SCHÜTZ und schließlich GEORGE HERBERT MEAD.

Berger und Luckmann haben die genannten Theoretiker unter der Frage gelesen, wie sie erklären, dass „ein bestimmter Vorrat von »Wissen« gesellschaftlich etablierte »Wirklichkeit« werden konnte" bzw. was die „gesellschaftlichen Grundlagen für Wertsetzungen und Weltansichten" sind. (Berger u. Luckmann 1966, S. 3 und 5)

Um deutlich zu machen, was diese Theoretiker[2] für die These von der gesellschaftlichen Konstruktion der Wirklichkeit beigetragen haben, ordne ich ihnen sprechende Überschriften zu.

---

1 Ich kann und will nicht alle benennen, sondern nur kurz einige geistige Vorläufer der Wissenssoziologie und theoretische Begleiter darstellen, auf die sich Berger und Luckmann manchmal explizit, manchmal implizit beziehen. Im Übrigen habe ich den von ihnen erwähnten Stoßseufzer des islamischen Mystikers, Allah möge uns vor dem Ozean der Namen bewahren, tapfer beherzigt!

2 Den Einfluss, den Alfred Schütz auf das Denken von Berger und Luckmann hat, werde ich in einem eigenen Kapitel verdeutlichen. Dort skizziere ich auch Schütz' Bezug zur Phänomenologie Edmund Husserls.

2.2   Marx: Das Sein bestimmt das Bewusstsein

Von KARL MARX (1818-1883) kommt „die Ausgangsvorstellung der Wissenssoziologie: dass das Bewusstsein des Menschen durch sein gesellschaftliches Sein bestimmt wird". (Berger u. Luckmann 1966, S. 5f.; Marx 1859, S. 9) Dieses berühmte Diktum aus dem Vorwort zur Kritik der Politischen Ökonomie wird fälschlich auf die ökonomischen Bedingungen eingeschränkt. „Was Marx (aber tatsächlich, Ergänzung H. A.) beschäftigt hat, ist, dass menschliche Gedanken sich auf menschliche Tätigkeiten (»Arbeit« im weitesten Sinne des Wortes) gründen und damit auch auf die gesellschaftlichen Gebilde, welche durch dieses Tätigkeit entstehen." (Berger u. Luckmann 1966, S. 6) Wer am Rande des Existenzminimums überlebt, wird andere Vorstellungen von einer gerechten Gesellschaft haben als der, der seinen Lebensabend am Rande seines Swimmingpools in Florida verbringt. Wer im gesellschaftlichen Gebilde des Rechts arbeitet, denkt anders über den Sinn von Normen als der, der sie übertreten will.

Nach Marx bringt die *Basis*, die wesentlich von ihrer ökonomischen Struktur, also der Verteilung der Güter, der Form der Arbeit und der Art und Weise, wie die Menschen ihre Lebensbedingungen produzieren, bestimmt ist, den *Überbau* hervor, d. h. das System der politischen, juristischen, kulturellen und religiösen Anschauungen samt ihren Institutionen. Zum Überbau gehört, was „man" in der Gesellschaft über das „richtige" Denken und Handeln weiß. Dieser Überbau ist nicht transzendental gestiftet, sondern Produkt des konkreten Handelns von Menschen. „Man begreift »Basis« und »Überbau« am ehesten, wenn man sie als dauernde Wechselwirkung zwischen menschlicher Tätigkeit und der Welt sieht, die eben durch diese Tätigkeit hervorgebracht wird." (Berger u. Luckmann 1966, S. 6) Deshalb besteht auch zwischen Wissen und gesellschaftlicher Basis ein „dialektisches Verhältnis" (S. 92 Anm. 57).

Die subjektiven Bedingungen, von denen das Individuum sein Denken und Handeln abhängen sieht – wenn es denn überhaupt darüber nachdenkt! –, sind unter dieser Perspektive natürlich auch objektive Bedingungen, da sie eine Vorgeschichte in den gesellschaftlichen Verhältnissen haben und selbst wiederum auf diese einwirken. Letzteres kommt den Menschen selten zum Bewusstsein. Stattdessen beugen sie sich – ebenso unbewusst! – diesen Verhältnissen, als ob sie außer ihnen, wie Dinge, existierten. „Das bestimmte gesellschaftliche Verhältnis der Menschen selbst", heißt es bei Marx, nimmt „die phantasmagorische[3] Form eines Verhältnisses von Dingen" an. (Marx 1867, S. 86)

Mit dieser These argumentieren auch Berger und Luckmann, dass sich die Objektivationen, in denen sich der Mensch zum Ausdruck bringt, von der Sprache bis zu den Gewohnheiten, von den Institutionen bis zur Gestaltung der Umwelt, verfestigt und verhärtet haben. Für Marx kommt in der kapitalistischen Produktionsweise, die den Menschen seiner eigenen schöpferischen Tätigkeit entfremdet, die „Verdinglichung der gesellschaftlichen Verhältnisse" (Marx 1894, S. 838) zum Ausdruck. Berger und Luckmann sehen diese Gefahr der Verdinglichung schon in dem Augenblick gekommen, wo der Mensch vergisst, dass er der Schöpfer der gesellschaftlichen Institutionen überhaupt ist!

2.3 Nietzsche: Die Kunst des Misstrauens

An FRIEDRICH NIETZSCHE (1844-1900) lesen Berger und Luckmann eine eigene Theorie des »falschen Bewusstseins« ab, „die er in den Analysen der gesellschaftlichen Bedeutung von Täuschung und Selbsttäuschung und der Illusion als notwendiger Lebensbedingung" (Berger u. Luckmann 1966, S. 7) entwickelt. Vor allem aber nennen sie die »Kunst des Misstrauens« (Nietzsche 1885/88, S. 377)[4], die Nietzsche gegen die Wirklichkeit, wie sie uns zu sein scheint, wendet. Berger und Luckmann verstehen es geradezu als angewandte Wissenssoziologie, was Nietzsche seinerzeit forderte. Für ihn setzt dieses Misstrauen schon und gerade dort ein, wo er, Nietzsche, sich im Konsens mit allen anderen sieht: „Die Wahrnehmung, dass ich mit anderen übereinstimme,

---

3 trügerisch, wahnhaft
4 Vgl. zu diesem Prinzip soziologischen Denkens Abels 2007, Bd. 1, Kap. 1.1 „Die Kunst des Misstrauens und die Lehre vom zweiten Blick".

macht mich leicht misstrauisch gegen das, worüber wir übereinstimmen." (Nietzsche o. J., S. 366)

Für die Wissenssoziologie am wichtigsten halten Berger und Luckmann Nietzsches „Zur Genealogie der Moral" (1887) und „Der Wille zur Macht". (Berger u. Luckmann 1966, S. 7 Anm. 7) Die erste Streitschrift fragt nach den Bedingungen und Umständen, unter denen sich moralische Vorstellungen entwickelt und gewandelt haben. Übertragen auf die These von der gesellschaftlichen Konstruktion der Wirklichkeit ist es die Frage, wie gesellschaftliche Bedingungen das kulturelle Wissen beeinflussen. In der Kompilation aus Nietzsches Nachlass unter dem Titel „Der Wille zur Macht" (1901) geht es um die Kritik an Religion, Moral und Philosophie, also an Systemen des Wissens über den inneren Zusammenhalt der Wirklichkeit, und die Aufforderung, die Macht des eigenen, kritischen Denkens in allen Bereichen der Realität auch zu wollen.

2.4 Zwei berühmte und folgenreiche Marschbefehle

Bei ihrer Absicht, die Wissenssoziologie in das Zentrum der Gesellschaftstheorie zu rücken, berufen sich Berger und Luckmann „auf die beiden berühmtesten und folgenreichsten »Marschbefehle« für die Soziologie" (Berger u. Luckmann 1966, S. 20). Den einen lesen sie bei EMILE DURKHEIM in den „Regeln der soziologischen Methode" (1895), den anderen bei MAX WEBER in seinem Werk „Wirtschaft und Gesellschaft" (1922): „Durkheim sagt: »Die erste und grundlegendste Regel besteht darin, die soziologischen Tatbestände wie Dinge zu betrachten«, und Weber sagt: »Für die Soziologie (...) ist aber gerade der Sinnzusammenhang des Handelns Objekt der Erfassung«. Die beiden Thesen widersprechen einander nicht. Gesellschaft besitzt tatsächlich objektive Faktizität. Und Gesellschaft wird tatsächlich konstruiert durch Tätigkeiten, die subjektiv gemeinten Sinn zum Ausdruck bringen. Und selbstverständlich wusste Durkheim das eine so gut wie Weber das andere. Es ist ja gerade der Doppelcharakter der Gesellschaft als objektive Faktizität *und* subjektiv gemeinter Sinn, der sie zur »Realität sui generis« macht, um einen anderen zentralen Begriff von Durkheim zu verwenden." (Berger u. Luckmann 1966, S. 19f.)

Demnach müsse „die Grundfrage der soziologischen Theorie" so gestellt werden: „Wie ist es möglich, dass subjektiv gemeinter Sinn zu objektiver Faktizität *wird*?" (Berger u. Luckmann 1966, S. 21) In der Terminologie Webers und Durkheims würde die Frage lauten: Wie ist es möglich, dass menschliches *Handeln* eine Welt von objektiven Tatsachen hervorbringt?

2.4.1 Durkheim: Soziale Tatsachen und Kollektivbewusstsein

Nach EMILE DURKHEIM (1858-1917) gibt es in jeder Gesellschaft Vorstellungen von richtig und falsch, gut und böse, wichtig und unwichtig usw., die das Denken und Handeln der Mitglieder regeln. Die Vorstellungen des richtigen Denkens und Handelns sind „*soziale Tatsachen*", die schon existierten, bevor wir auf die Bühne des Lebens traten, und sie werden uns auch überdauern. Sie stehen relativ fest, weshalb Durkheim sie auch als „*Institutionen*" (Durkheim 1895, S. 100) bezeichnet hat.

Soziale Tatsachen sind nichts anderes als festliegendes „Wissen" über gesellschaftliche Erscheinungen und Beziehungen zwischen Individuen in einer konkreten Gesellschaft. Das verbindende Wissen von diesen Regelungen, das keineswegs bewusst sein muss, nennt Durkheim *Kollektivbewusstsein*. (vgl. Durkheim 1895, S. 99f.)

Wir kommen an den sozialen Tatsachen nicht vorbei, weil in ihnen festgelegt ist, wie „man" sich zu verhalten hat und weil sie mit Sanktionen verbunden sind. Wir kommen aber auch deshalb nicht an ihnen vorbei, weil wir sie im Prozess der *Sozialisation* erlernen und *verinnerlichen*. So werden wir unmerklich dazu gebracht, das tun zu wollen, was wir tun sollen. Über die sozialen Tatsachen wird das Individuum in die Gesellschaft integriert. Wir machen uns das verbindliche Wissen der Gesellschaft zu eigen und wenden es im Alltag ganz selbstverständlich an. Auf der anderen Seite ist nicht zu übersehen, dass keine Gesellschaft diesen Prozess der Aneignung dem Zufall überlässt. Im Gegen-

teil, überall gibt es eine gezielte Einweisung in das gesellschaftlich verbindliche Wissen. Durkheim nennt diese systematische Einweisung, die
z. B. in der Schule erfolgt, „socialisation méthodique".

Bleibt noch die Frage, wie die sozialen Tatsachen denn zustande gekommen sind. Das muss man sich als einen Prozess fortschreitender
Habitualisierung vorstellen: „Es gibt bestimmte Arten, aufeinander zu
reagieren, die, weil sie der Natur der Dinge gemäßer sind, sich öfter
wiederholen und Gewohnheiten werden. Diese Gewohnheiten verwandeln sich, je stärker sie werden, sodann in Verhaltensregeln." (Durkheim 1893, S. 435)

In philosophischer Terminologie kann man die Summe der Verhal-
tensregeln als Moral und in soziologischer als *Normen* bezeichnen.
„Eine Regel ist nämlich nicht nur eine gewohnheitsmäßige Form des
Handelns, sie ist vor allem eine verpflichtende Form des Handelns, d.
h. sie ist in bestimmtem Umfang der individuellen Willkür entzogen."
(Durkheim 1893, S. 45)

Für die These von der gesellschaftlichen Konstruktion der Wirklichkeit ist die Theorie von Durkheim deshalb interessant, weil sie die sozialen Tatsachen (Institutionen im weitesten Sinne) als Rahmen erklärt,
in dem gesellschaftliches Wissen erworben wird.

2.4.2 Weber: Soziales Handeln – dem gemeinten Sinn nach auf das Handeln anderer bezogen

MAX WEBER (1864-1920) wird von Berger und Luckmann in zwei interessanten Zusammenhängen erwähnt, einmal dort, wo sie „mit Weber
betonen, dass »subjektiv gemeinter Sinn« ein konstituierender Faktor
für gesellschaftliche Wirklichkeit ist" (Berger u. Luckmann 1966, S.
18), und dort, wo seine Religionssoziologie angesprochen wird.

Wenden wir uns zunächst der Theorie des Handelns zu. Weber
schreibt: „Jede Wissenschaft von geistigen oder gesellschaftlichen Zusammenhängen ist eine Wissenschaft vom *menschlichen* Sichverhalten
(wobei in diesem Fall jeder geistige Denkakt und jeder psychische Habitus mit unter diesen Begriff fällt.)" (Weber 1917, S. 387). An dieser

Definition fällt auf, dass das Spektrum des „Sich-Verhaltens" sehr breit ist. Es reicht vom Denken über die psychische Verfassung bis zum konkreten Handeln. Und die „Soziologischen Grundbegriffe" lässt Weber mit der folgenden Definition beginnen, wonach Soziologie „eine Wissenschaft" heißen soll, „welche soziales Handeln deutend verstehen und dadurch in seinem Ablauf und seinen Wirkungen ursächlich erklären will." (Weber 1920b, S. 653)

Dort gibt Weber auch eine Definition des sozialen Handelns, auf die es Berger und Luckmann offensichtlich besonders ankommt: „»Handeln« soll dabei ein menschliches Verhalten (einerlei ob äußeres oder innerliches Tun, Unterlassen oder Dulden) heißen, wenn und insofern als der oder die Handelnden mit ihm einen subjektiven *Sinn* verbinden. »Soziales« Handeln aber soll ein solches Handeln heißen, welches seinem von dem oder den Handelnden gemeinten Sinn[5] nach auf das Verhalten *anderer* bezogen wird und daran in seinem Ablauf orientiert ist." (Weber 1920b, S. 653)

Nur wenn wir mit unserem Verhalten irgendeinen Sinn verbinden, sprechen wir von „Handeln", und nur wenn Menschen irgendeinen Sinn mit dem Verhalten untereinander verbinden, sprechen wir von „sozialem Handeln". Wenn ich aus Schläfrigkeit vom Fahrrad falle, ist es kein Handeln, aber wenn ich vom Fahrrad springe, weil sich plötzlich die Straße vor mir auftut, ist es Handeln. Es macht Sinn für mich. Wenn ich in die Hände klatsche, weil ich mich freue, ist es Handeln, aber kein soziales Handeln, aber wenn ich in die Hände klatsche, um mit den Fans unsere Mannschaft anzufeuern, dann ist es soziales Handeln. Es macht Sinn, und zwar für uns. *Sinn* heißt, dass es eine *rationale* Erklärung für das Handeln gibt, dass wir also mit unserem Handeln etwas Bestimmtes *meinen* und das dem anderen gegenüber zum Ausdruck bringen und dass wir meinen, auch der andere habe mit seinem Handeln etwas ganz Bestimmtes *gemeint*. An diesem wechselseitig „gemeinten Sinn" ist soziales Handeln orientiert.

---

5   An dieser Definition wird Alfred Schütz mit seiner phänomenologischen Soziologie ansetzen! (vgl. unten Kap. 3.2 „... orientiert am gemeinten Sinn" – Einer berühmten Antwort fehlt das Fundament")

Das ist der theoretische Hintergrund, vor dem Berger und Luckmann das Wesen der Wirklichkeit der Alltagswelt verstehen: „Die Alltagswelt breitet sich vor uns aus als Wirklichkeit, die von Menschen begriffen und gedeutet wird und ihnen subjektiv sinnhaft erscheint." (Berger u. Luckmann 1966, S. 21)

In diese subjektive Deutung spielen „Interessen (materielle und ideelle)" hinein. Das bringt Weber einerseits mit der Unterscheidung der Bestimmungsgründe sozialen Handelns zum Ausdruck: es kann traditional, affektuell, wertrational oder zweckrational bestimmt sein. Weber sagt aber auch, dass die Interessen und das Handeln oft durch »Weltbilder« in bestimmte Bahnen gelenkt werden. (Weber 1920a, S. 590) Webers These ist, dass der Protestantismus ein solches Weltbild geschaffen hat, das das Denken und Handeln in den westlichen Industriegesellschaften in eine typische Richtung gelenkt hat. Das beschreibt er in seiner großen Studie mit dem Titel „Die Protestantische Ethik und der »Geist« des Kapitalismus" (1904/05). Die Hauptthese ist, dass sich aus dem religiösen Symbolsystem eine spezifische abendländische Rationalität entwickelt hat, die letztlich nicht nur Wirtschaft, Arbeitswelt und Wissenschaft, sondern das gesamte Leben durchdrungen hat. Die Studie ist ein eindrucksvolles Beispiel für die religiöse Fundierung einer gesellschaftlichen Konstruktion der Wirklichkeit und die daraus folgende nachhaltige Konstruktion subjektiver Wirklichkeit.

2.5   Dilthey: Verstehen – aber: Jeder ist in sein individuelles Bewusstsein eingeschlossen

Seit der Mitte des 19. Jahrhunderts verabschiedeten sich die Geisteswissenschaften in Deutschland von der Frage nach überzeitlichen Gesetzen des Handelns des Menschen und der Entwicklung der Gesellschaft. Der Historismus forderte stattdessen, jedes gesellschaftliche Phänomen nur aus seiner historischen Zeit heraus zu begreifen. Dieser Gedanke der gesellschaftlichen Relativität ist die Basis, auf der der Philosoph WILHELM DILTHEY (1833-1911) eine Theorie des *Verstehens* entwickelte. Als *Methode* stellte er es neben die Erklärungen der Na-

turwissenschaften, die objektive Ereignisse nach Gesetzen systemati-
sierten. Ziel dieser geisteswissenschaftlichen Methode war es, „die
symbolischen Zusammenhänge der gesellschaftlichen und geschichtlichen Wirklichkeit des Menschen durch Nachvollziehen dieser Lebensäußerungen" zu verstehen. (Brockhaus 20. Aufl., 5. Band, S. 519)

Aus der Theorie des Verstehens und dem Anspruch der entsprechenden Methode will ich einige Gedanken referieren, die helfen können, die Wissenssoziologie, wie Berger und Luckmann sie entwerfen
und praktisch machen, zu verstehen.

Der eine Gedanke findet sich gleich zu Anfang der Abhandlung über
„Die Entstehung der Hermeneutik" (1900), wo Dilthey feststellt, dass
„unser Handeln (...) das Verstehen anderer Personen überall" voraus-
setzt. (Dilthey 1900, S. 317) So hat dann Max Weber soziales Handeln
erklärt, und dieses Prinzip der Interaktion halten auch Berger und
Luckmann für konstitutiv. Der zweite Gedanke bezieht sich auf das
Bewusstsein, das für Dilthey nicht „bloßer Reflex eines Wirklichen",
sondern „unmittelbare innere Wirklichkeit" ist. (S. 317f.) Das muss
man in dem Sinne verstehen, dass Erfahrungen nicht einfach abbilden
und sich ablagern, sondern zu einem eigenen System „innerer Erfahrung" umgeformt werden und »wirklich« – nicht nur im Sinne von »tatsächlich«, sondern auch im Sinne von »wirkend«! – werden.

In dem Zusammenhang entwickelt Dilthey dann einen interessanten
Gedanken, der für die Identitätstheorie von George Herbert Mead, der
übrigens kurze Zeit Diltheys Vorlesungen besucht hat, und die damit
zusammenhängenden Thesen von Berger und Luckmann über die Vorstellungen von uns und den anderen höchst wichtig ist. Dilthey
schreibt: „Ferner kann die innere Erfahrung, in welcher ich meiner eignen Zustände inne werde, mir doch für sich nie meine eigne Individualität zum Bewußtsein bringen. Erst in der Vergleichung meiner selbst
mit anderen mache ich die Erfahrung des Individuellen in mir; nun wird
mir erst das von anderen Abweichende in meinem eignen Dasein bewußt (...)." (Dilthey 1900, S. 318) Bei Mead wird die Erklärung für die
Entstehung des Selbstbewusstseins ganz ähnlich lauten: Indem eine
Person in der Interaktion die Rolle der anderen Person übernimmt,
„kann sie sich auf sich selbst besinnen". (Mead 1934, S. 300)

Und wie ist es mit der Erfahrung des Fremden? Hier lautet Diltheys Antwort so: „Fremdes Dasein (...) ist uns zunächst nur in Sinnestatsachen, in Gebärden, Lauten und Handlungen von außen gegeben. Erst durch einen Vorgang der Nachbildung dessen, was so in einzelnen Zeichen in die Sinne fällt, ergänzen wir dies Innere. Alles: Stoff, Struktur, individuellste Züge dieser Ergänzung müssen wir aus der eignen Lebendigkeit übertragen." (Dilthey 1900, S. 318) Ich verstehe es so, dass auch hier ein Prozess der subjektiven Konstruktion abläuft, in dem fehlende Erfahrungen „ergänzt" und „individuellste Züge" offensichtlich aus subjektiver Wirklichkeit („eigne Lebendigkeit") strukturiert werden.

Den Vorgang, „in welchem wir aus Zeichen, die von außen sinnlich gegeben sind, ein Inneres erkennen", nennt Dilthey »Verstehen«. (Dilthey 1900, S. 318) Die Methode des „kunstmäßigen Verstehens", die Dilthey als *Hermeneutik* bezeichnet und vor allem auf „schriftlich fixierte Lebensäußerungen" angewandt wissen will, kann ich hier nicht nachzeichnen. Nur so viel: Sie zielt auf die „innere Form", in soziologischer Sprache würden wir sagen: die Struktur literarischer Produktion. (vgl. S. 332 und 331) Und an anderer Stelle spricht Dilthey davon, die „Idee" einer Dichtung herauszufinden: Diese Idee „ist (nicht als abstrakter Gedanke, aber) im Sinne eines unbewussten Zusammenhangs, der in der Organisation des Werkes wirksam ist, vorhanden; ein Dichter braucht sie nicht, ja wird nie ganz bewußt sein; der Ausleger hebt sie heraus und das ist vielleicht der höchste Triumph der Hermeneutik." (S. 335)

Genau aus diesem Anspruch heraus, hinter den Phänomenen eine tiefere, wirkende Struktur zu entdecken, ist dann auch der berühmte Satz zu verstehen, „das letzte Ziel des hermeneutischen Verfahrens" sei es, „den Autor besser zu verstehen, als er sich selber verstanden hat." (Dilthey 1900, S. 331) Erinnern wir uns an Bergers und Luckmanns Anspruch, die Wissenssoziologie in das Zentrum der Gesellschaftstheorie zu holen: In Verbindung mit dem von Dilthey erhobenen Anspruch wäre es eine Theorie der permanenten Selbstaufklärung der Gesellschaft!

Ein letztes Wort muss aber unbedingt noch bedacht werden, das Dilthey den Interpreten als Warnung mit auf den Weg gegeben hat: „Jeder ist in sein individuelles Bewußtsein eingeschlossen gleichsam, dieses ist individuell und teilt allem Auffassen seine Subjektivität mit." (Dilthey 1900, S. 333) Diese Warnung wird auch in der Soziologie, um die es hier geht, in zweierlei Hinsicht zu bedenken sein: erstens dort, wo es um die subjektive Konstruktion der Wirklichkeit und das entsprechende Handeln der Individuen geht, und zweitens dort, wo die Soziologie beansprucht, diese subjektive Konstruktion wie überhaupt alle gesellschaftlichen Phänomene zu verstehen!

2.6 Mannheim: Die Seinsgebundenheit des Denkens

KARL MANNHEIM (1893-1947) war es, der die frühe Wissenssoziologie in Deutschland von ihrem philosophischen Ballast befreit und sie gleich als Kritik formuliert hat, der sich auch die Soziologie stellen muss. Bei Mannheim „bestimmt die Gesellschaft nicht nur die Erscheinung, sondern auch den Gehalt menschlicher Gedanken." (Berger u. Luckmann 1966, S. 10) Deshalb spricht er auch „von der »Seinsgebundenheit« eines jeden lebendigen Denkens". (Mannheim 1929, S. 71) Als Mannheim diese These von der Seinsgebundenheit des Denkens auf dem Deutschen Soziologentag in Zürich im Jahre 1928 vortrug, brach ein Sturm der Entrüstung los, wurde sie doch als Kritik an der Weberschen Forderung der Wertfreiheit verstanden. Gerade die liberalsten Gelehrten fühlten sich angegriffen.

Als Mannheim diese These später in seinem Buch „Ideologie und Utopie" in einen sogenannten „allgemeinen Ideologiebegriff" fasste und ihm die Eigenart des utopischen Bewusstseins gegenüberstellte, nahmen Hannah Arendt und Marcuse, Horkheimer und Löwenthal, Plessner und Spranger und viele andere leidenschaftlich Stellung.[6] Was war geschehen? Mannheim hatte nichts anderes behauptet, als dass auch die Wissenschaftler nicht anders denken als der Mann auf der Straße: von ihrem jeweiligen Ort aus und deshalb unter einer bestimm-

---

6 Zu den Hintergründen der Diskussion um Mannheim vgl. Abels 1997, S. 270ff.

ten Perspektive. Deshalb kann kein Denken für sich beanspruchen, das einzig richtige – oder rationale – zu sein. Die Wirklichkeit, die uns von unserem Ort aus in den Blick gerät, ist die Wirklichkeit, wie sie uns erscheint. Das Wissen, mit dem wir sie ordnen, ist Wissen, das sich für diesen Standort so ergeben hat. Wissen ist „immer Wissen von einem bestimmten Ort aus". (Berger u. Luckmann 1966, S. 11) Es lag in den sozialen Verhältnissen schon bereit.

2.7   Mead: Generalisierte Erwartungen und die Verschränkung der Perspektiven in der Kommunikation

Nach eigenem Bekunden ist die These von der gesellschaftlichen Konstruktion entscheidend von GEORGE HERBERT MEAD (1863-1931) und der aus seiner Sozialpsychologie erwachsenen „Symbolic-Interactionist-School"[7] beeinflusst. (Berger u. Luckmann 1966, S. 18) An der Theorie von Mead war es vor allem der Gedanke der *Kommunikation*, der Berger und Luckmann faszinierte. Im Prozess der Kommunikation reagieren die Individuen wechselseitig auf ihr Verhalten und verständigen sich fortlaufend über den Sinn des Handelns. Kommunikation besteht in jeder Form wechselseitigen Verhaltens, im Wesentlichen aber erfolgt sie in Form der *Sprache*. Sprache ist Symbolisierung von Erfahrung. Das bedeutet: Erfahrungen, die sich aus Reaktionen ergeben haben, die alle Beteiligten als erfolgreich angesehen haben, wurden im Laufe der Zeit „symbolisiert" (Mead 1934, S. 52 Anm. 9). Äußere Erfahrungen – individuelle wie kollektive – werden sinnvoll zu „inneren Erfahrungen" verarbeitet. Aus denen wiederum ergeben sich typische Erwartungen. Die Erfahrungen organisieren sich zu einer gemeinsamen Haltung, wie „man" in einer bestimmten Situation handelt.

---

7 Diese Formulierung verdankt sich der Tatsache, dass seinerzeit nur wenige über diesen Ansatz diskutierten. In Deutschland war er noch so gut wie unbekannt. Berger und Luckmann erwähnen die Theorie zwar, gehen aber inhaltlich leider nicht weiter darauf ein. Deshalb schließe ich an dieses Kapitel über Mead eins über Herbert Blumer an, der dieser „school" den Namen gegeben hat.

Diese generellen Erwartungen, die über konkrete Andere hinaus für alle in einer Gruppe oder Gemeinschaft gelten, nennt Mead den „generalisierten Anderen" (»the generalized other«). (vgl. Mead 1934, S. 196) Über die Orientierung am generalisierten Anderen werden die einzelnen Haltungen gewissermaßen verbunden oder, wie Mead es nennt, zu einem gemeinsamen Verhalten einer Gruppe oder Gemeinschaft „organisiert". (S. 45) Symbole stehen für organisiertes Verhalten, und sie lösen organisiertes Verhalten immer wieder aus. Symbole sind die Sprache der Gesellschaft. Die Sprache ist Träger intersubjektiv geteilten Wissens und Speicher der kollektiven Erfahrungen einer Gesellschaft. Insofern versorgt sie uns mit den Erklärungen für Situationen, wie wir sie normalerweise erleben. Indem wir eine gemeinsame Sprache sprechen, unterstellen wir, dass wir alle auch die gleichen Erwartungen normalen Verhaltens hegen. So wird Verhalten wechselseitig antizipierbar.

Indem wir uns am generalisierten Anderen orientieren, ist auch ein spezifisches Prinzip der Kommunikation möglich, das den Menschen vom Tier unterscheidet. Es ist die Fähigkeit, die Rolle des anderen zu übernehmen (»taking the role of the other«) (Mead 1934, S. 113). Rollenübernahme heißt, dass ich mich, bevor ich handele, in die Rolle des anderen hineinversetze und mir vorstelle, wie er auf mein Verhalten reagieren wird. Ich denke also über mein Verhalten und seine Reaktion von seinem Standpunkt aus nach! Das kann ich, weil wir beide in dergleichen Gesellschaft sozialisiert worden sind. Eben deshalb kann ich auch unterstellen, dass sich der andere ähnliche Gedanken macht. Er weiß, dass ich mich in seine Rolle versetze und deshalb mein Verhalten in eine ganz bestimmte Richtung lenken werde. Und er weiß, dass ich weiß, dass er das weiß usw. usw. Auf diese Weise »verschränken« sich unsere Perspektiven, und so stellen wir uns in unserem Handeln aufeinander ein.

Symbole sind die Sprache der Gesellschaft, und nur, wer über die typischen oder „signifikanten Symbole" der Gesellschaft verfügt, gehört im strengen Sinn zur Gesellschaft. „Jeder, der in dieser Sprache intelligent sprechen kann", hat teil an der „Universalität". (Mead 1934, S. 316) Darunter kann man das typische „Allgemeine" einer Gesellschaft verstehen. Es die Summe der „signifikanten Symbole", die bei allen, die in ihrer Sprache vernünftig reden können, zu gleichen Reaktionen führen. Die gemeinsam geteilten Bedeutungen einer Gesellschaft bezeichnet Mead als „Universum des Diskurses" (»universe of discourse«). (Mead 1934, englische Fassung, S. 89f., 156)

Hinter dieser These vom universellen Diskurs steht auch eine Theorie einer „idealen Gesellschaft". Von „signifikanten" Symbolen kann man im Grunde nämlich nur dann sprechen, wenn sie „alle rationalen Wesen, zu denen wir Kontakte haben, repräsentieren". (Mead 1934, S. 316) Ihre Legitimität beziehen sie daraus, dass jeder ihnen zustimmen können muss. „Eine vom moralischen Standpunkt aus gute Sache muss für jedermann unter den gleichen Voraussetzungen gut sein." (a. a. O., S. 432)

Die Rationalität der Gesellschaft muss sich in der Kommunikation erweisen! Deshalb wollte Mead auftauchende Werte auch nicht urteilsfrei nebeneinanderstellen, sondern „sie unter dem Aspekt der Dienlichkeit für die Herstellung einer universalen Kommunikations- und Kooperationsgemeinschaft" bewerten. (Joas 1999, S. 183) Damit war natürlich die permanente Frage nach der Legitimität von Werten – und gesellschaftlich vorgegebener Wirklichkeit! – aufgeworfen, und Meads Antwort bemaß sich immer daran, inwieweit eine Gesellschaft eine gerechte Demokratie der Gleichen war.

Die „ideale Gesellschaft" ist ein „universeller Diskurs", ein „Ideal der Kommunikation". (Mead 1934, englische Fassung, S. 317 und 327) „Der moralische Wert einer bestimmten Gesellschaft erweist sich daran, inwiefern in ihr ein vernünftiges Einigungsverfahren der Gesellschaftsmitglieder und die Offenheit aller Institutionen für kommunikative Änderungen gegeben sind. Mead nennt eine solche Gesellschaft »Demokratie«." (Joas 1999, S. 183f.) Ich habe diese Seite der Theorie von Mead auch deshalb so ausführlich beleuchtet, weil darin der gerade angedeutete Anspruch einer permanenten Selbstaufklärung der Gesellschaft aufscheint!

Die Theorie von Mead ist noch in einer anderen Hinsicht von Bedeutung für die These von der gesellschaftlichen Konstruktion der

Wirklichkeit, nämlich in Hinsicht auf die allmähliche Vermittlung zwischen Individuum und Gesellschaft im Prozess der Sozialisation.

Ich fasse diese Seite der Meadschen Theorie zusammen und folge dabei Berger und Luckmann.

Wie gesagt, hält Mead Handeln nur deshalb für möglich, weil wir uns in die Rolle des Anderen hineinversetzen können. Diese Fähigkeit der Rollenübernahme entwickelt das Kind in zwei Phasen. Die erste Phase ist das Rollenspiel, das Mead als *play* bezeichnet. Im play schlüpft das Kind in die Rolle wichtiger Bezugspersonen, sogenannter *signifikanter Anderer*. Es denkt und handelt von ihrem Standpunkt aus. „Die signifikanten Anderen", heißt es bei Berger und Luckmann, „vermitteln" ihm die objektive gesellschaftliche Welt. (Berger u. Luckmann 1966, S. 141) Aber es ist nicht „die" Welt, sondern eine Welt, wie sie sie erfahren und verstehen. „Sie wählen je nach ihrem eigenen gesellschaftlichen Ort und ihren eigenen biographisch begründeten Empfindlichkeiten Aspekte aus." (ebd.) Die Konsequenz liegt auf der Hand: „Da das Kind sich seine signifikanten Anderen nicht aussuchen kann, ist seine Identifikation mit ihnen quasi-automatisch, und aus demselben Grunde ist seine Identifikation mit ihnen quasi-unvermeidlich. Es internalisiert die Welt seiner signifikanten Anderen nicht als eine unter vielen möglichen Welten, sondern als die Welt schlechthin, die einzige vorhandene und fassbare." (S. 145) Die Wirklichkeit ist so, wie sie durch die signifikanten Anderen repräsentiert wird, und deren Wissen ist zunächst das einzig denkbare und deshalb auch richtige.

Nach und nach gerät das Kind aber in Spielsituationen, an denen mehrere Handelnde gleichzeitig beteiligt sind und in denen bestimmte Regeln, wie „man" handeln soll, existieren. Ein solches geregeltes Spiel nennt Mead *game*. Im game muss jeder die Rolle, die ihm zugedacht ist oder die er beansprucht, „richtig" spielen, und er muss gleichzeitig wissen, warum und wie er auf das Handeln aller anderen reagieren muss. Er muss sozusagen den Geist des Spiels erfassen und die Rollen aller Beteiligten mehr oder weniger in seinem Kopf präsent haben.

Während das Kind mit seiner Puppe oder allein mit seinem Ball vor der Garage nur eine *einzige* Perspektive *eines* anderen einnahm, muss sich das Kind nun in die Perspektive vieler anderer zugleich hineinversetzen. In diesem game, in dem die Handlungen aller Beteiligten sich gegenseitig beeinflussen, reicht es nicht aus, wenn man sich nur auf seine eigene Aufgabe oder die nur eines Mitspielers konzentriert, sondern man muss im Prinzip die tatsächlichen und *möglichen* Handlungen und Perspektiven aller Beteiligten vor Augen haben. Die Summe aller Perspektiven in einem bestimmten Handlungszusammenhang nennt Mead den *generalisierten Anderen*. Im weitesten Sinn kann man darunter den Sinn aller strukturellen Prozesse verstehen, in denen Menschen handeln.

Berger und Luckmann ziehen aus diesem Entwicklungsprozess den folgenden Schluss: „Die primäre Sozialisation endet damit, dass sich die Vorstellung des generalisierten Anderen – und alles, was damit zusammenhängt – im Bewusstsein der Person angesiedelt hat. Ist dieser Punkt erreicht, so ist der Mensch ein nützliches Mitglied der Gesellschaft und subjektiv im Besitz eines Selbst und einer Welt." (Berger u. Luckmann 1966, S. 148)

Vor allem der letzte unbestimmte Artikel soll noch einmal aufmerksam machen, wie der Zusammenhang zwischen objektiver und subjektiver Wirklichkeit ist: „Sobald das Bewusstsein den generalisierten Anderen für sich herauskristallisiert hat, entsteht eine Symmetrie zwischen objektiver und subjektiver Wirklichkeit. Was »außen« wirklich ist, entspricht dem, was »innen« wirklich ist. (...) Wichtig ist jedoch, dass die Symmetrie zwischen objektiver und subjektiver Wirklichkeit nicht vollkommen sein kann. Die beiden Wirklichkeiten entsprechen einander, ohne sich zu decken. Immer ist mehr objektive Wirklichkeit »erreichbar«, als tatsächlich von irgendeinem individuellen Bewusstsein internalisiert wird, und zwar einfach deshalb, weil die Inhalte der Sozialisation durch die gesellschaftliche Zuteilung von Wissen bestimmt sind." (Berger u. Luckmann 1966, S. 144)

Wie eingangs zu lesen, beziehen sich Berger und Luckmann auf Mead und auf die aus seiner Sozialpsychologie erwachsene „Symbolic-Interactionist-School". Da letztere nicht weiter dargestellt wird, im Geiste der These von der *sozialen* Konstruktion der Wirklichkeit aber unverkennbar mitschwingt, stelle ich sie kurz vor.

2.8 Blumer: Die Bedeutung der Dinge erwächst aus den Interaktionen der Individuen

HERBERT BLUMER (1900-1987), der nach dem plötzlichen Tod Meads dessen Vorlesung über Sozialpsychologie übernehmen musste, fokussierte Meads Thesen zur menschlichen Kommunikation auf das eigentliche Thema „Interaktion". Was war neu an diesem Ansatz, dem Blumer in den 1930er Jahren eher beiläufig den Titel „Symbolischer Interaktionismus" gegeben hat?

Der Symbolische Interaktionismus gehört zu den interpretativen Theorien, die nicht die Normativität von Gesellschaft, Struktur oder Rolle, sondern das Individuum und seine Fähigkeit, die Bedingungen seines Handelns *selbst* zu gestalten, in den Mittelpunkt soziologischer Analyse stellen.

Die Theorie beruht nach Blumers Aussage auf drei einfachen Prämissen: 1. Menschen handeln Dingen („things") gegenüber auf der Grundlage der Bedeutungen („meanings"), die die Dinge für sie haben. Dinge sind alles, was der Mensch wahrzunehmen vermag oder worauf er sich beziehen kann, wie physische Objekte (z. B. Stuhl), andere Menschen oder Kategorien von ihnen (z. B. Feinde), Institutionen (z. B. Schule), leitende Ideale (z. B. Ehrlichkeit), abstrakte Objekte (z. B. moralische Prinzipien oder philosophische Lehrmeinungen), soziale Handlungen (z. B. Befehl) oder Alltagssituationen. 2. Die Bedeutung der Dinge wird abgeleitet aus den sozialen Interaktionen oder entsteht erst in ihnen. Bedeutungen sind soziale Produkte („social products"). 3. Diese Bedeutungen werden in einem interpretativen Prozess gehandhabt und durch ihn modifiziert.

Eine weitere Grundannahme besteht darin, dass Gruppen und Gesellschaften nur insofern bestehen, als Individuen *miteinander* handeln („human society consists of people engaging in action"). (vgl. Blumer 1969a, S. 7) Sie handeln gemeinsam, was für Blumer heißt, dass sie sich in ihrem gemeinsamen Handeln *wechselseitig* aufeinander *beziehen* und sich durch ihr Handeln wechselseitig *beeinflussen*. Wegen dieses Prinzips der sozialen Wechselwirkung[8] bezeichnet Blumer den Prozess des sozialen Handelns als „interaction".

Diesen Prozess der sozialen Interaktion betrachtet Blumer genauer und stellt fest, dass die handelnden Individuen die Situation und ihr Handeln wechselseitig *interpretieren* und sich diese Interpretationen durch ihr Handeln fortlaufend anzeigen. In diese Erklärung spielt die These von GEORGE HERBERT MEAD hinein, dass der Handelnde sich immer auch in die Rolle des Anderen versetzt; auf diese Weise *verschränken* sich die *Perspektiven*, und deshalb können die Handelnden auch das weitere Verhalten antizipieren. Das setzt allerdings voraus, dass sie die in der Situation relevanten *Symbole* übereinstimmend interpretieren. Symbole sind sichtbare Zeichen (z. B. weiße Fahne, Händedruck oder Demutshaltung), abstrakte kulturelle Bilder (z. B. Rolle, Liebe oder Religion) oder auch Begriffe (z. B. Gastarbeiter, Kultur oder normal). Sie zeigen den *Sinn* einer bestimmten sozialen Situation an.

Über Meads Gedanken, dass die Kommunikation zwischen Handelnden deshalb gelingt, weil sie sich an gemeinsamen signifikanten Symbolen orientieren, geht Blumer mit der These hinaus, dass die Handelnden in der Interaktion gemeinsame Symbole *produzieren*, an denen sie sich dann orientieren, die sie durch ihr Handeln bestätigen, die sie revidieren und wieder neu definieren. So wird der Sinn der Interaktion durch wechselseitige Interpretationen fortlaufend *ausgehandelt*.

In der Interaktion definiert jeder Handelnde die Situation, sagt also explizit oder deutet durch sein Verhalten an, wie er die Situation verstehen will und was deshalb gelten soll. Das wiederum wird von dem Anderen interpretiert und mit der eigenen Situationsdefinition zusammengebracht. Dieser Prozess, der nur selten bewusst wird und noch weniger laut besprochen wird, führt allmählich zu einer gemeinsamen *Definition der Situation*.

Diese Definition ist soziologisch höchst interessant, denn durch Definitionen werden Handlungsbedingungen strukturiert, auch wenn das

---

8 Vgl. zu diesem von Georg Simmel so bezeichneten Prinzip sozialer Beziehungen Abels 2007, Bd. 2, Kap. 5.1 „Simmel: Wechselwirkung und Vergesellschaftung".

den Handelnden vielleicht gar nicht bewusst ist. So ist der berühmte – schon zitierte! – Satz von WILLIAM I. THOMAS (1863-1947), den Blumer übrigens als einen prominenten Vorläufer des Symbolischen Interaktionismus erwähnt, zu verstehen, der da lautet: „Wenn Menschen Situationen als real definieren, sind auch ihre Folgen real." (Thomas u. Thomas 1928, S. 114) Dieses sog. Thomas-Theorem[9] ist eine der Grundannahmen der interpretativen Soziologie. Wir werden später sehen, wie man mit diesem symbolischen Mechanismus objektive Wirklichkeit konstruiert.[10]

Objekte, haben wir gehört, sind alles, „was angezeigt werden kann" und „alles, auf das man sich beziehen kann", und aus der Sicht des Symbolischen Interaktionismus ist „das menschliche Zusammenleben ein Prozess, in dem Objekte geschaffen, bestätigt, umgeformt und verworfen werden." (Blumer 1969b, S. 91)

Die Bedeutung von Objekten ist für verschiedene Personen höchst unterschiedlich. Für den einen ist das Wasser das Zeichen des Lebens, für den anderen Rohstoff. „Die Bedeutung von Objekten für eine Person entsteht im Wesentlichen aus der Art und Weise, in der diese ihr gegenüber von anderen Personen, mit denen sie interagiert, definiert worden sind." (Blumer 1969b, S. 90) Zu dieser angezeigten Bedeutung verhält sich das Individuum, indem es sie akzeptiert oder neu interpretiert. Die Bedeutung der Objekte liegt nicht in den Objekten selbst, sondern in der *Definition*, die die Handelnden sich gegenseitig anzeigen. Deshalb darf man nie vergessen, dass Objekte Produkte des Handelns von Menschen sind.

Die soziale Wirklichkeit ist eine symbolische Wirklichkeit, und sie wird in jeder Situation neu hergestellt – wenn auch mit den unbewussten Gewissheiten, die uns im Prozess der Sozialisation nahe gebracht wurden!

Um diese Gewissheiten der sozialen Wirklichkeit und um die *Bewusstseinprozesse*, unter denen die Wirklichkeit in *Gemeinsamkeit* mit

---

9 Lesen Sie doch noch einmal die Anmerkung 2 im vorigen Kapitel.
10 Vgl. unten Kap. 7.5 „Self-fulfilling prophecy: Die subjektive Erzeugung einer objektiven Zukunft".

den anderen Individuen hergestellt wird, ging es in einer Theorie, die schon Anfang der 1930er Jahre eine Grundthese der Soziologie kritisch befragt hatte, ihre Wirkung aber erst in den späten 1960er Jahren entfaltete. Gemeint ist die phänomenologische Soziologie von ALFRED SCHÜTZ.

3 Über vage Weltgewissheit, natürliche Einstellungen und Handeln in der selbstverständlichen Lebenswelt

Die phänomenologische Soziologie will herausfinden, wie Menschen die Welt der Phänomene, also die soziale Wirklichkeit, in der sie leben, erfahren, wie sie mit ihr umgehen und wie sie in ihr handeln. Sie will Schicht um Schicht freilegen, wie sich der Mensch die Wirklichkeit ordnet. Das ist der aufklärerische Anspruch dieser Soziologie. Sie will nicht nur die Routine des Alltagsdenkens und die harmlose Gedankenlosigkeit (Abels u. Stenger 1986, S. 56) aufdecken, sondern auch das „falsche Bewusstsein" und die Macht der Ideologie. Insofern hat diese Theorie auch eine praktische Relevanz, und eine „grundlegende Funktion der Theorie besteht darin, erfolgversprechende Lösungen für grundsätzliche Probleme des täglichen Lebens vorzuschlagen und dem Menschen bei seiner handelnden Orientierung in der Welt zu helfen." (Luckmann 1979a, S. 200) Indem sie die strukturellen Bedingungen des Denkens und Handelns von Menschen aufzeigt, hofft sie, Reflexion in Gang zu setzen und rationalem Handeln den Weg zu bereiten.

Bei dem Anspruch, zur Lösung von *alltäglichen* Problemen beizutragen, darf man nicht übersehen, dass Luckmann hier den Begriff der Theorie in einem weiten Sinne benutzt: von der großen Theorie der Wissenschaft bis zu der Theorie, mit der wir uns unseren Alltag zur Anschauung bringen. Theorie ist Anschauung und *Ordnung* zugleich.

Deshalb spricht Luckmann auch von der *nomischen* Funktion (Luckmann 1979a, S. 201) der Theorie.

Jede Theorie bringt Ordnung in die Dinge. Das gilt auch für unsere ganz private Vorstellung von der Welt! Auch sie ist im Grunde eine in sich sinnvolle Theorie, die alles um uns herum an den „richtigen" Platz rückt. Der Unterschied zwischen einer wissenschaftlichen Theorie und der Alltagstheorie besteht darin, dass letztere nicht reflektiert ist und sich bis zu einer widersprüchlichen Erfahrung immer auf der Seite des „richtigen" Denkens wähnt. Wenn die phänomenologische Soziologie beansprucht, „die universale menschliche Basis aller Arten theoretischer Reflexion zu analysieren" (Luckmann 1979a, S. 201), dann müssen selbstverständlich auch die Alltagstheorien auf den Prüfstand gebracht werden.

Die phänomenologische Soziologie, wurde gerade gesagt, fragt, wie Menschen die Welt der sozialen Phänomene erfahren und mit ihr umgehen. Dabei geht sie davon aus, dass die Phänomene keinen Sinn an und für sich haben, sondern sie erhalten ihn erst, indem ein Individuum über sie denkend verfügt. Die soziale Wirklichkeit wird interpretiert und *definiert* – im wörtlichen Sinne, dass sie umgrenzt und in einen Rahmen gebracht wird – und somit, ohne dass sich das Individuum dessen bewusst sein muss, *konstruiert*. Indem das Individuum die Phänomene in einen bestimmten Rahmen einordnet, zwischen ihnen also einen sinnvollen Zusammenhang herstellt, schafft es eine *individuelle* Wirklichkeit; indem es diesen Rahmen auch auf sein Handeln mit anderen anwendet, schafft es eine *soziale* Wirklichkeit. Von da an ist sie eine geteilte Wirklichkeit, zumindest so lange, wie ego und alter zusammen handeln. Soziales Handeln ist der sinnhafte Aufbau einer gemeinsamen Wirklichkeit.

Damit spiele ich auf den Titel des Buches von ALFRED SCHÜTZ (1899-1959), dem Begründer der phänomenologischen Soziologie, an. Es trägt den Titel „Der sinnhafte Aufbau der sozialen Welt" und erschien im Jahre 1932. Das Buch, das sein einziges bleiben sollte und seinerzeit nur in einem eng begrenzten philosophischen Kreis zur Kenntnis genommen wurde, trug den Untertitel „Eine Einleitung in die verstehende Soziologie". Doch es ist mehr als eine Einleitung. Es ist der – gelungene – Versuch, eine philosophische Fundierung für eine berühmte Grundaussage der Soziologie zu liefern. Schütz zeichnete dazu die Bewusstseinsprozesse nach, die sich in unserem Kopf abspielen, wenn wir gemeinsam handeln. Den theoretischen Rahmen seiner Erklärung fand er in der Phänomenologie des Philosophen EDMUND HUSSERL.

3.1 Husserl: Die selbstverständliche Lebenswelt

Der Begründer der phänomenologischen Philosophie, EDMUND HUS-SERL (1859-1938), hat kurz vor seinem Tod Phänomenologie als eine Philosophie bezeichnet, die „auf die *erkennende Subjektivität als Urstätte aller objektiven Sinnbildungen und Seinsgeltungen* zurückgeht." (Husserl 1936[1], S. 110) Es gibt also keinen Sinn an sich und keine wahre objektive Wirklichkeit. Wer von „Objektivität" redet, lässt „die erfahrende, erkennende, die wirklich konkret leistende Subjektivität" außer Acht; er ist „blind dafür, dass (...) die objektive Welt (...) sein eigenes, in ihm selbst gewordenes *Lebensgebilde* ist." (S. 107)

Bewusstsein ist Sinn „leistendes Leben". (Husserl 1936, S. 99) Insofern gibt es auch kein Bewusstsein an sich, sondern immer nur ein Bewusstsein von etwas. Bewusstsein ist immer intentional. Sinn wird konstruiert, „geleistet". Wirklichkeit, so könnte man sagen, wird vom Bewusstsein konstituiert. „Der Ort, an dem die Ordnungen der Welt und der Geschichte entspringen und sich wandeln, liegt nicht jenseits der Erfahrung, auch nicht innerhalb ihrer, er entspringt *mit der Erfahrung*." (Waldenfels 1995, S. 10f.) Deshalb wird der Phänomenologie auch *nicht die Welt an sich* zum Thema, sondern *die* Welt, zu der sich der Mensch in seinem Bewusstsein in Beziehung setzt.

Die Welt, die dem Menschen am nächsten ist, die Welt des Alltags, nennt Husserl *Lebenswelt*. Es ist „die stets in fragloser Selbstverständlichkeit vorgegebene Welt der sinnlichen Erfahrung und alles von ihr genährten Denklebens." (Husserl 1936, S. 83) Sie ist uns als „Horizont"

---

1 Die Teile I und II der Schrift „Die Krisis der europäischen Wissenschaften und die transzendentale Philosophie" sind 1936 erschienen, Teil III im Jahre 1937.

vorgegeben, vor dem wir denken, und ist der „Boden" für alle Praxis: „Die Lebenswelt ist (...) für uns, die in ihr wach Lebenden, immer schon da, im voraus für uns seiend, »Boden« für alle, ob theoretische oder außertheoretische Praxis[2]. Die Welt ist uns, den wachen, den immerzu irgendwie praktisch interessierten Subjekten, nicht gelegentlich einmal, sondern immer und notwendig als Universalfeld aller wirklichen und möglichen Praxis, als Horizont vorgegeben." (Husserl 1937, S. 145)

Die Lebenswelt ist einfach da, behauptet sich von selbst und scheint keiner weiteren Erklärung zu bedürfen. Zu ihr haben wir eine natürliche Einstellung, die bis zur Überraschung unproblematisch ist. In dieser „alltäglichen Welt" denken und handeln wir mit „*naiver Selbstverständlichkeit* der Weltgewissheit". (Husserl 1936, S. 106) Doch diese Alltagserkenntnis ist nicht im strengen Sinne der mathematischen Gesetzmäßigkeiten gewiss, sondern „vage und relativ", weshalb Husserl sie auch als »Doxa«[3] bezeichnet. (S. 71) Es ist ein Meinen, das ungefähr und an die spezifische Erfahrung und Geschichte und Lage („relativ") des Menschen gebunden ist. „Die »Seinsgewissheit«", schreibt Waldenfels, „ist eine »Glaubensgewissheit«, die in Form der »Urdoxa« jedem Ja oder Nein vorausgeht." (Waldenfels 1993, S. 252) Husserl nimmt diese „alltäglichen Erfahrungen, Vorstellungen und Verfahrensweisen" gegen die abstrakten Konstruktionen des rationalen Denkens „in Schutz" und „rehabilitiert" somit die Doxa (Waldenfels 1992, S. 37), weil es die natürliche und die erste Form ist, in der der Mensch Erfahrungen über seine Lebenswelt macht und in der er sich diese Lebenswelt als Horizont zurechtlegt.

„Die Dinge der anschaulichen Umwelt (immer genommen so, wie sie anschaulich in der Lebensalltäglichkeit für uns da sind und uns als Wirklichkeiten gelten) haben sozusagen ihre »*Gewohnheiten*«, sich unter typisch ähnlichen Umständen ähnlich zu verhalten." (Husserl 1936, S. 30f.) Die Dinge gehen also gewöhnlich immer so weiter. „Die-

---

2 In einer Anmerkung weist Waldenfels ausdrücklich auf diesen weiten Begriff der Praxis hin. (Waldenfels 1993, S. 252)

3 doxa - griech. Meinung, Vorstellung, im Gegensatz zu episteme, dem sicheren Wissen

ser universale Kausalstil der anschaulichen Umwelt macht in ihr (...)
Voraussichten hinsichtlich der Unbekanntheiten der Gegenwart, der
Vergangenheit und Zukunft möglich." (Husserl 1936, S. 31) Aufgrund
des wiederholten Eintretens der Dinge hat sich im Bewusstsein ein
„empirischer Gesamtstil" der Phänomene herausgebildet. (vgl. ebd.) Es
ist die Vorstellung des Sinns der Dinge, zu denen sich der Mensch in
Beziehung gesetzt hat. Die Erfahrungen, die er dabei gemacht hat, haben sich als eine Vorstellung des „Ungefähren, *Typischen"* (ebd.) abgelagert[4]. Wenn wir uns den weiteren Verlauf der Welt vorstellen, dann
stellen wir uns ihn „notwendig (...) in dem Stil vor, in dem wir die Welt
schon haben und bisher hatten". (ebd.)

Ich fasse zusammen: Die Phänomenologie fragt, wie der Mensch
überhaupt Erfahrungen macht und warum er sich mit naiver Selbstverständlichkeit seiner Welt *gewiss* ist.

An dieser Frage des Umgangs des Individuums mit der Welt setzt
auch die phänomenologische *Soziologie*[5] an. Anders als andere Theorien, die von bestehenden sozialen Strukturen oder Institutionen und
daraus folgenden Funktionen (oder auch umgekehrt!) ausgehen, will
diese Soziologie nicht „allgemeine Merkmale der objektiven Welt (...)
erklären" (Luckmann 1979a, S. 197), sondern aufzeigen, wie sich im
Bewusstsein eine Welt erst *konstituiert* und wie der Mensch sich eine
Welt *konstruiert*. Die phänomenologische Soziologie will „die universalen Strukturen *subjektiver* Orientierung in der Welt" (S. 198, Hervorhebung H. A.) beschreiben und die Prozesse aufhellen, „durch die die
Welt als eine spezifisch menschliche aufgebaut wird." (S. 197)

---

4 Husserl spricht gelegentlich auch von „Sedimentierung" (1936, S. 56).
5 Diesen Begriff will ich beibehalten, obwohl Luckmann gut begründet, warum man
   von einer phänomenologischen Soziologie gar nicht sprechen darf. Diese Gründe
   haben mit dem Bezug auf die Voraussetzungen der Soziologie als Wissenschaft zu
   tun. Danach konstituiere die Phänomenologie nur eine Proto-Soziologie. (Luckmann 1979a, S. 205) Da ich die Differenz zwischen Philosophie und Soziologie
   gerade beim Thema Erfahrung weniger streng sehe, benutze ich den Begriff der
   phänomenologischen Soziologie weiter – wie das auch die allermeisten anderen
   Soziologen inzwischen tun. Im Übrigen verdiente auch die phänomenologische
   Anstrengung von Schütz, Webers Erklärung sozialen Handelns philosophisch
   nachzubessern (ich komme gleich darauf), das späte Etikett!

Das war das Thema von ALFRED SCHÜTZ. Er verstand den Aufbau in einem doppelten Sinn: Die Welt baut sich – hinter dem Rücken der Subjekte – als sinnvolle Wirklichkeit auf, und sie wird von den Individuen sinnvoll aufgebaut. Der sinnhafte Aufbau der sozialen Welt ist also Konstitution und Konstruktion zugleich. Ich werde vor allem diesen zweiten Aspekt hervorheben.

3.2   „... orientiert am gemeinten Sinn" – Einer berühmten Antwort fehlt das Fundament

Worum es Schütz zu tun ist, kann man gleich in den ersten drei Sätzen des Vorwortes zu seinem Buch „Der sinnhafte Aufbau der sozialen Lebenswelt" lesen. Dort schreibt er: „Das vorliegende Buch geht auf eine vieljährige intensive Befassung mit den wissenschaftstheoretischen Schriften Max Webers zurück. Im Verlaufe dieser Studien hatte sich in mir die Überzeugung gefestigt, dass Max Webers Fragestellung zwar den Ansatzpunkt jeder echten Theorie der Sozialwissenschaften endgültig bestimmt hat, dass aber seine Analysen noch nicht bis in jene Tiefenschicht geführt sind, von der allein aus viele wichtige, aus dem Verfahren der Geisteswissenschaften selbst erwachsende Aufgaben bewältigt werden können. Tiefergehende Überlegungen haben vor allem bei Webers Zentralbegriff des subjektiven Sinns einzusetzen, der nur ein Titel für eine Fülle wichtigster Probleme ist, die Weber nicht weiter analysiert hat, wenn sie ihm auch gewiss nicht fremd waren." (Schütz 1932, S. 9) Nach Meinung von Schütz hat Weber die Grundthematik der Sozialwissenschaften und ihrer verstehenden Methode nicht genügend expliziert, weil er die „Urphänomene des gesellschaftlichen Seins" nicht hinreichend erforscht habe. Diese Lücke will Schütz schließen, indem er den Versuch unternimmt, „die Wurzeln der sozialwissenschaftlichen Problematik bis zu den fundamentalen Tatsachen des Bewusstseinslebens zurückzuverfolgen." (ebd.)

Dazu greift er einen der berühmtesten soziologischen Sätze auf, den von MAX WEBER, wo er den Begriff des sozialen Handelns bestimmt: Soziales Handeln „soll ein solches Handeln heißen, welches seinem von dem oder den Handelnden gemeinten Sinn nach auf das Verhalten anderer bezogen wird und daran in seinem Ablauf orientiert ist." (Weber 1920b, S. 653) Was ist der Sinn? Weber setzt ihn offensichtlich voraus, und gleichzeitig ist er Ziel des sozialen Handelns. Hier setzt Schütz an, der kritisiert, Weber habe sich „nur notgedrungen und anfänglich mit sichtbarem Widerstreben (...) um die theoretischen Grundlagen seiner Wissenschaft bemüht"; so Bedeutendes er in anderer Hinsicht geschaffen habe, „an der radikalen Rückführung seiner Ergebnisse auf eine gesicherte philosophische Grundposition lag ihm ebenso wenig, wie an der Erhellung der Unterschichten der von ihm aufgestellten Grundbegriffe." (Schütz 1932, S. 15) Das gelte vor allem für den Begriff des *Sinns*. Hier breche Weber die Analyse der sozialen Welt zu früh ab, indem er nicht frage, wie denn der Sinn konstituiert wird.

Vor allem die *soziologische* Frage, wie der *subjektive* Sinn eines *anderen* sozialen Handelns überhaupt zu verstehen sei und wie sich der Sinn in der Beziehung *zwischen* dem handelnden Subjekt und dem anderen aufbaut, harrte einer philosophischen Reflexion. Als EDMUND HUSSERL im Jahre 1928 seine „Vorlesungen über das innere Zeitbewusstsein" veröffentlichte, erkannte Schütz, dass hier das Problem der *Intersubjektivität* ins Zentrum gerückt wurde. Seit 1932 besuchte Schütz Husserl regelmäßig in Freiburg.

Nach eigenem Bekunden war es vor allem der Gedanke der *natürlichen Einstellung* zur *Lebenswelt*, die uns bis zur Überraschung völlig selbstverständlich erscheint, der Schütz an der Phänomenologie Husserls interessierte. (vgl. von Baeyer 1971, S. 10) Die natürliche Einstellung ist nicht reflektiert, sondern unbefragte Wirklichkeit. Sie bestätigt sich durch die Routine des immer Gleichen. Die alltägliche Lebenswelt ist von Anfang an selbstverständlich und gewiss. An ihr nimmt der Mensch regelmäßig und unausweichlich teil. Es ist seine Welt, in der er sich immer schon befindet, und zugleich die Welt, in der er immer mit den Anderen gemeinsam lebt. Wie das möglich ist, das wird gleich gezeigt.

Zuvor aber muss geklärt werden, wie der Mensch *seinen* Zugang zu *dieser* Wirklichkeit findet. Die einzige Möglichkeit, Zugang zur Wirklichkeit zu finden, ist das Bewusstsein, aber es gibt *nicht die einzige* Wirklichkeit. Wirklichkeit ist für den einen dieses (mein freundliches

Elternhaus, an das ich mich gerne erinnere), für den anderen jenes (die peinliche Erfahrung bei einem Vorstellungsgespräch). Bestimmte Teile der Wirklichkeit scheinen uns gegeben und unveränderlich (die Lage der Stadt im Tal oder das Klima), anderes könnten wir verändern, wenn wir uns Mühe gäben (den unfreundlichen Nachbarn oder das klappernde Auto). Mit manchen Wirklichkeitsbereichen werden wir regelmäßig konfrontiert (den nervigen Leuten morgens im Bus auf dem Weg zur Arbeit), mit anderen nur gelegentlich (wenn uns die Jecken zu Karneval um den Hals fallen oder wir drei Tage lang ein Familienfest überstehen müssen).

Wie gelangen nun diese Wirklichkeiten in unser Bewusstsein? Wie kommen wir überhaupt mit der Welt in Kontakt? Wie kommt das, was wir von ihr wissen, zustande?

Schütz sieht es so: Zunächst einmal erleben wir die Welt einfach, ohne dass wir darüber nachdenken. Diese *Erlebnisse* lagern sich ab. Wenn eine neue Situation auftaucht, in der das erste Erlebnis erinnert wird, beginnt *Erfahrung*. Erfahrung ist der Inbegriff aller „reflexiven Zuwendungen" des Ich auf seine „abgelaufenen Erlebnisse". (Schütz 1932, S. 104) Erst in dem Augenblick tritt ein Ich in Aktion, erst dann sprechen wir von *Bewusstsein*. Erfahrungen werden nämlich nicht nur gespeichert und abgelegt, sondern in Beziehung zu einer anderen Erfahrung gesetzt. Sie werden wechselseitig instrumentalisiert, indem wir ihre Relevanz für das, was wir erfahren haben oder zu tun beabsichtigen, prüfen. Indem Erfahrungen in wechselseitigen Bezug gesetzt werden, erhalten sie *Sinn* und werden als solcher *verallgemeinert*. Luckmann bezeichnet den Sinn deshalb auch als Relation. (Luckmann 1992, S. 31)

Dieser Sinnbegriff darf nicht verwechselt werden mit dem umgangssprachlichen Begriff, wo er mit „vernünftig" oder „folgerichtig" gleichgesetzt wird. Sinn heißt nur, dass zwischen zwei Erfahrungen oder Phänomenen eine Verbindung hergestellt wird, die für beide Seiten etwas bedeutet. Der Sinn verweist auf etwas, das außerhalb der Phänomene selbst liegt, aber sie in *unserer* Welt *aktuell* verbindet.

Aus der eben angesprochenen These, dass Erfahrung die reflexive Zuwendung des Ich auf abgelaufene Erlebnisse ist, präzisiert Schütz nun den Begriff des *gemeinten* Sinns bei Weber: „Gemeinter Sinn eines Erlebnisses ist nichts anderes als eine Selbstauslegung des Erlebnisses von einem neuen Erleben her." (Schütz 1932, S. 104)

Der Begriff der *Selbst*auslegung deutet schon darauf hin, dass die Alltagswirklichkeit nicht einfach hingenommen wird. Tatsächlich legen wir sie – wenn auch nicht bewusst! – permanent aus, ordnen sie nach Relevanzen und „bauen" uns so die Welt „sinnhaft auf". Den Begriff des „sinnhaften Aufbaus" sollten wir durchaus im Sinne einer Aktivität[6] verstehen: Die Konstitution der Wirklichkeit in unserem Bewusstsein ist spätestens seit dem ersten Vergleich einer Erfahrung mit einer anderen auch schon *Konstruktion*.[7] Wir setzen die erste Erfahrung nämlich nicht zu unendlich vielen anderen zweiten Erfahrungen in Bezug, sondern nur zu einer ganz bestimmten zweiten. Das hängt ab von dem individuellen Hintergrund des Bewusstseins, was sich also im Individuum bis dahin abgelagert hat. Dieses *Sediment* stellt aus den oben genannten Gründen schon eine bestimmte Ordnung dar. Nicht alle Erlebnisse wurden bewusst gemacht, nur ganz bestimmte Erfahrungen werden in Verbindung zu ganz bestimmten anderen Erfahrungen gesetzt. Lebensgeschichtlich entsteht so ein subjektives Relevanzsystem.

Das, was ich gerade beschrieben habe, erfolgt keineswegs immer bewusst in dem Sinne, dass ich mir in jedem Augenblick voll klar darüber bin, wie ich meine Wirklichkeit ordne. Gleichwohl erfolgt diese Ordnung nicht zufällig, sondern systematisch. Ordnung ist ein Prozess, in dem frühere Erfahrungen mit neuen Erfahrungen verglichen werden und zu einer in sich stimmigen „Theorie" zusammengebracht werden. Den Begriff der Theorie benutzt die phänomenologische Soziologie übrigens in dem ursprünglichen Sinn des griechischen Wortes für „Anschauung" oder Vorstellung. Deshalb spricht sie auch von Alltagstheorien und meint damit, dass der gesunde Menschenverstand, der uns vor vielen Zweifeln schützt, im Grunde eine Konstruktion ist, mit der wir die Wirklichkeit ordnen.

---

6 Denken ist eine Form von Erwartung und die wiederum Vorerinnerung einer Handlung. Denken ist folglich Handeln. Ich komme sofort darauf zurück.

7 Streng genommen erfolgen Konstitution und Konstruktion zugleich; vgl. dazu Anm. 15

Die Erfahrungen richten sich nicht nur in die Vergangenheit, sondern auch in die Zukunft, indem man aus einer typischen Erfahrung eine *typische Erwartung* ableitet. Erwartung ist so etwas wie eine Vorerinnerung (Schütz 1932, S. 77) an eine Handlung, die sich in der Zukunft ergeben haben wird. Schütz nennt diese Vorerinnerung *Entwurf.* (S. 77f.) Wie unten zu zeigen sein wird, hat der Entwurf eine entscheidende Bedeutung für das Handeln.

Bei der Struktur der Bewusstseinsgegenstände kann man zwischen einem thematischen *Kern* und einem thematischen *Feld* unterscheiden.[8] Der thematische Kern bezeichnet das, worauf sich das Bewusstsein aktuell richtet, das thematische Feld bezeichnet den Zusammenhang, in dem ich ein Phänomen als typisch wiedererkenne. Das Feld besteht aus den aktuell relevanten Sedimenten und Verweisungen. Um den Kern und das Feld ist ein offener Horizont, was bedeutet, dass zahlreiche andere Verweisungen je nach neuer Relevanz konstruiert werden könnten. Der thematische Kern ist das Erlebnis, das im Wiederholungsfall oder im Vorgriff auf eine gedachte Zukunft als typisch erkannt und als Erfahrung thematisch eingeordnet wird. Das ist der Übergang von der Konstitution zur Konstruktion. Das Bewusstsein verbindet Erfahrungen der Vergangenheit mit einer Handlung, die sich in der Zukunft aufgrund dieser Erfahrungen ergeben *müsste.* Auf diese Zeitstruktur des Handelns komme ich gleich noch einmal zurück.[9]

Fasst man das Anliegen der phänomenologischen Soziologie bis hier zusammen, so kann man sagen: Sie fragt nach der Konstitution von Erfahrung. In diesem Sinne hat Schütz den Gegenstand der sozialen Wissenschaften in den Erfahrungen und den damit verbundenen Handlungen gesehen. Wenn man die Gewinnung von Erfahrung und ihre Verwendung im Alltag genauer betrachtet, dann entdeckt man universale Strukturen. Wenn man sich diese universalen Strukturen subjekti-

---

8   Luckmann (1992, S. 29) unter Verweis auf eine nicht näher genannte Arbeit des Philosophen und lebenslangen Freundes von Schütz ARON GURWITSCH aus dem Jahr 1957. Es könnte der Aufsatz „The last work of Edmund Husserl. Part II" oder der „Briefwechsel 1939-1959" zwischen beiden gemeint sein.

9   Der Konjunktiv im letzten Satz ist mein Beitrag zur Verklarung. Vgl. unten Anm. 16, die sich auf die m. E. nicht ganz korrekte Formulierung von Schütz bezieht.

ver Orientierung klar macht, hat man gewissermaßen das Fundament freigelegt, auf dem sich das sinnverstehende soziale Handeln nach Max Weber[10] ereignet.

Will man den Versuch machen, die Bedeutung der komplizierten Überlegungen von Alfred Schütz für die moderne Soziologie fürs erste in einem Satz zusammenzufassen, dann kann man sagen: Schütz hat über die *phänomenologische Soziologie* eine Antwort auf die grundlegende Frage der Soziologie gegeben, wie Menschen über die Wirklichkeit verfügen, in der sie gemeinsam mit anderen leben.

Schütz hat den sinnhaften Aufbau der *sozialen* Welt rekonstruiert, indem er die *individuelle* Konstitution von Sinn bis zu den passiven Prozessen nachzeichnete, in denen sich *Erlebnisse* in uns ablagern und über Bewusstseinsleistungen in *Erfahrungen* verwandelt werden. Mit diesen Erfahrungen, das war die entscheidende These, konstruieren wir uns „die" Wirklichkeit, von der wir selbstverständlich annehmen, dass andere sie für genauso selbstverständlich halten. Um dieses Thema geht es bei der posthumen Ordnung eines Zettelkastens und zahlreicher Notizen, die Schütz hinterlassen hat.

3.3 Schütz: Natürliche Einstellungen und Handeln in der Lebenswelt

Schütz war gelernter Jurist und arbeitete in einer Bank. Seinen wissenschaftlichen Interessen konnte er nur nachts oder auf Reisen nachgehen. Als Husserl ihm anbot, sein Assistent zu werden, lehnte er ab und blieb weiter Privatgelehrter. Schütz war jüdischer Herkunft und bereitete seit 1937 seine Emigration vor. Nach dem Anschluss Österreichs kehrte er von einem Geschäftsbesuch im Ausland nicht mehr nach Wien zurück. 1939 bekam er in den USA eine Stellung in einer Bank. Es wird berichtet, dass Schütz Kontakt aufnahm zu Soziologen, die am

---

10 Vgl. Abels 2007, Bd. 2, Kap. 4.2 „Weber: Bestimmungsgründe des Handelns" und Kap. 5.2 „Weber: Soziale Beziehung".

ehesten den Ansatz von Weber zu vertreten schienen.[11] Der wichtigste ist zweifellos TALCOTT PARSONS gewesen, doch der inzwischen ausführlich dokumentierte Briefwechsel (Schütz u. Parsons 1977) zeigt, dass sich der phänomenologische Ansatz von Schütz und der Strukturfunktionalismus von Parsons nicht auf einen Nenner bringen ließen. Schütz machte sich mit dem amerikanischen Pragmatismus und besonders mit den Arbeiten von WILLIAM JAMES und GEORGE H. MEAD vertraut.

Ab Anfang 1943 las er regelmäßig als Gastdozent an der New Yorker „New School for Social Research", einer Hochschule, an der viele Emigranten arbeiteten. Dort erhielt er 1952 eine Professur für Soziologie und Sozialpsychologie. Von seinen Vorlesungen wird berichtet, sie seien recht umständlich und kompliziert gewesen. Dennoch begann damals seine eigentliche Wirkung. Zu den bekanntesten Schülern zählen PETER L. BERGER, THOMAS LUCKMANN und HAROLD GARFINKEL. Als Schütz 1959 starb, hinterließ er sechs in deutscher Sprache abgefasste Notizbücher und hunderte von Karteikarten. (vgl. Luckmann 1975, S. 17) Auf manchen standen nur die Titel von einzuarbeitenden Aufsätzen, auf manchen nur Stichworte oder Exzerpte. Das alles hat Luckmann in eine stimmige Argumentation gebracht, vieles musste auch ganz neu entworfen werden. Das ist der Grund, weshalb die beiden Bände mit dem Titel „Strukturen der Lebenswelt" in den Jahren 1975 und 1984 unter den Namen von Schütz und Luckmann[12] veröffentlicht wurden.

Es ist natürlich nicht möglich, die zentralen Erkenntnisse dieses zweibändigen Werkes von Schütz in wenigen Zeilen zusammenzufas-

---

11 Zur Biographie und zum wissenschaftlichen Umfeld von Schütz vgl. Grathoff 1978, S. 391ff.; zur Autobiographie vgl. von Baeyer 1971, S. 9-12

12 Da Luckmann sich für die ersten drei Kapitel der „Strukturen der Lebenswelt" ausdrücklich als „Nachfolgeautor" (Luckmann 1975, S. 17) bezeichnet, der den Intentionen von Schütz „so getreu wie möglich" (S. 15) gefolgt sei, ordne ich die Gedanken dort immer Schütz zu und zitiere „Schütz u. Luckmann". Auf das 4. Kapitel „Wissen und Gesellschaft", das völlig neu ist (S. 16), gehe ich hier nicht ein, da Luckmanns Sicht später unter dem Titel „Die gesellschaftliche Konstruktion der Wirklichkeit" behandelt wird.

sen. Man kann aber versuchen, wenigstens zu sagen, worum es geht. Es wird beschrieben, wie jeder Mensch in einer alltäglichen Lebenswelt lebt, zu der er sich in einer natürlichen Einstellung verhält. Es wird weiter gezeigt, wie der Mensch Erfahrungen macht und wie sie sich als typische Erfahrungen in einem *Wissensvorrat* (»stock of knowledge«) ablagern. Mit diesem Wissensvorrat schafft er sich eine subjektive Welt und erfährt sich gleichzeitig als Teil einer Welt geteilt in Gemeinschaft mit anderen. Diese Welt ist schon da, wenn der Mensch auf die Bühne des Lebens tritt. Es ist eine objektive Welt, in der das Wissen abgelagert ist, das andere schon vor ihm gesammelt haben.[13] Diesem Wissen kann er gar nicht entgehen. Insofern setzt die Wirklichkeit des Alltags ihm auch einen Rahmen des Denkens und Handelns.

Die subjektive und die objektive Welt sind stets aufeinander verwiesen. „Der subjektive Ursprung gesellschaftlichen Wissens und das gesellschaftliche a priori – die empirische Priorität des gesellschaftlichen Wissensvorrates gegenüber dem subjektiven Wissensbestand – konstituieren im Aneignungsprozess gemeinsam das Netzwerk der Strukturen der Lebenswelt. Was sich dem Subjekt in der natürlichen Einstellung als Lebenswelt zeigt, was es – subjektiv – als Lebenswelt erlebt und erfährt, zeigt sich ihm zugleich als sozial konstituiert, als Ergebnis gesellschaftlichen Handelns und vergesellschafteter Erfahrungen." (Soeffner 1987, S. 802)

Diesen letzten Aspekt, die soziale Konstitution von Erfahrung, betont Luckmann in seiner Aufarbeitung des hinterlassenen Fragments von Schütz besonders. Danach geht es nicht nur darum, zu beschreiben, wie das Individuum Zugang zur Wirklichkeit und zu den anderen bekommt, „sondern auch um die Strukturierung der Lebenswelt durch Institutionen und Produkte, die im menschlichen Handeln geformt werden und ihrerseits auf menschliches Handeln zurückwirken: um die Rückwirkungen der gesellschaftlichen Konstruktionen auf ihre Konstrukteure." (Soeffner 1987, S. 804)

---

13 Genau das hat EMILE DURKHEIM mit den faits sociaux und der Verpflichtung, die aus dem Kollektivbewusstsein erwächst, gemeint. Vgl. Abels 2007, Bd. 1, Kap. 4.1 „Durkheim: Soziale Tatsachen".

Nach dieser Hauptlinie will ich einige zentrale Themen behandeln und zeigen, wie Schütz die Analyse der Objektivierungen menschlicher Bewusstseinstätigkeit auf eine „systematische Beschreibung von Alltagswelt als sozialer Wirklichkeit" (Luckmann 1975, S.14) fokussierte.

Eingangs habe ich gesagt, dass die Phänomenologie nach dem Zugang des Menschen zu seiner Lebenswelt fragt. Die Aufgabe, die sich daraus für die Sozialwissenschaften ergibt, formuliert Schütz so: „Die Wissenschaften, die menschliches Handeln und Denken deuten und erklären wollen, müssen mit einer Beschreibung der Grundstrukturen der vorwissenschaftlichen, für den – in der natürlichen Einstellung verharrenden – Menschen selbstverständlichen Wirklichkeit beginnen. Diese Wirklichkeit ist die alltägliche Lebenswelt." (Schütz u. Luckmann 1975, S. 23) Um diese Wirklichkeit des Alltags geht es vor allem. Doch was ist die alltägliche Lebenswelt?

- Die *erste* Antwort, die Schütz gibt, ist erhellend: Die alltägliche Lebenswelt „ist der Wirklichkeitsbereich, an dem (Korrektur H. A.) der Mensch in unausweichlicher, regelmäßiger Wiederkehr teilnimmt. (...) Ferner kann sich der Mensch nur innerhalb dieses Bereiches mit seinen Mitmenschen verständigen, und nur in ihm kann er mit ihnen zusammenwirken. Nur in der alltäglichen Lebenswelt kann sich eine gemeinsame kommunikative Umwelt konstituieren. Die Lebenswelt des Alltags ist folglich die vornehmliche und ausgezeichnete Wirklichkeit des Menschen." (Schütz u. Luckmann 1975, S. 23)
An dieser ersten Definition fällt auf, dass Schütz von einem Wirklichkeits*bereich* spricht. Nur in diesem Bereich kann sich der Mensch mit seinen Mitmenschen verständigen. Offensichtlich gibt es noch andere Bereiche der Wirklichkeit, die aber nur dem Einzelnen zugänglich sind. Solche Bereiche sind z. B. der Traum, die Phantasie, aber auch die individuelle Vergangenheit. Diese Bereiche sind wirklich, und sie beeinflussen mein Denken und Handeln auch in Gemeinsamkeit mit den anderen. Das gilt natürlich auch für jeden anderen. Die Wirklichkeit ist also komplex und keineswegs gleich für alle.

- Die *zweite* Definition der alltäglichen Lebenswelt bringt einen ganz anderen Aspekt ins Spiel: „Unter alltäglicher Lebenswelt soll jener

Wirklichkeitsbereich verstanden werden, den der wache und normale Erwachsene in der Einstellung des gesunden Menschenverstandes als schlicht gegeben vorfindet. Mit schlicht gegeben bezeichnen wir alles, was wir als fraglos erleben, jeden Sachverhalt, der uns bis auf weiteres unproblematisch ist. (...) In der natürlichen Einstellung finde ich mich in einer Welt, die für mich fraglos und selbstverständlich »wirklich« ist. Ich wurde in sie hinein geboren, und ich nehme es als gegeben an, dass sie vor mir bestand." (Schütz u. Luckmann 1975, S. 23)
Der Schluss, der aus dieser zweiten Definition gezogen werden kann, heißt: Die Menschen gehen mit der vorstrukturierten sozialen Wirklichkeit in einer *natürlichen* Einstellung um.

• Ein *dritter* Aspekt scheint in der folgenden Erklärung, was die Lebenswelt ist, auf: In dieser natürlichen Einstellung „nehme ich als schlicht gegeben hin, dass in dieser meiner Welt auch andere Menschen existieren, und zwar nicht nur leiblich wie andere Gegenstände (...), sondern als mit einem Bewusstsein begabt, das im Wesentlichen dem meinen gleich ist. So ist meine Lebenswelt von Anfang an nicht meine Privatwelt, sondern intersubjektiv; die Grundstruktur ihrer Wirklichkeit ist uns gemeinsam." (Schütz u. Luckmann 1975, S. 24)

Eingangs habe ich gesagt, dass Schütz dem Gedanken der Intersubjektivität, den Husserl ins Zentrum seines Denkens gerückt hatte, besondere Aufmerksamkeit geschenkt hat. Hier geht er in die dritte Definition von Lebenswelt ein: Sie wird erfahren als geteilt in Gemeinsamkeit mit anderen. Wir wissen, dass wir füreinander existent sind, und wir wissen auch, dass wir uns wechselseitig wahrnehmen. Wir haben Bedeutung füreinander. Da ich unterstelle, dass die Wirklichkeit, in der wir gemeinsam leben, von den Anderen im Prinzip so gesehen wird, wie ich sie sehe, kann ich mit diesen Anderen in mannigfache Sozialbeziehungen treten, und diese auch mit mir. Schütz bricht an dieser Stelle die Erörterung der Konstitution der Intersubjektivität ab. Ich werde darauf gleich unter der Überschrift „Die Generalthese der wechselseitigen Perspektiven" zurückkommen.

- Die *vierte* Definition der Lebenswelt schließlich betont, dass wir in dieser Welt nicht nur leben, sondern dass wir in ihr handeln: „Die Lebenswelt ist (...) eine Wirklichkeit, die wir durch unsere Handlungen modifizieren und die andererseits unsere Handlungen modifiziert. Wir können sagen, dass unsere natürliche Einstellung der Welt des täglichen Lebens gegenüber durchgehend vom *pragmatischen Motiv* bestimmt ist." (Schütz u. Luckmann 1975, S. 25) Wir handeln in dieser Lebenswelt, und sie gibt unserem Denken und Handeln auch den Rahmen[14] vor. Aber wir geben ihr auch ständig einen typischen Rahmen!

3.3.1 Typisierungen

Kehren wir zu der natürlichen Einstellung zurück, mit der wir der Wirklichkeit der Alltagswelt begegnen. Die Struktur dieses Denkens beschreibt Schütz so: „Jeder Schritt meiner Auslegung der Welt beruht jeweils auf einem Vorrat früherer Erfahrung: sowohl meiner eigenen unmittelbaren Erfahrungen als auch solcher Erfahrungen, die mir von meinen Mitmenschen, vor allem meinen Eltern, Lehrern usw. übermittelt wurden. All diese mitgeteilten und unmittelbaren Erfahrungen schließen sich zu einer gewissen Einheit in der Form meines Wissensvorrats, der mir als Bezugsschema für den jeweiligen Schritt meiner Weltauslegung dient. Alle meine Erfahrungen in der Lebenswelt sind auf dieses Schema bezogen, so dass mir die Gegenstände und Ereignisse in der Lebenswelt von vornherein in ihrer *Typenhaftigkeit* entgegentreten." (Schütz u. Luckmann 1975, S. 26, Hervorhebung H. A.)

Im Wissensvorrat sind Erfahrungen abgelagert. Schütz spricht von „Sedimentierung". (Schütz u. Luckmann 1975, S. 113) Mit Hilfe dieses Wissensvorrates wird jede Situation definiert und bewältigt. Er dient als Schema, nach dem neue Erfahrungen geordnet werden. Dies setzt voraus, dass sich die Erfahrungen als typische Erfahrungen abgelagert haben. Wie kommt es zu dieser Typenbildung? Erfahrungen entstehen

---

14 Dieser Schluss wird später für die These von der „*gesellschaftlichen* Konstruktion der Wirklichkeit" eine grundlegende Bedeutung bekommen.

aus Aufmerksamkeit, die ich einer Situation zuwende. Aufmerksamkeit ist ordnende Aktivität. Das Ergebnis dieser Aktivität wird als Lösung eines Problems behalten. Tritt nun eine neue Situation auf, wird auch der Wissensvorrat aktiviert. Wenn eine Beziehung zwischen bestimmten Erfahrungen und dem neuen Problem hergestellt wird, beginnt der Prozess der *Typisierung*.[15]

Typisierung ist die Herstellung eines Sinnzusammenhangs. Wenn eine Situation wiederholt in einen gleichen Sinnzusammenhang eingeordnet werden kann, wird sie zur typischen Situation. „Jeder Typ, in einer »ursprünglichen« Problemlage gebildet, wird in weiteren Routinesituationen und Problemlagen angewandt. Wenn er sich in diesen immer wieder als adäquat zur Bewältigung der Situation erweist, kann er allerdings *relativ* »endgültig« werden. Er wechselt in den Bereich des Gewohnheitswissens über, und seine Anwendung kann völlig »automatisch« werden." (Schütz u. Luckmann 1975, S. 24) Typisierungen ordnen die neue Wirklichkeit und wandeln sie in eine vertraute Wirklichkeit um. Der Typus reduziert die Fülle der Bedeutungen, die die Dinge haben können, auf die Bedeutung, die in meinem aktuellen Handeln Sinn macht. Auch der Typisierung liegt ein pragmatisches Motiv zugrunde.

Wie oben schon gesagt wurde, lagern sich nicht nur meine Erfahrungen in meinem subjektiven Wissensvorrat ab, sondern auch die Erfahrungen aller Anderen – wir leben ja auch vom Hörensagen und von dem, was uns Eltern und Erzieher als richtiges und wichtiges Wissen eintrichtern! – werden sedimentiert.

Typisierungen, die von subjektiven und unmittelbaren Erfahrungen abgelöst sind, die gewissermaßen anonym sind, werden objektiviert. Eine Form der „Sedimentierung typischer Erfahrungsschemata, die in einer Gesellschaft typisch relevant sind", ist die *Sprache*. (Schütz u. Luckmann 1975, S. 233) In der Sprache sind die allermeisten lebensweltlichen Typisierungen objektiviert. Über die Sprache wird uns – im

---

15 Im Grunde gilt diese Sequenz natürlich nicht, und Schütz erinnert zu Recht daran, dass man mit Husserl Erfahrung und Typik als *gleichursprünglich* auffassen muss. (Schütz u. Luckmann 1975, S. 231) Vgl. dazu Anm. 7. Schütz selbst formuliert widersprüchlich. (vgl. S. 230 und S. 28)

unmerklichen Prozess der Sozialisation, in expliziten Belehrungen und in selbstverständlicher Verwendung der Sprache in der Interaktion – das Wissen nahegebracht, das in dieser Welt relevant ist. Die Sprache ist eine Praxis des kollektiven Wissens. Sie setzt uns einen Rahmen des Denkens und Handelns. Das ist der Grund, warum der Sprache in der phänomenologischen Soziologie eine solche Aufmerksamkeit geschenkt wird.

In der Sprache der Gesellschaft werden wir groß. Über sie werden uns die „normalen" Typisierungen vermittelt. Deshalb gehe ich auch ganz selbstverständlich davon aus, dass bis zum Beweis des Gegenteils meine Typisierung der Typisierung entspricht, die die Anderen vornehmen. Schütz fasst das so zusammen: „Das Fraglose ist gewohnheitsmäßiger Besitz: es stellt Lösungen zu Problemen meiner vorangegangenen Erfahrungen und Handlungen dar. Mein Wissensvorrat besteht aus solchen Problemlösungen. (...) Wenn eine aktuelle neue Erfahrung in einer ähnlichen lebensweltlichen Situation einem aus vorangegangenen Erfahrungen gebildeten Typ widerspruchslos eingeordnet werden kann und so in ein relevantes Bezugsschema »hineinpasst«, bestätigt sie ihrerseits die Gültigkeit des Erfahrungsvorrats. Das bloß durch die Neuigkeit jeder aktuellen Erfahrung gegebene Fragliche wird im routinemäßigen Ablauf der Erlebnisse in der natürlichen Einstellung routinemäßig in Fraglosigkeit überführt." (Schütz u. Luckmann 1975, S. 28) Bis auf weiteres wird die frühere Erfahrung als selbstverständlich genommen. Erst wenn das Schema nicht mehr passt, muss der Horizont, in dem die bisherigen Erfahrungen Sinn machten, neu ausgelegt werden. Der Typus wird modifiziert. (vgl. S. 30)

Doch wie gesagt, das ist eher die Ausnahme. Die Regel ist, dass wir die Welt so auslegen, wie wir sie kennen: „Die in meinem Wissensvorrat sedimentierten Auslegungen haben den Status von Gebrauchsanweisungen: Wenn die Dinge so und so liegen, dann werde ich so und so handeln." Da die Gebrauchsanweisung kontinuierlich praktischen Erfolg bringt, „wird sie als Rezept habitualisiert." (Schütz u. Luckmann 1975, S. 32) Die erste Garantie des Rezeptes ist individuell. Sie besteht in der erfolgreichen Wiederholung früheren Handelns. Die zweite Garantie ist sozial, denn auch der Wissensvorrat, der von der Gesellschaft vermittelt wird, besteht aus solchen Rezepten, die sich bewährt haben. (vgl. Schütz u. Luckmann 1975, S. 32)

Aus all dem kann man den Schluss ziehen, dass Typisierung ein zweiseitiger Prozess ist. Dem Individuum werden gesellschaftliche Typisierungen vorgegeben, an denen es nicht leicht vorbeikommt, wahrscheinlich auch nicht vorbeikommen wollte, würde es überhaupt darüber nachdenken. Die Typisierungen scheinen ja bewährt zu sein. Es übernimmt sie scheinbar unbewusst. Diese scheinbar unbewusste Übernahme darf aber nicht darüber hinwegtäuschen, dass sich das Individuum die gesellschaftlichen Typisierungen auch selbst aneignet. Selbst wenn es sie in sein Denken vollständig integriert und durch sein Handeln anderen gegenüber bestätigt, bedeutet dies dennoch, dass es sie zunächst gedeutet hat, ehe es handelt.

Dieser zweiseitige Prozess darf nicht übersehen werden, weil er erklärt, warum gemeinsames Handeln und scheinbar identisches Handeln möglich ist und die Individuen dennoch das Gefühl haben, ihr Handeln sei so oder so einzigartig und individuell gewollt.

3.3.2 Idealisierungen

Die Lebenswelt ist nicht einfach da. Zwar meinen wir in der natürlichen Einstellung, dass sie selbstverständlich ist und insofern auch nicht besonders bedacht werden muss. Tatsächlich aber wird die Lebenswelt permanent durch uns ausgelegt. Unser Bewusstsein steht unaufhörlich in Beziehung zu ihr. Das merken wir freilich erst, wenn die Routine durchbrochen wird. Solange aber alles läuft wie gehabt, bewegt sich die Auslegung unseres Alltags unbemerkt und in wohlbekannten Bahnen. Die Erklärung liegt – wie gerade gezeigt wurde – darin, dass Erfahrungen in unserem Wissensvorrat als Schema abgelagert werden. Deshalb ist jede Auslegung der Welt eine Interpretation nach bekannten Regeln: „Jedes lebensweltliche Auslegen ist ein Auslegen innerhalb eines Rahmens von bereits Ausgelegtem, innerhalb einer grundsätzlich und dem Typus nach vertrauten Wirklichkeit. Ich vertraue darauf, dass die Welt, so wie sie mir bisher bekannt ist, weiter so bleiben wird und dass folglich der aus meinen eigenen Erfahrungen gebildete und der von Mitmenschen übernommene Wissensvorrat weiterhin seine grundsätzliche Gültigkeit behalten wird." (Schütz u. Luckmann 1975, S. 26)

• Diese Idealisierung nennt Schütz mit Husserl die Idealisierung des *„Und so weiter"*.

MAURICE NATANSON, ein anderer Schüler von Schütz, übersetzt diese Idealisierung kurz und knapp mit „Kontinuität" (Natanson 1979, S. 83). Damit ist gemeint, dass ich ganz selbstverständlich davon ausgehe, dass die Situation, wie ich sie jetzt erlebe, in der typischen Weise weitergehen wird. Für diese Idealisierung lassen sich auch anthropologische Gründe anführen: Wenn wir nicht stillschweigend annehmen würden, dass es so weiter gehen wird, wie es immer gewesen ist, wäre jeder Augenblick vor uns Überraschung. Wir könnten unser Handeln nicht verzögern und würden vor der unendlichen Überfülle der potentiellen neuen Erfahrungen scheitern.

Aus dieser Annahme des „und so weiter" folgt die „weitere und grundsätzliche Annahme, dass ich meine früheren erfolgreichen Handlungen wiederholen kann. Solange die Weltstruktur als konstant hingenommen werden kann, solange meine Vorerfahrung gilt, bleibt mein Vermögen, auf die Welt in dieser und jener Weise zu wirken, prinzipiell erhalten." (Schütz u. Luckmann 1975, S. 26)

• Diese Idealisierung, die sich in Korrelation zu der ersten Idealisierung bildet, hat Husserl die Idealisierung des *„Ich kann immer wieder"* genannt.

Es ist die natürliche Einstellung, „dass ich unter typisch ähnlichen Umständen in einer meinem früheren Handeln typisch ähnlichen Weise handeln kann, um einen typisch ähnlichen Tatsachenstand herzustellen." (Schütz 1953, S. 23, Hervorhebung H. A.; vgl. auch Schütz u. Luckmann 1975, S. 26) In mein Handeln geht also meine Erfahrung von früher durchgeführten Handlungen ein, indem ich das Neue mit dem Alten vergleiche und das Neue in das Alte einordne. Das erfolgt – wie ich oben gezeigt habe – natürlich nicht voraussetzungslos, sondern indem frühere Erfahrungen zu typischen Erfahrungen verallgemeinert worden sind und somit eine Erwartungsstruktur generiert haben, die wiederum alle neuen Erfahrungen nach Relevanzen sortiert.

Natürlich ist jede Situation im Prinzip neu und erfordert im Prinzip eine ganz neue Reaktion. Aber Erfahrungen haben sich ja nicht einfach nur so abgelagert, sondern als Erfahrungen von Handeln, das etwas *bewirkt* hat. Dabei spielt es keine Rolle, ob es erfolgreich war oder eine lehrreiche Erfahrung, wie man etwas nicht machen soll. In jedem Fall generalisieren sich die vielen Erfahrungen zu der Annahme, sie würden auch für zukünftige Situationen angemessen sein. Die Idealisierung des „ich kann immer wieder" ist die Annahme der Wiederholbarkeit von vergangenen Handlungen in künftigem Handeln. Da sich der Mensch in der natürlichen Einstellung zu seiner alltäglichen Lebenswelt diese Wiederholbarkeit stillschweigend zurechnet, kann man sie auch als Kompetenz bezeichnen.

Wenn eine neue Situation als typische Situation wiedererkannt wird, gehe ich selbstverständlich davon aus, dass auch die typischen Erfahrungen wieder relevant sind. Hier liegt allerdings auch das Problem, denn jede Situation ist neu, allein schon wegen der zeitlichen Differenz. Das Problem lösen wir aber unbewusst, indem wir die Besonderheiten unterdrücken und nur auf das typisch Normale sehen. Schütz nennt das die Unterdrückung der Indizes. Wiederholbarkeit ist „ein grundlegendes konstitutives a priori der Erfahrung." (Natanson 1979, S. 82) Ohne eine solche Idealisierung wäre Erfahrung gar nicht möglich, aber auch nicht Handeln.

Mit diesen Idealisierungen der Kontinuität und der Wiederholbarkeit ist im Prinzip *individuelles* Handeln geklärt. Wieso funktioniert aber *gemeinsames* Handeln? Eine Antwort habe ich schon mit dem Hinweis auf die natürliche Einstellung zur Lebenswelt gegeben, dass wir sie gemeinsam mit anderen teilen und deshalb auch die Grundstruktur ihrer Wirklichkeit kennen. Diese Erklärung will ich vertiefen.

3.3.3 Die Generalthese der wechselseitigen Perspektiven

Dass Menschen handeln, wissen wir. Wir handeln; die Anderen handeln. Das sehen wir. Aber wieso funktioniert es? Die Antwort, die Schütz gibt, knüpft an die oben abgebrochene Erörterung der Konstitution der Intersubjektivität an, wonach „meine Lebenswelt von Anfang an nicht meine Privatwelt" ist, weil „die Grundstruktur ihrer Wirklichkeit" intersubjektiv, d. h. „uns gemeinsam" ist: Die Lebenswelt ist eine Welt geteilt in Gemeinsamkeit mit Anderen. (vgl. Schütz u. Luckmann 1975, S. 24)

Doch so ganz stimmt das nicht. Die Lebenswelt ist nicht „von vornherein" intersubjektiv, sondern nur unter der Annahme, dass wir sie sozial, d. h. gemeinsam, konstruieren und dass wir uns diesen „Aufbau der sozialen Welt" wechselseitig unterstellen. Diese Annahme nennt Schütz die *Generalthese der wechselseitigen Perspektiven*. (Schütz u. Luckmann 1975, S. 74) In dieser Generalthese sind zwei Idealisierungen zusammengefasst:

- die Idealisierung der *Vertauschbarkeit der Standpunkte* und
- die Idealisierung der *Kongruenz der Relevanzsysteme*.

Nach der These der *Vertauschbarkeit der Standpunkte* nehme ich an, dass der Andere, wenn er an meiner Stelle stünde, die Dinge in der gleichen Perspektive sehen würde wie ich, und umgekehrt ich die Dinge aus der gleichen Perspektive betrachten würde wie er, wenn ich an seiner Stelle stünde. Nach der These der *Kongruenz der Relevanzsysteme* tun wir so, als ob wir die Welt nach den gleichen Kriterien beurteilen. Unterschiede der Auffassung und Auslegung der Welt, die sich aus den individuellen Biographien ergeben, sind danach im Prinzip irrelevant. Zu dieser Annahme fühlen wir uns auch berechtigt, weil wir in der gleichen Gesellschaft sozialisiert worden sind. Folglich gibt es Dinge, die jeder weiß, wozu natürlich auch die Kriterien gehören, wie sie zu beurteilen sind.

Beide Annahmen machen uns sicher, dass der *Andere* so handeln wird, wie wir es aus *eigener* Erfahrung kennen, und bis zum Beweis des Gegenteils stimmt das ja auch.

- Die Idealisierungen des »und so weiter« und des »ich kann immer wieder« machen uns als Individuum sicher in den Erwartungen an *unser* Handeln;
- die Idealisierungen der Vertauschbarkeit der Standpunkte und der Kongruenz der Relevanzsysteme machen uns sicher im *gemeinsamen* Handeln mit Anderen.

Die Erklärung liegt darin, dass sich in der Sozialisation in einer gemeinsamen Welt Muster herausgebildet haben, die sich im Alltag bewährt haben und in der Routine des Handelns bestätigt werden. Intersubjektivität ist also nicht nur gegeben, weil wir gemeinsam mit Anderen in der Welt leben, sondern weil wir die Voraussetzungen für das Leben in Gemeinschaft mit den Anderen kontinuierlich schaffen und im gemeinsamen Handeln bestätigen.

Mit der Generalthese der wechselseitigen Perspektiven schließt sich gewissermaßen der Kreis der Erklärungen, warum wir im Alltag nicht daran zweifeln, dass wir die Anderen und dass sie uns verstehen, und warum wir uns unseres Handelns so gewiss sind!

3.3.4 Zeitstruktur und Sinnstruktur des Handelns

Die Gewissheit des Handelns hängt aber auch mit der *Zeitstruktur* und der *Sinnstruktur* von Handlungen zusammen. Um diesen Zusammenhang zu verstehen, unterscheidet Schütz zwischen Handeln und Handlung. (Schütz 1932, S. 77) Handeln ist ein Prozess, in dem etwas vollzogen wird, Handlung ist das Ergebnis dieses Prozesses. Handeln birgt immer Zukunft in sich, Handlung immer Vergangenheit.

Handeln liegt immer vor der Handlung. Soziologisch interessant ist, dass das Handeln als Prozess eine *Zeitstruktur* aufweist, in der das als Erstes gedacht wird, was als Letztes erfolgt: die Handlung. Bevor wir handeln, so lautet die These, müssen wir eine Vorstellung von dem Ergebnis des Handelns, also von der Handlung, haben. Diese Vorstellung kann recht vage oder durchaus präzise sein. Sie ist aber keine beliebige Phantasie, sondern eine „praktische Utopie" (Luckmann 1992, S. 50). Das heißt, das Ergebnis ist zwar nicht real vorhanden, aber wir richten unser Handeln praktisch so aus, als ob es schon vorhanden wäre. Wir handeln also im Hinblick auf eine Zukunft, die sich schon erfüllt hat! Diese handlungsentwerfende Zeitperspektive nennt Schütz „Denken modo futuri exacti" (Schütz 1932, S. 81).[16]

Die Handlung ist das Ziel, auf das hin das Handeln entworfen wird. Um es zu erreichen, werden bestimmte Mittel eingesetzt. Die Konsequenz des Entwurfs eines Handlungszieles für die Wahl der Mittel, dieses Ziel zu erreichen, untersucht Schütz am Beispiel streng rationalen Handelns. „Sind diese Mittel aber »gewählt«, so sind sie ihrerseits wieder entworfene Handlungsziele, und zwar Zwischenziele. Diese Zwischenziele herbeizuführen bedarf es der Wahl neuer Mittel, und so spielt sich bei streng rationalem Handeln von Stufe zu Stufe jener Prozess ab, welchen wir vorhin als Entwerfen des Handlungszieles gekennzeichnet haben. *Das rationale Handeln lässt sich geradezu als Handeln mit bekannten Zwischenzielen definieren.*" (Schütz 1932, S. 80) Natürlich gilt diese Zeitstruktur – sie ist ja mehr als nur eine zeitliche Ordnung! – nur für das normale Handeln. Blindwütiges Losschlagen oder reflexartiges Reagieren lässt sich kaum mit der These erklären, dass Handeln vom Ende her gedacht wird.[17]

Kommen wir nun zu der zweiten Struktur des normalen Handelns, der *Sinnstruktur*. Dazu habe ich oben schon einige Erklärungen referiert, was nach der Theorie von Schütz sicherstellt, dass gemeinsames Handeln funktioniert. Jetzt müssen zwei weitere Unterstellungen – nach der Annahme der Vertauschbarkeit der Standpunkte und der Annahme der Kongruenz der Relevanzsysteme – genannt werden, die uns ebenfalls so selbstverständlich zu sein scheinen, dass wir normalerweise gar nicht darüber nachdenken. Es sind die stillschweigenden Annahmen über die *Motive des Handelns*.

---

16 Lat. – denken in der Art der vollendeten Zukunft. Korrekt müsste natürlich so formuliert werden wie oben in Anm. 9 erinnert. Aber vielleicht hat Schütz ja auch das „als ob" in die Definition der vollendeten Zukunft schon hineingedacht. (Ganz nebenbei: So, wie es hier formuliert ist, erinnert es sehr an die im jüdischen Denken verwurzelte Gleichsetzung zwischen Futur und Imperativ.)

17 Zumindest bei Ersterem möchte ich meine eigene These einschränken. Die „spontanen" emotionalen Ausbrüche mancher Politiker geben zu denken!

Schütz unterscheidet zwei Motive: Das erste Motiv nennt er das „Um-zu-Motiv", das zweite das „Weil-Motiv". (Schütz 1932, S. 115 und S. 122)

- Das Um zu-Motiv bezieht sich auf den „Entwurf des Handelns" (vgl. Schütz u. Luckmann 1975, S. 209ff). Wie ich gerade gezeigt habe, ist das Handeln immer auf ein Handlungsergebnis ausgerichtet, das als Entwurf vorgestellt ist und unser Handeln lenkt. Jeder Schritt des Handelns wird getan, *um* etwas Bestimmtes *zu* erreichen. Die Um-zu-Motivation bezieht sich auf die Zukunft.

- Auf der anderen Seite wissen wir aber auch, dass unser Handeln eine Vorgeschichte hat. Erfahrungen haben sich abgelagert, sie haben eine bestimmte subjektive Relevanzstruktur geschaffen. Wir handeln also, *weil* es dafür bestimmte Gründe gibt. Die Weil-Motivation bezieht sich auf die Vergangenheit, oder anders: auf die „biographische Bedingtheit der Einstellung" (vgl. Schütz u. Luckmann 1975, S. 216ff.) zu handeln.

Nehmen wir zu diesen Erklärungen, wie unser Handeln funktioniert und wie wir Sinn in das Handeln der Anderen hineinbringen, die eben dargestellte Generalthese der wechselseitigen Perspektiven hinzu, dann hätte uns die phänomenologische Soziologie zumindest schon einmal gesagt, wie *Individuen* eine gemeinsame Wirklichkeit des Handelns schaffen. Doch an diesem Prozess sind nicht nur die Individuen beteiligt, oder besser gesagt: Sie fangen nicht bei Null an! Die Wirklichkeit, die sie bei jedem sozialen Handeln füreinander konstruieren, ist schon vorab durch die *Gesellschaft konstruiert*.

Über diesen schon voraufgegangenen und permanent weitergehenden Prozess der Konstruktion der Wirklichkeit aufzuklären, ist Ziel des Buches „The Social Construction of Reality" von PETER L. BERGER und THOMAS LUCKMANN (1966), das schon einige Male angesprochen wurde.

Berger und Luckmann sind, wie gesagt, die bekanntesten Schüler von Alfred Schütz, und sie haben mit diesem Buch entscheidend dazu beigetragen, dass die phänomenologische Soziologie im englischsprachigen Raum und dann auch in Deutschland bekannt wurde. Aus diesem Buch, das im Untertitel „Eine Theorie der Wissenssoziologie" ankündigt, stelle ich im Folgenden vor allem die Erklärungen vor, wie unser Wissen zustande kommt und wie die Gesellschaft unsere Vorstellung von der Wirklichkeit beeinflusst.

In Fortführung des Gedankens der *individuellen* Konstruktion von Wirklichkeit, wie Schütz sie beschrieben hat, wollen Berger und Luckmann die Frage klären, wie es kommt, dass dem Menschen die Wirklichkeit als objektiv gegeben erscheint. Der These von der *gesellschaftlichen* Konstruktion der Wirklichkeit nähern sie sich, indem sie fragen, wie das Wissen über die Wirklichkeit zustande kommt. Ihre Antwort lautet: Es liegt als kollektives Wissen über eine geordnete Wirklichkeit schon bereit, bevor wir auf die Bühne des Lebens treten. Im Prozess der Sozialisation verinnerlichen wir dieses Wissen, und da wir auf der Basis dieses Wissens handeln, es also in Praxis umsetzen, bestätigen wir seine Relevanz.

So weit, so gut. Doch Berger und Luckmann verstehen ihre Wissenssoziologie als kritische Wissenschaft, und deshalb wollen sie erstens daran erinnern, dass dieses Wissen nicht in irgendeiner transzendentalen Logik begründet ist, sondern aus dem Handeln der Menschen herrührt, und weil das so ist, muss das denkende Individuum zweitens auch das Recht haben, nach der Legitimität des kollektiven Wissens zu fragen.

Die so genannte Wirklichkeit
ist das Ergebnis von Kommunikation. [1]

4 Grundlagen des Wissens in der Alltagswelt

Berger und Luckmann führen die Annahmen von Alfred Schütz über die Konstitution und Konstruktion von Welt und die natürliche Einstellung der Lebenswelt auf die These zu, dass das in der Gesellschaft bereitliegende *Wissen* eine Ordnung darstellt. Das heißt zunächst, dass die Dinge in der Wirklichkeit der Alltagswelt schon ihren Platz haben, bevor ich überhaupt über sie nachdenke. (vgl. Berger u. Luckmann 1966, S. 24)

Bevor ich auf diese „Faktizität" (Berger u. Luckmann 1966, S. 26) einer geordneten Wirklichkeit eingehe, will ich zunächst fragen, wie unser Wissen davon zustande kommt. Diese Frage führt einerseits Schütz' Erklärungen, wie wir uns auf die soziale Wirklichkeit um uns herum einstellen, weiter, lenkt andererseits aber den Blick genauer auf den Stoff, aus dem diese Einstellungen, gemacht werden.

---

1 Watzlawick (1976): Wie wirklich ist die Wirklichkeit?, S. 7

4.1   Wie entsteht Wissen?

Anders als andere Lebewesen ist der Mensch nicht auf instinktives
Verhalten festgelegt, sondern er macht *Erfahrungen* und zieht Schlüsse
aus ihnen, aber diese Schlüsse legen sein Verhalten nicht fest, sondern
er kann die Dinge hin und her bewegen und sich für ein Verhalten entscheiden, das ihm in der konkreten Situation als das zweckmäßigste
erscheint. Unter Erfahrung kann man alles verstehen, was wir mit unseren Sinnen wahrnehmen und im Gedächtnis speichern. Erfahrungen
lagern sich ab, weshalb auch Berger und Luckmann in Anlehnung an
Husserl von *Sedimentierung* sprechen. „Man könnte sagen, dass Individuen immer dann Wissen erwerben, wenn eine Erfahrung abgelagert
wird." (Luckmann 1982, S. 79) Erfahrungen müssen nicht bewusst
sein. Je häufiger wir die gleichen Erfahrungen machen, habe ich gesagt,
umso mehr werden sie als *typische* Erfahrungen verstanden, und umso
fester lagern sie sich ab. Aus typischen Erfahrungen bilden sich auch
typische *Erwartungen*. Wenn uns die freundliche Verkäuferin an der
Fleischtheke in Hagen fünfmal eine Scheibe Wurst geschenkt hat, erwarten wir das auch in der Metzgerei in Wipperfürth.

Wir werden also nicht von immer neuer Zukunft überrascht, sondern
antizipieren sie. Und bis wir keine gegenteilige Erfahrung machen, sind
wir auch ganz sicher, dass unsere Erwartungen „normale" Erwartungen
sind. Das mit der Wurst können Sie sich selbst denken!

4.1.1 Habitualisierung

Berger und Luckmann fügen der anthropologischen Annahme über die
Verarbeitung von Erfahrungen eine zweite hinzu, wonach sich menschliche Aktivitäten zweckmäßig einspielen und zu einem *Modell* künftigen Handelns werden: „Alles menschliche Tun ist dem Gesetz der Gewöhnung unterworfen. Jede Handlung, die man häufig wiederholt, verfestigt sich zu einem Modell, welches unter Einsparung von Kraft re-
produziert werden kann und dabei vom Handelnden als Modell aufge-
fasst wird." (Berger u. Luckmann 1966, S. 56)

Verhalten, das wiederholt erfolgreich war, wird als *typisches* Verhalten generalisiert und als probates Muster verinnerlicht. Die Anwendung des Musters wird zum *Habitus*. „Habitualisierung in diesem Sinne bedeutet, dass die betreffende Handlung auch in Zukunft ebenso und mit eben der Einsparung von Kraft ausgeführt werden kann." (Berger u. Luckmann 1966, S. 56) Durch Habitualisierung erübrigt es sich, „dass jede Situation Schritt für Schritt neu bestimmt werden muss. Eine Menge von Situationen lässt sich unter ihre Vorherbestimmungen subsumieren. Was bei solchen Gelegenheiten getan wird, kann also antizipiert werden." (S. 57) Wer nach dem dritten Versuch raus hat, wie man ohne Gefahr den Honig aus dem Baum holen kann, wird das auch beim vierten Mal so tun, und nebenbei wird er sich merken, dass man mit allen Tieren besser auskommt, wenn man ruhig und bedächtig ist.

Aus typischen Erfahrungen bilden sich *Gewohnheiten* heraus, und aus ihnen erwächst sachangemessene, kompetente Routine. Ich muss nicht jedesmal neu nachdenken, sondern greife auf bewährte Muster des Handelns zurück.

- Typische Annahmen über typisches Handeln kann man als *individuelles Wissen* bezeichnen.

Es bilden sich also Erwartungen heraus, was als nächstes passiert und auch passieren sollte. Das heißt, dass Wissen schon vorhanden ist, bevor wir neue Erfahrungen machen. Dieses Vor-Wissen stecken wir unbewusst in die Wahrnehmung des Neuen hinein. Wir werden später sehen, dass wir Bilder im Kopf haben, die unsere Wahrnehmung strukturieren.[2]

Habitualisierung heißt, sich Schemata zur Gewohnheit zu machen, das Neue in das Bekannte einzuordnen.

---

2 Siehe unten Kap. 9.4 „Schablonen und Stereotype".

4.1.2 Institutionalisierung

Die „sich feststellenden Gewohnheiten (...) des Denkens, Fühlens, Wertens und Handelns" hat der Anthropologe ARNOLD GEHLEN *Institutionen* genannt. (Gehlen 1940, S. 79) An dessen Theorie orientieren sich auch Berger und Luckmann. Sie verwenden aber einen prozessualen Begriff von Institution und sprechen aus zwei Gründen von *Institutionalisierung*: Sie wollen zeigen, wie sich Gewohnheiten in einem Prozess feststellen, und sie wollen deutlich machen, dass dieser Prozess nicht aufhört, denn Institutionen werden sowohl immer wieder neu durch unser Handeln festgestellt, als auch durch unser anderes Handeln revidiert und anders festgestellt.

Um rasch ein Beispiel zu geben: Solange junge Leute immer wieder vor den Standesbeamten treten, bestätigen sie die Institution der Ehe; je häufiger junge Leute das nicht tun, umso mehr wird diese Institution brüchig, und es kommt zu einer anderen Institutionalisierung, die interessanterweise z. B. „eheähnliche Beziehung" lautet.

An diesem Beispiel sollte deutlich geworden sein, dass wir von Institutionen und Institutionalisierung erst dann sprechen, wenn jene für mehrere Personen gelten und wenn an dieser mehrere Personen beteiligt sind.

Betrachten wir den Prozess der Institutionalisierung nun unter dem Aspekt des Wissens, dann kann man sich den Übergang von der Habitualisierung zur *Institutionalisierung* so vorstellen, dass individuelles Wissen Relevanz für einen Zweiten bekommt.

Nehmen wir den Fall der ruhigen Honigentnahme. A weiß, dass man es am besten so macht. B, der immer wieder gestochen wurde, beobachtet das interessiert, schaut sich ab, wie man es macht, und beschließt, es hinfort auch so zu machen. Nehmen wir an, dass A seine Raubtechnik verfeinert, indem er mit einem rauchenden Holzscheit nachhilft. Doch diese Technik funktioniert nur, wenn es lange genug raucht. Nehmen wir an, B beobachtet auch das, denkt mit und bietet an, für regelmäßigen Nachschub rauchender Hölzer zu sorgen, während A jetzt sogar mit beiden Händen in den Honig fassen kann. Sie merken, ich beschreibe den Beginn der Arbeitsteilung. Institutionalisierung beginnt, indem sich beide als Handelnde betrachten, deren Handeln wechselseitig aufeinander bezogen ist oder sein sollte. A betrachtet B als geschickten Raucherzeuger, B schätzt A als beherzten Honigräuber ein. Sollten sie beschließen, dieses Geschäft auch künftig genau so zu betreiben und das Wissen darum auch noch an die fernsten Nachfahren weiterzugeben, hat Institutionalisierung begonnen.

Berger und Luckmann beschreiben diesen Prozess der Institutionalisierung, der natürlich nicht von einem Beschluss zwischen A und B abhängt, sondern sich einfach so – gewohnheitsmäßig, gedankenlos – ergibt, in soziologischer Terminologie so: „Institutionalisierung findet statt, sobald habitualisierte Handlungen durch Typen von Handelnden reziprok typisiert werden. Jede Typisierung, die auf diese Weise vorgenommen wird, ist eine Institution. Für ihr Zustandekommen wichtig sind die Reziprozität der Typisierung und die Typik nicht nur der Akte, sondern auch der Akteure. Wenn habitualisierte Handlungen Institutionen begründen, so sind die entsprechenden Typisierungen Allgemeingut. Sie sind für alle Mitglieder der jeweiligen gesellschaftlichen Gruppe *erreichbar*. Die Institution ihrerseits macht aus individuellen Akteuren und individuellen Akten Typen." (Berger u. Luckmann 1966, S. 58)

- Wissen, das die Mitglieder der Gesellschaft wechselseitig als typisches Wissen verstehen, kann man als *kollektives Wissen* bezeichnen.

4.2 Was ist die Wirklichkeit?

Der gesunde Menschenverstand weiß sich immer in der besten Gesellschaft. Zu dieser Gesellschaft gehören alle anderen – vorausgesetzt, sie sind bereit, die Dinge so zu sehen wie wir. Der gesunde Menschenverstand ist sich sicher, dass er das natürliche Ergebnis der Anschauung der *Wirklichkeit* ist, wie sie nun mal ist. Zweifel, dass die Dinge anders sein könnten, als sie zu sein scheinen, kommen dem gesunden Menschenverstand höchst selten.

Doch dass die Wirklichkeit möglicherweise gar nicht so ist, wie wir das meinen, und dass wir im Grunde nur *meinen*, dass die anderen es ebenso meinen, das müsste uns eigentlich bei jedem Missverständnis auffallen. Doch dass manche Menschen noch gar nicht einmal an den Punkt eines Zweifels über die Wirklichkeit kommen, sondern im Gegenteil ganz sicher wissen, dass sie so ist, wie sie es meinen, das haben die oben schon erwähnten Analysen Freuds gezeigt. Einige Patientinnen lebten in einer »psychischen Realität« (Freud 1914, S. 56), die *objektiv* nicht vorhanden war, gleichwohl aber das Denken und Handeln dieser Menschen massiv beeinflusste. Solange die Patientinnen nicht darüber nachdenken mussten, war ihnen ihre (subjektive) Wirklichkeit objektiv wirklich.

Weniger dramatische Fälle kennen wir alle, wo Menschen in einem Reich der Phantasie leben und daraus ihren Seelenfrieden beziehen. Bei einiger kritischer Selbstbeobachtung werden wir vielleicht auch einräumen, dass wir selbst uns die Wirklichkeit zurechtlegen, indem wir vor bestimmten Problemen die Augen verschließen oder auf bestimmte Dinge geradezu warten, um uns daran abzureagieren. Und die gelegentliche kleine Flucht in die Leichtigkeit, die sich mit dem Glas Wein einstellt, ist im Prinzip auch nichts anderes.

4.2.1 Die Welt ist zweifelsfrei einfach da

Im Routinehandeln des Alltags versichern wir uns wechselseitig der Wirklichkeit, wie sie für uns gelten soll. Das meint der Satz von Berger und Luckmann, dass die Wirklichkeit der Alltagswelt als Wirklichkeit hingenommen wird: „Über ihre einfache Präsenz hinaus bedarf sie keiner zusätzlichen Verifizierung. Sie ist einfach da – als selbstverständliche, zwingende Faktizität. Ich *weiß*, dass sie wirklich ist. Obgleich ich in der Lage bin, ihre Wirklichkeit auch in Frage zu stellen, muss ich solche Zweifel doch abwehren, um in meiner Routinewelt existieren zu können. Diese Ausschaltung des Zweifels ist so zweifelsfrei, dass ich, wenn ich den Zweifel einmal brauche – bei theoretischen oder religiösen Fragen zum Beispiel, eine echte Grenze überschreiten muss. Die Alltagswelt behauptet sich von selbst, und wenn ich ihre Selbstbehauptung anfechten will, muss ich mir dazu einen Stoß versetzen." (Berger

u. Luckmann 1966, S. 26) Alltag ist nicht etwas, das außerhalb von etwas ist, sondern gewissermaßen das ständige Ereignis nichtreflexiven Handelns. Die Alltagswelt ist einfach da, wirklich und fraglos gewiss:

Die Wirklichkeit der Alltagswelt

„Unter den vielen Wirklichkeiten gibt es eine, die sich als Wirklichkeit par excellence darstellt. Das ist die Wirklichkeit der Alltagswelt. Ihre Vorrangstellung berechtigt dazu, sie als die oberste Wirklichkeit zu bezeichnen. In der Alltagswelt ist die Anspannung des Bewusstseins am stärksten, das heißt, die Alltagswelt installiert sich im Bewusstsein in der massivsten, aufdringlichsten, intensivsten Weise. In ihrer imperativen Gegenwärtigkeit ist sie unmöglich zu ignorieren, ja, auch nur abzuschwächen. Ich erlebe die Alltagswelt im Zustande voller Wachheit. Dieser vollwache Zustand des Existierens in und des Erfassens der Wirklichkeit der Alltagswelt wird als normal und selbstverständlich von mir angesehen, das heißt, er bestimmt meine normale, »natürliche« Einstellung.
Ich erfahre die Wirklichkeit der Alltagswelt als eine Wirklichkeitsordnung. Ihre Phänomene sind vor-arrangiert nach Mustern, die unabhängig davon zu sein scheinen, wie ich sie erfahre, und die sich gewissermaßen über meine Erfahrung von ihnen legen. Die Wirklichkeit der Alltagswelt erscheint bereits objektiviert, das heißt konstituiert durch eine Anordnung der Objekte, die schon zu Objekten deklariert worden waren, längst bevor ich auf der Bühne erschien. Die Sprache, die im alltäglichen Leben gebraucht wird, versorgt mich unaufhörlich mit den notwendigen Objektivationen und setzt mir die Ordnung, in welcher diese Objektivationen Sinn haben und in der die Alltagswelt mir sinnhaft erscheint. Ich lebe an einem Ort, der geographisch festgelegt ist. Ich verwende Werkzeuge, von Büchsenöffnern bis zu Sportwagen, deren Bezeichnungen zum technischen Wortschatz meiner Gesellschaft gehören. Ich lebe in einem Geflecht menschlicher Beziehungen, von meinem Schachklub bis zu den Vereinigten Staaten, Beziehungen, die ebenfalls mit Hilfe eines Vokabulars geregelt werden. Auf diese Weise markiert Sprache das Ko-

ordinatensystem meines Lebens in der Gesellschaft und füllt sie
mit sinnhaltigen Objekten.

Die Wirklichkeit der Alltagswelt ist um das »Hier« meines Körpers und das »Jetzt« meiner Gegenwart herum angeordnet. Dieses »Hier« und »Jetzt« ist der Punkt, von dem aus ich die Welt
wahrnehme. Was »Hier« und »Jetzt« mir in der Alltagswelt vergegenwärtigen, das ist das »Realissimum«[3] meines Bewusstseins. Die Wirklichkeit der Alltagswelt erschöpft sich jedoch
nicht in so unmittelbaren Gegenwärtigkeiten, sondern umfasst
Phänomene, die »hier und jetzt« nicht gegenwärtig sind. Das
heißt, ich erlebe die Alltagswelt in verschiedenen Graden von
Nähe und Ferne, räumlich wie zeitlich. Am nächsten ist mir die
Zone der Alltagswelt, die meiner direkten körperlichen Handha-
bung erreichbar ist. Diese Zone ist die Welt in meiner Reichwei-
te, die Welt, in der ich mich betätige, deren Wirklichkeit ich modifizieren kann, die Welt, in der ich arbeite. In dieser Welt des
Arbeitens ist mein Bewusstsein meistens pragmatisch, das heißt,
meine Anteilnahme an dieser Welt ist im wesentlichen dadurch
bestimmt, was ich in ihr tue, getan habe oder tun will. Auf diese
Weise ist sie *meine* Welt par excellence. Ich weiß dabei natürlich, dass die Wirklichkeit der Alltagswelt Zonen umfasst, die
mir auf diese Weise nicht zugänglich sind. Aber entweder habe
ich kein pragmatisches Interesse an diesen Zonen, oder mein Interesse an ihnen ist indirekt pragmatisch, insofern sie potentiell
Handhabungszonen für mich sein können. Mein Interesse an den
ferneren Zonen ist meistens geringer, weniger drängend. Ich bin
intensiv interessiert an dem Bündel von Objekten, das mit meiner
täglichen Beschäftigung zu tun hat – etwa der Welt der Werkstatt, wenn ich Automechaniker bin. Als solcher bin ich – schon
etwas weniger direkt – daran interessiert, was in den Testlabora-
torien der Automobilindustrie vor sich geht. Zwar ist es unwahrscheinlich, dass ich je in einem dieser Laboratorien sein
werde. Aber die Arbeit, die da getan wird, wirkt sich unter Umständen auf meine Alltagswelt aus. Ich kann auch daran interessiert sein, was in Cape Kennedy oder im Weltraum vor sich geht,
aber solches Interesse ist eher Privatsache, »Freizeitbeschäfti-

---

3   lat. - das „Allerrealste".

gung« nach Wahl, keine dringende Notwendigkeit meiner Alltagswelt.

Die Wirklichkeit der Alltagswelt stellt sich mir ferner als eine intersubjektive Welt dar, die ich mit anderen teile. Ihre Intersubjektivität trennt die Alltagswelt scharf von anderen Wirklichkeiten, deren ich mir bewusst bin. Ich bin allein in der Welt meiner Träume. Aber ich weiß, dass die Alltagswelt für andere ebenso wirklich ist wie für mich. Tatsächlich kann ich in der Alltagswelt nicht existieren, ohne unaufhörlich mit anderen zu verhandeln und mich mit ihnen zu verständigen. Ich weiß, dass meine natürliche Einstellung zu dieser Welt der natürlichen Einstellung anderer zu ihr entspricht, dass sie wie ich die Objektivationen erfassen, durch die diese Welt reguliert wird, und dass auch sie diese Welt rund um das »Hier und Jetzt« ihres Daseins in ihr anordnen und wie ich Projekte in ihr entwerfen. Ich weiß selbstverständlich auch, dass die anderen diese gemeinsame Welt aus Perspektiven betrachten, die mit der meinen nicht identisch sind. Mein »Hier« ist ihr »Dort«. Mein »Jetzt« deckt sich nicht ganz mit dem ihren. Dennoch – ich weiß, dass ich in einer gemeinsamen Welt mit ihnen lebe. Das Wichtigste, was ich weiß, ist, dass es eine fortwährende Korrespondenz meiner und ihrer Auffassungen von und in dieser Welt gibt, dass wir eine gemeinsame Auffassung von ihrer Wirklichkeit haben. Die natürliche Einstellung ist die Einstellung des normalen Jedermannsbewusstseins, eben weil sie sich auf eine Welt bezieht, die für jedermann eine gemeinsame ist. Jedermannswissen ist das Wissen, welches ich mit anderen in der normalen, selbstverständlich gewissen Routine des Alltags gemein habe. Die Wirklichkeit der Alltagswelt wird als Wirklichkeit hingenommen. Über ihre einfache Präsenz hinaus bedarf sie keiner zusätzlichen Verifizierung. Sie ist einfach *da* – als selbstverständliche, zwingende Faktizität. Ich *weiß*, dass sie wirklich ist." (Berger u. Luckmann 1966, S. 24-26)

In der Wirklichkeit der Alltagswelt ist alles geordnet, und „solange die Routinewirklichkeit der Alltagswelt nicht zerstört wird, sind ihre Probleme unproblematisch." (Berger u. Luckmann 1966, S. 27) Das Alltagsbewusstsein weiß immer Bescheid. Das Wissen um die Wirklichkeit ist über jeden Zweifel erhaben. Wir leben sie ohne den geringsten

Zweifel fort. PETER L. BERGER sieht die Bewegung, mit der wir durchs
Leben gleiten, und den Gewinn, den wir davon erwarten dürfen –
»Normalität« – in ROBERT MUSILs Buch „Der Mann ohne Eigenschaften" in ein schönes Bild gefasst: „Die Welt der Alltagsrealität präsentiert sich als selbstverständliche Faktizität. Um ein »normales« Leben
in der Gesellschaft führen zu können, muss sie als solche fraglos hingenommen werden. Nur dann kann man durch die Zeit reisen wie auf
einem »Zug, der seine Schienen vor sich herrollt« (Musil)." (Berger
1983, S. 232)

Bleiben wir im Bild, dann drängt sich die Frage auf, wie der Zug
dieses Kunststück fertig bringt. Die Antwort liegt auf der Hand: Er tut
es nicht aus freien Stücken (er kann also nicht einfach seine Richtung
ändern), und er tut es nicht mit selbstgeschaffenen Produkten (Material
und Form der Schienen sind vorgegeben!). Soziologischer und abstrakter formuliert: Die Alltagswelt ist objektiviert und wird über bestimmte
Mechanismen in ihrer Selbstverständlichkeit permanent bestätigt. Solche Mechanismen sind die Verwendung einer gemeinsamen Sprache,
die Tradierung kollektiven Wissens und die Anerkennung der gesellschaftlichen Objektivationen.

4.2.2 Externalisierung, Objektivation, Internalisierung

Berger und Luckmann stellen sich den Prozess der Institutionalisierung
als eine Konstruktion der Wirklichkeit in drei Phasen vor:

- Am Anfang bringen sich Menschen in materiellen oder ideellen Produkten zum Ausdruck. Berger und Luckmann nennen das *Externalisierung*.

- Dadurch, dass auch andere diese Produktion wiederholen und davon
  wechselseitig Kenntnis nehmen, wird das entsprechende Wissen
  verallgemeinert und allmählich für alle, die etwas Ähnliches im Sinn
  haben, als Muster festgestellt. Das nennen Berger und Luckmann
  Objektivation.

- Mit unserem Eintritt in die Gesellschaft sehen wir, dass alles schon
  geregelt ist, und das wird uns auf dem Wege der Sozialisation als

verbindlich nahegebracht. Da wir auch gar nicht die Zeit oder den Mut haben, die Regelungen anders zu sehen, akzeptieren wir sie und machen sie zu inneren Überzeugungen, wie man richtig denkt und handelt. Berger und Luckmann nennen diesen Prozess *Internalisierung*.

Natürlich ist diese Sequenz schon an ihren beiden Ende gesellschaftlich bestimmt: Weder bringen wir uns als reine Menschen in unseren Produkten zum Ausdruck, denn, wenn man einmal vom animalischen Urschrei und ähnlichen ersten und auch späteren Natürlichkeiten absieht, alles was wir produzieren, hängt mit dem Wissen zusammen, das es in dieser Gesellschaft schon gibt; noch ist die Einwirkung der Institutionen auf uns mit ihrer Internalisierung abgeschlossen, denn indem wir so handeln, wie es uns unter ihrer Maßgabe sinnvoll erscheint, reproduzieren wir durch unsere Produkte die gesellschaftlich konstruierte Wirklichkeit. Das Wissen, das uns dabei leitet, gilt uns auch als das gesellschaftliche Wissen, das nötig und möglich ist.

Institutionen sind also zweckmäßige Regelungen, die für sich reklamieren können, dass sie auf Erfahrungen gründen. Deshalb begründen sie auch die Routine, mit der wir die »immer gleichen« Probleme in der »immer gleichen« Weise lösen. Institutionen bringen das kollektive Wissen zum Ausdruck, wie die Dinge in dieser Welt sinnvollerweise geregelt sind. Gesellschaftliches Wissen ist also auch Vorgabe für weiteres Handeln der Individuen. Wissen repräsentiert die gesellschaftliche Wirklichkeit und produziert sie!

Deshalb stellen Berger und Luckmann auch das Wissen in den „Mittelpunkt der fundamentalen Dialektik der Gesellschaft. Es »programmiert« die Bahnen, in denen Externalisierung eine objektive Welt produziert. Es objektiviert diese Welt durch Sprache", in der wir uns über die Welt verständigen, und es macht sie über den Prozess der Internalisierung so verbindlich, dass wir gar nicht anders handeln können, als man in dieser Gesellschaft normalerweise handelt: „Wissen über die Gesellschaft ist demnach Verwirklichung im doppelten Sinne des Wortes: Erfassen der objektivierten gesellschaftlichen Wirklichkeit und das ständige Produzieren eben dieser Wirklichkeit in einem." (Berger u. Luckmann 1966, S. 71)

„Menschliche Gesellschaften sind das Ergebnis kontinuierlicher menschlicher Handlungen sowie der bewussten und unbewussten Folgen sozialen Handelns." (Luckmann 2006, S. 20) Die Handlungen schlagen sich nieder in Traditionen, Institutionen und typischen Systemen der Kommunikation. Sie mögen sinnlich wenig fassbar sein, gleichwohl sind sie wirklich, und vor allem: „Sie entstehen nicht von selbst", sondern „sie werden wie Gebäude und (andere, Ergänzung H. A.) Artefakte ebenfalls durch soziales Handeln geschaffen." (ebd.) Die institutionale Welt ist ein Konstrukt.

4.3   Der Kontrollcharakter der Institutionalisierung

Auf diese institutionale Welt verlässt man sich, weil man auch annimmt, dass sie auch für alle anderen selbstverständlich ist. Und solange man keine Überraschungen erlebt, dass z. B. der andere ganz andere Vorstellungen von einer guten Ehe hat oder die Sache mit dem christlichen Teilen ganz ernst nimmt, kann man das ja auch annehmen.

In der stillschweigenden Annahme der Geltung von Institutionen kommt ihre »Faktizität« zum Ausdruck. Das kann man in dem wörtlichen Sinne verstehen, in dem EMILE DURKHEIM von „faits sociaux", von sozialen Tatsachen, gesprochen hat. Dazu gehören „alle Glaubensvorstellungen und durch die Gesellschaft festgesetzten Verhaltensweisen". (Durkheim 1895, S. 100) Später hat Durkheim diese sozialen Tatsachen auch als Institutionen bezeichnet. (ebd.) Zu einem sozialen Tatbestand kommt es, wenn Individuen ihre Tätigkeit vereinigen und aus dieser Verbindung eine Regelung, wie künftig in vergleichbaren Situationen gehandelt werden soll, entsteht.

Wenn diese Regelung von anderen ausdrücklich anerkannt oder einfach übernommen wird, weil sie praktisch ist oder Alternativen nicht bekannt sind, bekommt sie Gewicht und wird zur Norm. Von da an bestimmt sie das Handeln der Mitglieder dieser Gesellschaft. „Durch die bloße Tatsache ihres Vorhandenseins halten Institutionen menschliches Verhalten unter Kontrolle. Sie stellen Verhaltensmuster auf, welche es in eine Richtung lenken, ohne »Rücksicht« auf die Richtungen, die theoretisch möglich wären. Dieser Kontrollcharakter ist der Institutionalisierung als solcher eigen. Er hat Priorität vor und ist unabhängig von irgendwelchen Zwangsmaßnahmen, die eigens zur Stütze einer Institution eingesetzt werden oder worden sind. Derartige Sanktionsmechanismen, deren Gesamtheit das ist, was man ein soziales Kontrollsystem nennt, gibt es selbstverständlich in vielen Institutionen und in all den Institutionsballungen, die wir Gesellschaften nennen." (Berger u. Luckmann 1966, S. 58f.)

An Durkheims Theorie der »faits sociaux« schließen Berger und Luckmann ihre Erklärung an, wie wir Wirklichkeit erfahren und welche Rolle dabei Wissen spielt. Sie wurde schon in der These angedeutet, dass das in der Gesellschaft bereitliegende Wissen eine Ordnung darstellt. Das heißt, dass ich „die Wirklichkeit der Alltagswelt als eine Wirklichkeitsordnung" erfahre; „ihre Phänomene sind vor-arrangiert nach Mustern." (Berger u. Luckmann 1966, S. 24)

Dieses Arrangement kann ich – wenn ich es will und mir Mühe gebe – auch selbst entdecken. Doch soweit kommt es in der Regel gar nicht, denn vorher ist mir die Ordnung schon als selbstverständlich vermittelt worden. Das wichtigste Vehikel dieser Vermittlung ist die Sprache. In der Sprache, die „man" spricht, artikuliert sich der gesunde Menschenverstand oder – in der Sprache von Alfred Schütz – das Wissen aller bona fide-Mitglieder[4] dieser Gesellschaft.

4.4 Vermittlung des kollektiven Wissensbestandes: Sprache und Sozialisation

Die Alltagswelt ist voll von Objektivationen, d. h. menschlichen Erzeugnissen, die sowohl der Erzeuger wie auch alle anderen Menschen als Element einer gemeinsamen Welt kennen und verstehen. Der Stuhl, den ich sehe – ebenso wie ihn jeder andere hier und jetzt sehen könnte –, ist ein Produkt menschlicher Tätigkeit. Und natürlich ist er mehr als

---

4   Lat. – guten Glaubens, auf Treu und Glauben

nur ein sichtbares Objekt. Wir wissen, dass darin etwas subjektiv Gemeintes zum Ausdruck kommt. Es hat einen Schreiner gegeben, der Holz so zusammengefügt hat, dass man darauf bequem sitzen kann. Was er gemeint hat, haben Generationen vor uns durch Gebrauch des guten Stücks erfahren und durch weitere Verwendung bestätigt, und auch wir denken natürlich gar nicht mehr darüber nach, sondern wissen: das ist ein Stuhl. Und wenn unser Sohn ihn zu einer Schubkarre für seine Cowboys „umfunktioniert", dann lächeln wir versonnen, weil das nur ein Entwicklungsschritt auf dem Weg der symbolischen Aneignung der „richtigen" Wirklichkeit ist.

Den Objektivationen menschlichen Geistes, hier dem bequemen Stuhl, ist ein Sinn eingeschrieben, über den in der Gesellschaft Konsens herrscht. Die Frage ist nun, wie kommt es zu diesem Konsens? Oder, in unserem Beispiel: Wie ist sichergestellt, dass unser Sohn dieses schöne Möbelstück nicht dauerhaft „missbraucht"?[5] Darauf kann man zwei Antworten geben: Erstens wird er aus eigener Anschauung lernen, was „man" in dieser Gesellschaft mit dieser Objektivation normalerweise macht, und zweitens wird er über die Sprache, in der diese Objektivation eine bestimmte Bezeichnung gefunden hat, lernen, was ihr Sinn ist.

Die Sprache ist selbst eine besondere Form der Objektivation. Sie ist ein System von Zeichen, die ausdrücklich auf etwas subjektiv Gemeintes verweisen. Aufgrund ihrer Komplexität können dabei die intendierten Bedeutungen relativ leicht vom unmittelbaren Ausdruck eines Subjekts im „Hier und Jetzt" abgelöst werden. Der Stuhl erhält seinen Platz in der Alltagswirklichkeit nun vor allem dadurch, dass ich ihn als »Stuhl« benennen kann. „Die allgemeinen und gemeinsamen Objektivationen der Alltagswelt behaupten sich im Wesentlichen durch ihre Versprachlichung". (Berger u. Luckmann 1966, S. 39)

„Die Sprache, die im alltäglichen Leben gebraucht wird", so habe ich es schon zitiert, „versorgt mich unaufhörlich mit den notwendigen Objektivationen und setzt mir die Ordnung, in welcher diese Objektivationen Sinn haben und in der die Alltagswelt mir sinnhaft erscheint."

---

5 Überprüfen Sie doch mal diese Befürchtung und beobachten, wie Jugendliche Bänke im öffentlichen Raum nutzen!

(Berger u. Luckmann 1966, S. 24) Und auf die oben genannte Wechselwirkung zielt der Satz, dass die Alltagswelt „vor allem anderen (...) Leben mit und mittels der Sprache" ist, „die ich mit den Mitmenschen gemein habe." (S. 39) Durch sie werden subjektive Erfahrungen und Bedeutungen vergegenständlicht und in Kategorien gefasst, die auch für andere sinnvoll sind, die derselben Sprachgemeinschaft angehören. So gewinnt mein objektiver Ausdruck auch für die Anderen Sinn. Wir können uns gegenseitig verstehen – was allerdings nicht heißt, dass wir uns immer „richtig" verstehen. Mittels Sprache verständigen wir uns in unseren alltäglichen Unterhaltungen fortwährend über unsere gemeinsame Wirklichkeit, wir bestätigen, modifizieren und rekonstruieren sie. (vgl. S. 163)

Erfahrungen und Bedeutungen werden als Erinnerung bewahrt. Sie lagern sich im Bewusstsein als Sedimente ab. In der Sprache bringen wir diese Sedimente zum Ausdruck. Da dies für alle Sprechenden in der Gesellschaft gilt, transportiert die Sprache fortlaufend auch Erfahrungen und Bedeutungen aller Mitglieder der Gesellschaft. Die Sprache ist also „zugleich Fundament und Instrument eines kollektiven Wissensbestandes". (Berger u. Luckmann 1966, S. 72) Dieser »stock of knowledge«, wie ihn Alfred Schütz genannt hat, umfasst die Lösungen, die Generationen vor uns für ihre Probleme gefunden haben und die sich als Muster erfolgreichen Denkens und Handelns bewährt haben. „Der gesellschaftliche Wissensvorrat ist das über Generationen angehäufte und weitergegebene System von »Spielregeln«" (Luckmann u. Luckmann 1983, S. 48), die in dieser Gesellschaft gelten. Die Sprache ist die deutlichste Form, in der das Wissen und die symbolische Ordnung der Gesellschaft kommuniziert werden.

Thomas Luckmann stellt den Zusammenhang zwischen Gesellschaft, Sprache, Kultur, Sozialisation, Wissen und Handeln so dar: „Der Ursprung der Sprache leitet sich aus der Gesellschaftlichkeit des Menschen ab. (...) Andererseits (sind, Korrektur H. A.) die menschliche Weise der Vergesellschaftung und der Bestand menschlicher Gesellschaftsstrukturen ohne Sprache kaum vorstellbar. (...) Der Sinn- und Motivationszusammenhang des Handelns leitet sich (...) von der Aneignung einer Kultur durch das Individuum ab. Das Entstehen und der

Fortbestand einer Kultur setzen Kommunikation voraus. (...) Als eine Welt von Einstellungs-, Denk- und Wertungszusammenhängen kann sich der einzelne die Kultur, den sozialen Wissens- und Wertbestand im wesentlichen vermittels der Sprache aneignen, und die Fortpflanzung der Kultur über die Generationen geschieht vor allem in sprachlichen kommunikativen Vorgängen. Die Kultur und – vermittels der Kultur – die Gesellschaft, die dem Individuum als ein Gefüge von mehr oder minder selbstverständlichen Bedeutungszusammenhängen und Verhaltensweisen erscheinen, sind ihm hauptsächlich in Sprachformen zugänglich. Ein bestimmter Lebens-»Stil« einer Gesellschaft, einer sozialen Schicht, einer Gruppe, wird im Sozialisierungsprozess sprachlich vermittelt und wird im Verlauf der Einzelbiographie zum gewohnheitsmäßigen subjektiven »inner-sprachlichen« Denk- und Erfahrungsstil: zu einer Routine der handlungssteuernden Weltorientierung." (Luckmann 1979b, S. 1f.)

Deshalb hält HUBERT KNOBLAUCH die Sprache auch für „den wichtigsten Baustoff der Kultur" (Knoblauch 2005, S. 171). Sprachen repräsentieren Kulturen und konstituieren sie. „Sprachen beinhalten spezifische Weltansichten (Hervorhebung, H. A.)." (ebd.)

So fällt uns auf, dass in Familien, Gruppen, Unternehmen oder Parteien eine ganz bestimmte Sprache gepflegt wird. Auf den ersten Blick ist sie der Jargon, in dem sich die Mitglieder ihre gefühlte Verbundenheit anzeigen, auf den zweiten, soziologischen Blick ist die Sprache aber das soziale Regelwerk einer verbindlichen Ansicht von der Wirklichkeit. Sprache schreibt vor, zumindest setzt sie einen Rahmen für das richtige Denken! Dass sich jemand, der die Gesellschaft in eine bestimmte Richtung leiten will, diese Funktion gerne zunutze macht, bleibt nicht aus. Sie denken jetzt sicher an die regelmäßigen Umschreibungen der Geschichte im Jahre 1984 oder an die Sprachregelung in stalinistischen oder anderen ideologischen Diktaturen. Ich denke an etwas anderes, Näherliegendes. Sie dürfen schmunzeln oder den Kopf schütteln, aber lesen Sie die folgende Glosse dann noch einmal unter der Perspektive, dass Sprache Wirklichkeit nicht nur garantiert, sondern auch produziert. Ich zitiere:

Für Lesemäuse

Was haben das Polospiel, eine Segelyacht, die Hölle und ein Bücherwurm gemeinsam? Nie im Leben käme man darauf, wenn die amerikanische Erziehungswissenschaftlerin Dianne Ravitch es nicht herausgefunden hätte: Es sind vier der fünfhundert Wörter, die derzeit in den Schulbüchern der Vereinigten Staaten nicht mehr erwähnt werden. Denn Polo und Segeln sind Beschäftigungen der oberen Zehntausend, sie gelten als elitär und damit als geeignet, Unterschichtkinder zu demütigen. Das Wort „Bücherwurm" weckt wahrscheinlich leserfeindliche Gefühle; „Hölle" und übrigens auch „Gott" könnten die irreligiösen Empfindungen von Minderjährigen verletzen: Raus damit, sollen sie ihren Dante doch woanders pauken!

Schon seit einer Weile macht ein Gesellschaftsspiel in den Vereinigten Staaten die Runde: Formuliere den Titel von Ernest Hemingways Novelle „Der alte Mann und das Meer" so um, dass weder die Senioren noch die Landratten – pardon: Kinder, die im Landesinneren wohnen und vom Meer keine Vorstellung haben – ausgegrenzt werden. Und vergiß die Gender-Beschränkung nicht, die in dem Wort „Mann" liegt!

Die bedrückende Diagnose von Dianne Ravitch lautet, dass sich in der amerikanischen Erziehungspolitik die schlechteste aller möglichen Welten durchgesetzt hat: In einem genau abgewogenen Proporz teilen sich christliche Fundamentalisten mit den linken Multikulturalisten die Aufgabe der Zensur. Die eine Fraktion sorgt dafür, dass im Geschichtsunterricht Mao und die Dritte Welt gut wegkommen, die andere, dass schlimme Dinge wie Homosexualität unerwähnt bleiben.

Dianne Ravitch sieht eine regelrechte Sprachpolizei am Werk: „The language police" heißt ihr neues Buch. Selbst Forschungsprojekte zu Aids tun gut daran, wie die „New York Times" kürzlich meldete, die Worte „gay" und „homosexual" zu meiden, um Ärger mit den Bibel-Konservativen in der Regierung Bush aus dem Weg zu gehen. Am Ende hat man eine Schule, die nicht mehr erzieht, sondern nur noch umerzieht. (LJ)
(Frankfurter Allgemeine Zeitung, 31. Mai 2003, S. 33)

Wer eine bestimmte Sprache spricht, bringt eine bestimmte Vorstellung von der Ordnung seiner Welt in dieser Gesellschaft zum Ausdruck, ob er es weiß und will oder nicht. Durch seine Sprache verortet sich das Individuum in der Gesellschaft, sagt gewissermaßen, von welchem Ort aus es sie betrachtet, und an welchem Ort es selbst identifiziert werden soll. Das alles erfolgt ohne Bewusstsein und vor allem: ohne Zweifel. Die Sprache ist selbstverständlich, und was durch sie zum Ausdruck gebracht wird, ist es auch! Oder?

Als Soziologin haben Sie an dieser Stelle sicher „Nein!" gesagt, aber blicken wir noch einmal auf die Gründe, warum Nichtsoziologen solche Zweifel wahrscheinlich gar nicht kommen. Sie liegen im Prozess der Sozialisation, in dem wir mit dem kollektiven Wissensbestand unaufhörlich und unausweichlich vertraut gemacht werden. Indem das Kind die Bezeichnungen der Dinge lernt, macht es sich auch ihre Bedeutung zu eigen. Es beobachtet das Verhalten der Anderen und speichert den Sinn in den Worten ab, die in dieser Gesellschaft dafür vorgesehen sind. Auf diese Weise wird die Welt der anderen auch seine Welt. So geht es weiter, und in jeder sprachlichen Kommunikation mit Anderen und in jeder sozialen Interaktion wenden wir Wissen an, das in diesen Prozessen üblich ist, und bestätigen seine Relevanz. Auch neues Wissen, das in neuen Situationen relevant wird, erfinden wir normalerweise nicht selbst, sondern in der Kommunikation mit Anderen.

Das kollektive Wissen, das wir im Prozess der Sozialisation fortlaufend verinnerlichen, erleichtert uns die Aneignung der Welt. Ganz zweifellos. Aber wir dürfen auch nicht übersehen, dass der Wissensvorrat uns auch vom eigenen Denken abhält. Er beinhaltet nämlich vorgefertigte Typisierungen für alle Sorten von Ereignissen und Erfahrungen. Typisierungen sind gedankliche Konstruktionen, die von den Einzelheiten unserer Erfahrungen abstrahieren und sie über ihre Einzigartigkeit hinaus verallgemeinern. Erfahrungen, die häufig in ähnlicher Form wiederkehren, subsumieren wir unter solche vorgefertigten „Typen" und ordnen sie so in den eigenen Wissensbestand ein. Auf diese Weise können wir Gegenstände, Personen, Handlungen, Situationen in ihrer Allgemeinheit erfassen, ohne sie stets aufs Neue in allen Einzelheiten analysieren zu müssen. Das spart Zeit und Kraft. Wenn wir einmal mitbekommen haben, was man in dieser Gesellschaft unter einer „typischen Schwiegermutter", „einem typischen türkischen Macho" und einem „typischen deutschen Spießer" versteht, dann wissen wir für alle Zeiten Bescheid.

Das Alltagswissen ist denkfaul und ungemein konservativ. Wenn man dann noch von allen Seiten hört, dass die Anderen die Dinge genau so sehen, dann ist das Urteil über die Welt fertig! Unter dem Aspekt des Wissens heißt Sozialisation[6], die nachfolgende Generation immer auf den Stand des Denkens und Wissens zu bringen, den man in dieser Gesellschaft hat. Was das anbetrifft, geht es natürlich nicht nur um die nachwachsende Generation, denn in einer sich wandelnden Gesellschaft ist Sozialisation ein lebenslanger Prozess. Die Erklärung, warum wir in diesem Sozialisationsprozess in der Regel kontinuierlich mit dem richtigen Wissen vertraut werden und die objektive Wirklichkeit hinnehmen und bestätigen, sehen Berger und Luckmann, wie wir eben gehört haben, in der sprachlichen Kommunikation des Alltags: „Das notwendige Vehikel der Wirklichkeitserhaltung ist die Unterhaltung. Das Alltagsleben des Menschen ist wie das Rattern einer Konversationsmaschine, die ihm unentwegt seine subjektive Wirklichkeit (und die objektive! Ergänzung H. A.) garantiert, modifiziert und rekonstruiert." (Berger u. Luckmann 1966, S. 163)

Aufgabe der Sozialisation ist, eine gemeinsame Sicht auf die Wirklichkeit zu erzeugen. Wohlgemerkt, eine gemeinsame, keine einzige Sicht. So etwas wünschen sich nur fanatische Ideologen und Diktatoren. Die ersten haben eine Gesellschaft im Sinn, in der nicht mehr gedacht zu werden braucht, die zweiten beherrschen eine Gesellschaft, in der nicht mehr gedacht werden kann. In beiden Gesellschaften gäbe es im Grunde auch keine Individuen mehr, denn alles, was diese dächten und täten, wäre total durch jene bestimmt.

---

6 Dieses Thema wird noch einmal in Kap. 7.1 „Primäre und sekundäre Sozialisation" aufgegriffen, dort allerdings unter dem Aspekt, dass in diesem Prozess der Vermittlung von Wissen über die *objektive* Wirklichkeit auch eine *subjektive* Wirklichkeit aufgebaut wird.

Gottlob ist die Wirklichkeit – zumindest in den westlichen Demo-
kratien – höchst differenziert, und das Wissen von ihr ist es auch. Dass
das wiederum nicht zur Überforderung der Individuen wird, hängt damit zusammen, dass nicht „die" und auch nicht „die ganze Wirklichkeit" für unser Handeln relevant ist, sondern Ausschnitte. Und auch
denen nähern wir uns allmählich und auf sicheren Wegen.

4.5   Das pragmatische Interesse an der Wirklichkeit

Die gesellschaftliche Wirklichkeit ist zu komplex, als dass ich an ihr in
Gänze und ständig interessiert sein könnte. Umgekehrt habe ich ein
starkes Interesse an der Welt meines Alltags, in der ich mich dauerhaft
befinde und regelmäßig handele. Es ist pragmatisch motiviert, also von
der Frage bestimmt, was ich zweckmäßiger Weise tue. Und davon
hängt auch ab, welches Wissen ich wie erwerbe und verwende. Wir
eignen uns die gesellschaftliche Wirklichkeit nur in den seltensten Fällen in reflexiver Absicht an, denken also nicht darüber nach, warum sie
so ist, wie sie ist, sondern tun das, was zu tun ist. Die Entscheidung,
was wie zu tun ist, hängt davon ab, wie relevant die Situation für uns
und wie normativ sie ist. Dementsprechend ist auch unser Wissen nach
Relevanzen und Normativität gegliedert.

„Nicht alle Bereiche der gesellschaftlichen Wirklichkeit sind für
meine aktuelle Situation, für die Lebensphase, in der ich mich befinde,
oder für meinen Lebensplan bedeutsam und relevant. Die Welt, meine
Welt, ist für mich in Bereiche, in Schichten, in Ausschnitte höherer und
geringerer Relevanz gegliedert. Über die Bereiche, die für mich relevant sind, bin ich besser informiert als über andere, die für mich weniger oder gar nicht relevant sind." (Luckmann u. Luckmann 1983, S.
27). Nach dem Motto „»first things first« wende ich mich zunächst
denjenigen Dingen zu, die meinen Interessen am nächsten stehen, be-
ziehungsweise Problemen, denen ich nicht ausweichen kann," (ebd.),
während mein Interesse an den ferneren Zonen meist weniger drängend
ist. Werde ich glücklicher Vater, dann ist der wichtigste Klärungsbedarf
zu wissen, wie man ein Baby hält, wann und wie man es füttert und wie

man mit den Klebestreifen an den Pampers fertig wird. Wenn mir das alles flott von der Hand geht, dann kann ich vielleicht schon einmal den Blick in die Zukunft werfen und fragen, welche Schule denn irgendwann in Frage kommen könnte.

Unser Wissen im Alltag besteht vor allem aus Rezepten, mit denen wir die alltäglichen Probleme routinemäßig bewältigen können. Manche Lösungen habe ich selbst herausgefunden, auf andere haben mich andere gebracht. So kann man sich den Kampf mit den Klebestreifen ersparen, wenn man den Rat der lieben Schwiegermutter annimmt. Sobald ich Routine in der Bewältigung des Alltags habe, erlischt mein Interesse, auch noch zu wissen, wie er funktioniert. Es reicht mir, dass ich weiß, auf welche Knöpfe ich drücken muss, um mich per handy bei einem anderen zu Gehör zu bringen. Was in diesem Wunderwerk an Technik dabei alles abläuft, will ich gar nicht wissen.

„Mein Alltags-Wissen ist nach Relevanzen gegliedert. Einige ergeben sich durch unmittelbare praktische Zwecke, andere durch meine gesellschaftliche Situation. Es ist irrelevant für mich, wie mir meine Frau mein Lieblingsgulasch kocht, solange es mir schmeckt. Es ist mir gleichgültig, ob Aktien fallen, die ich nicht habe, ob Katholiken ihre Lehre modernisieren, wenn ich Atheist bin." (Berger u. Luckmann 1966, S. 46)

Was relevant ist, sagt uns zum einen die Gesellschaft, die Wissen auf einer Skala von „normativ" bis „tunlichst" bereithält. So muss man wissen, dass man auch als einsamer Autofahrer an der roten Ampel zu halten hat. Nur wer eine bestimmte Schule besucht, weiß, dass eine normal begabte Schülerin am Ende des Schuljahres 120 englische Vokabeln, 17 mathematische Formeln und 3 deutsche Gedichte gelernt haben muss. Und in bestimmten Kreisen weiß man auch, dass man dieses kulturelle Wissen auch erwarten kann. Wer ein Haus bauen will, muss wissen, wie nahe er an die Nachbarn heranrücken darf, aber er muss nicht wissen – zumindest nicht sofort –, dass man in seiner Nachbarschaft keine wilde Wiese schätzt.

Damit sind wir bei einer zweiten Quelle, aus der sich die Relevanz des Wissens ergibt: Es sind die anderen, mit denen wir zu tun haben. Was sie denken und tun, tangiert uns und bestimmt den Rahmen unseres Denkens und Handelns. Deshalb ist es z. B. von Vorteil, wenn man weiß, wie die Mitsänger im Kirchenchor über Ausländer im Allgemeinen oder die Kolleginnen an der Fleischtheke über die an der Kasse im Besonderen denken.

Und schließlich haben wir auch unsere ganz eigenen Vorstellungen von dem, was wichtig ist. So halte ich es für unabdingbar, über alle Intrigen im Ortsverein sofort informiert zu sein, weil ich sonst auf dem Weg zum Landtagsmandat stolpern könnte, und tief in meinem Innersten weiß ich, warum ich mich im Traum immer wieder mit bestimmten Personen zanke.

Führen wir die These von der Gliederung des Wissens nach Relevanzen mit dem pragmatischen Interesse an der Wirklichkeit zusammen, dann können wir festhalten: Im Alltag wenden wir uns zunächst jenen Problemen zu, die uns unmittelbar betreffen und denen wir nicht ausweichen können. Es gibt ganze Bereiche der Wirklichkeit, die mir aus welchen Gründen auch immer relativ fern liegen. Über sie wissen wir nur vage oder gar nicht Bescheid. Es sind Zonen, die um meine Alltagswelt konzentrisch angelegt sind. Das Problem des vagen oder fehlenden Wissens wird größer, je weiter der Kreis um unseren Alltag gezogen wird. „Obgleich der gesellschaftliche Wissensvorrat die Alltagswelt integriert und nach Zonen von Vertrautheit und Fremdheit darbietet, macht er sie als Ganzes doch nicht durchsichtig. Die Wirklichkeit der Alltagswelt erscheint uns immer als eine Zone der Helligkeit vor einem dunklen Hintergrund. (...) Mein Alltagswissen ist wie ein Instrument, mit dem ich einen Pfad durch den Urwald schneide. Es wirft einen schmalen Lichtkegel auf das, was gerade vor mir liegt und mich unmittelbar umgibt. Überall sonst herrscht Dunkelheit." (Berger u. Luckmann 1966, S. 46)

Warum beunruhigt uns die Tatsache, dass wir nicht alles wissen, normalerweise nicht? Darauf kann man vier Antworten geben.

• Da ist zunächst einmal die Einsicht in die Begrenztheit der menschlichen Fähigkeiten: „Wir können nicht alles wissen" (Luckmann u. Luckmann 1983, S. 27), denn die Welt ist so groß und so komplex, dass ein einzelner Kopf sie gar nicht fassen könnte. Und wenn es überhaupt eine Überzeugung gibt, dass alle Menschen gleich sind,

5 Symbolische Ordnung: Über Institutionen, Legitimierungen und die Überwältigung von Alternativen

Die Wirklichkeit ist schon geordnet, bevor wir auf die Bühne des Lebens treten, und sie ist uns als so selbstverständlich nahe gebracht worden, dass wir gar nicht merken, was uns Individuen da alles fordernd und zwingend (aber auch stützend!) gegenübersteht. Umso mehr lohnt es sich, den Prozess nachzuzeichnen, in dem Gesellschaft zur objektiven Wirklichkeit wird. Dafür führe ich den Gedanken der Institutionalisierung weiter und zeige, wie die Objektivität der institutionalen Welt zur zwingenden Faktizität wird.

Der zweite Aspekt – nach dem der Institutionalisierung –, unter dem Berger und Luckmann die Objektivität der Wirklichkeit betrachten, ist der der *Legitimierungen*, mit denen sich die objektive Wirklichkeit erklärt. Neben den mehr oder weniger expliziten Erklärungen der institutionalen Welt gibt es eine ganze Reihe von theoretischen Stützen der objektiven Wirklichkeit. Jede Gesellschaft hat eine *Theorie* von sich selbst, das heißt eine Vorstellung vom normalen Verhalten des Individuums in der Gesellschaft und von der richtigen Ordnung ihrer kulturellen und sozialen Welt. Solche Theorien bleiben in der Regel im Prozess der Sozialisation implizit. Sie werden ununterbrochen in der *Sprache der Gesellschaft* praktisch angewandt. Sprache ist institutionalisierte *Erklärung* und soziale *Kontrolle*.

Explizit werden die Legitimationen der symbolischen Ordnung erst, wenn jemand die Regeln dieser Gesellschaft noch nicht kennt oder in Zweifel zieht oder wenn alternative Wirklichkeiten zum Gegenentwurf dann die: Die anderen sind (im Alltag natürlich!) auch nicht schlauer als wir und kochen auch nur mit Wasser. In dieser Hinsicht beunruhigen uns die, die mit ganz stupendem[7] Wissen im Fernsehen Millionär werden, auch nicht wirklich. Und richtig Schadenfreude kommt auf, wenn der arrogante Professor bei der kinderleichten 50.000 €-Frage versagt, wer 1954 bei der Fußball-WM im deutschen Tor gestanden hat.[8]

- Genau so richtig wie die Einsicht, dass wir nicht alles wissen können, ist die, dass wir auch nicht alles zu wissen brauchen, denn wir leben nicht in der ganzen, großen Welt, sondern in einem kleinen Ausschnitt. Was sich jenseits unserer kleinen Welt abspielt, ist im wahrsten Sinne des Wortes auch nicht »wirklich« für uns.

- Mit dieser Ausblendung fremder Wirklichkeit hängt die dritte Antwort zusammen: Wir haben ein ausgesprochen pragmatisches Interesse an „der" Wirklichkeit. Das habe ich gerade beschrieben.

- Viertens verlassen wir uns darauf, dass für Bereiche, die für uns zwar relevant sind, über die wir aber nichts oder nur wenig wissen, Leute zur Verfügung stehen, die es genau wissen. Diese Erwartung richtet sich an Experten und an jede Form institutioneller Beratung.

Zu einer Beunruhigung durch eine komplexe Wirklichkeit kommt es aber auch aus einem anderen Grunde eher nicht: Die Welt, in der wir leben, ist schon symbolisch geordnet, bevor wir überhaupt nach einer Ordnung fragen.

---

7 A dem Englischen entlehnte Umschreibung für „blöd", B die Neigung eines buddhistischen Grabes beschreibend, C aus dem Spätlateinischen stammende Bezeichnung für „verblüffend", D ostfriesisch für „zusammengestaucht".

8 A Toni Turek, B Kalle Blomquist, C Heinz Kwiatkowski, D Sepp Herberger.

der eingelebten Erklärungen bekannt werden. Die theoretische Stützung einer Sinnwelt erfolgt also im Dämmerungsflug der Eule der Minerva oder in der Morgenröte eines neuen Tages.

Zum Schluss gehe ich auf die Gefahr der *Verdinglichung* ein, die dann droht, wenn der Mensch vergisst, dass er der Schöpfer der objektiven Wirklichkeit war – und ist!

5.1 Die Objektivität der institutionalen Welt

Auf die Frage, wie gesellschaftliche Ordnung überhaupt entsteht, geben Berger und Luckmann eine scheinbar triviale Antwort: „Die allgemeinste Antwort wäre, dass Gesellschaftsordnung ein Produkt des Menschen ist, oder genauer: eine ständige menschliche Produktion. (...) Sowohl nach ihrer Genese (Gesellschaftsordnung ist das Resultat vergangenen menschlichen Tuns) als auch in ihrer Präsenz in jedem Augenblick (sie besteht nur und solange menschliche Aktivität nicht davon ablässt, sie zu produzieren) ist Gesellschaftsordnung als solche ein Produkt des Menschen." (Berger u. Luckmann 1966, S. 55)

Die Produktion der gesellschaftlichen Ordnung erfolgt weder systematisch noch geplant, aber sie ist auch nicht zufällig, vielmehr spielt sie sich zweckmäßig ein, und – das vor allem! – sie ist Ergebnis von Handeln. Diese Tatsache verlieren wir leicht aus dem Blick, weil wir die Gesellschaft als eine Ansammlung von Gewohnheiten, Regelungen und Festsetzungen erfahren. Das beginnt beim kollektiven Konsens, dass Bier ein ganz besondrer Saft ist, und dass man seine Gäste nicht vergraulen sollte, indem „man" ihnen eins auftischt, das nicht nach dem deutschen Reinheitsgebot gebraut ist. Etwas ernsthafter sieht „man" sich gefordert, wenn man z. B. seinen Schachfreund fragt, ob man vielleicht am Anfang mal drei Züge hintereinander machen darf. Dann muss man leider feststellen, dass die Regeln das nicht zulassen. Und schließlich haben wir keine Chance, uns von einem Standesbeamten eine rechtmäßige Ehe mit drei Männern gleichzeitig bescheinigen zu lassen, selbst wenn wir vier uns völlig einig sind. In dieser Gesellschaft ist das anders festgesetzt.

Wie es zu solchen Festsetzungen gekommen ist, wie also Gesellschaft objektive Wirklichkeit wurde, habe ich unter den Stichworten Institutionalisierung und Sozialisation beschrieben. Hier geht es um ein Problem, das sich aus diesen Prozessen ergeben kann. Es scheint in Durkheims berühmter Definition der sozialen Tatsachen auf:

Objektive Typen des Verhaltens und Denkens

„Wenn ich meine Pflichten als Bruder, Gatte oder Bürger erfülle, oder wenn ich übernommene Verbindlichkeiten einlöse, so gehorche ich damit Pflichten, die außerhalb meiner Person und der Sphäre meines Wissens im Recht und in der Sitte begründet sind.

Selbst wenn sie mit meinen persönlichen Gefühlen im Einklang stehen und ich ihre Wirklichkeit im Innersten empfinde, so ist diese doch etwas Objektives. Denn nicht ich habe diese Pflichten geschaffen, ich habe sie vielmehr im Wege der Erziehung übernommen. (...)

Ebenso hat der gläubige Mensch die Bräuche und Glaubenssätze seiner Religion bei seiner Geburt fertig vorgefunden. Dass sie vor ihm da waren, setzt voraus, dass sie außerhalb seiner Person existieren. (...) Das Zeichensystem, dessen ich mich bediene, um meine Gedanken auszudrücken, das Münzsystem, in dem ich meine Schulden zahle, die Kreditpapiere, die ich bei meinen geschäftlichen Beziehungen benütze, die Sitten meines Berufes führen ein von dem Gebrauche, den ich von ihnen mache, unabhängiges Leben. Das eben Gesagte kann für jeden einzelnen Aspekt des gesellschaftlichen Lebens wiederholt werden. Wir finden also besondere Arten des Handelns, Denkens und Fühlens, deren wesentliche Eigentümlichkeit darin besteht, dass sie außerhalb des individuellen Bewusstseins existieren.

Diese Typen des Verhaltens und des Denkens stehen nicht nur außerhalb des Individuums, sie sind auch mit einer gebieterischen Macht ausgestattet, kraft derer sie sich einem jeden aufdrängen, er mag wollen oder nicht. Freilich, wer sich ihnen willig und gerne fügt, wird ihren zwingenden Charakter wenig oder gar nicht empfinden, da Zwang in diesem Falle überflüssig ist. Dennoch ist er aber eine diesen Dingen immanente Eigenschaft, die bei jedem Versuch des Widerstandes sofort hervortritt.

Versuche ich, die Normen des Rechtes zu übertreten, so wenden sie sich wider mich, um meine Handlung zu verhindern, wenn es noch an der Zeit ist, oder sie als nichtig aufzuheben und in ihre normale Form zu bringen, wenn sie schon begangen ist und noch gutgemacht werden kann, oder mich für sie büßen zu lassen, wenn sie nicht mehr gutzumachen ist. Handelt es sich um rein moralische Gebote? Die öffentliche Meinung verhindert jeden Akt, der sie verletzt, durch die Aufsicht, die sie über das Benehmen der Bürger ausübt, und durch die besonderen Strafen, über die sie verfügt.

In anderen Fällen ist der Zwang weniger fühlbar. Allein er besteht auch da. Wenn ich mich geltenden Konventionen der Gesellschaft nicht füge, etwa in meiner Kleidung den Gewohnheiten meines Landes und meiner Klasse keine Rechnung trage, wird die Heiterkeit, die ich errege, und die Distanz, in der man mich hält, auf sanftere Art denselben Erfolg erzielen wie eine eigentliche Strafe." (Durkheim 1895: Die Regeln der soziologischen Methode, S. 105f.)

Was Durkheim hier beschrieben hat, sind die sozialen Tatsachen oder „Institutionen", aus denen die gesellschaftliche Wirklichkeit besteht. Unter der Perspektive des Verhaltens, das nach diesen sozialen Tatsachen objektiv möglich und geboten ist, definieren die sozialen Tatsachen den Rahmen der *typischen Erwartungen*. Gesellschaftliche Erwartungen an Verhalten werden als *Rollen* bezeichnet. Rollen repräsentieren die objektive Wirklichkeit einer Gesellschaft. Berger und Luckmann messen ihnen eine zentrale Bedeutung zu: „Mittels der Rollen, die er spielt, wird der Einzelne in einzelne Gebiete gesellschaftlich objektivierten Wissens eingewiesen, nicht allein im engeren kognitiven Sinne, sondern auch in dem des »Wissens« um Normen, Werte und sogar Gefühle." (Berger u. Luckmann 1966, S. 81)

Die Institutionen – und natürlich auch die Rollen – sind ein Faktum, an dem wir nicht vorbei kommen, und scheinen seit je, zumindest schon sehr lange, zu bestehen. Die institutionale Welt ist das Ergebnis der sozialen Geschichte dieser Gesellschaft, die darin objektiv geworden ist. Aber hier liegt auch das Problem: „Durch die erreichte Historizität ergibt sich (...) noch eine andere entscheidende Qualität, welche von Anfang an da war, seit A und B mit der reziproken Typisierung ihres Verhaltens begonnen hatten: Objektivität. Die Institutionen nämlich, welche sich nun herauskristallisiert haben, (...) werden als über und jenseits der Personen, welche sie »zufällig« im Augenblick verkörpern, daseiend erlebt. Mit anderen Worten: Institutionen sind nun etwas, das seine eigene Wirklichkeit hat, eine Wirklichkeit, die dem Menschen als äußeres, zwingendes Faktum gegenübersteht. Solange entstehende Institutionen lediglich durch Interaktion von A und B aufrechterhalten werden, bleibt ihr Objektivitätszustand spannungsvoll, schwankend, fast spielerisch. (...) Nur A und B sind für die Konstruktion dieser Welt verantwortlich, und A und B behalten die Macht, sie zu verändern oder gar zu vernichten. (...) Sie verstehen, was sie selbst geschaffen haben." (Berger u. Luckmann 1966, S. 62f.)

Solange A weiß, dass er erst in die Schüssel greifen darf, wenn der Älteste es ihm erlaubt, und auch B und C wissen, warum sie wie A handeln, gilt die Institution. Je länger diese institutionalisierte Wirklichkeit besteht, umso mehr »verdichtet« und »verhärtet« sie sich. Die Welt „gewinnt Festigkeit im Bewusstsein" (Berger u. Luckmann 1966, S. 63) und gilt schließlich als selbstverständlich. Sie ist objektive »Faktizität« für alle, die sich daran erinnern können, wie institutionelle Regelungen zustande gekommen sind.

Spontan könnte man einwenden, dann könne es mit der Faktizität nicht weit her sein, denn es wüchsen immer neue Menschen nach, die gar nicht wissen könnten, warum etwas in einer bestimmten Weise geregelt wurde. Richtig, das ist genau das gesellschaftliche Problem: Wenn nicht mehr alle Mitglieder einer Gesellschaft über gleiche Erfahrungen verfügen, wird im Prinzip der Sinn einer Institution fraglich. Solange die Schöpfer einer gesellschaftlichen Welt leben, können sie „den Sinn einer Institution erkennen, wenn sie ihr eigenes Erinnerungsvermögen mobilisieren. Ihre Kinder sind aber in einer völlig anderen Lage. Was sie von der institutionalen Ordnung wissen, haben sie vom »Hörensagen«. Der ursprüngliche Sinn der Institutionen ist ihrer eigenen Erinnerung unzugänglich." (Berger u. Luckmann 1966, S. 66) So fragen sie sich z. B., warum sie eigentlich warten sollen, bis die Eltern die Gabel zücken, wo doch die Dampfnudeln so schön duften. „Den Kindern ist die von den Eltern überkommene Welt nicht mehr ganz durchschaubar. Sie hatten nicht Teil daran, ihr Gestalt zu geben. So steht sie ihnen nun als gegebene Wirklichkeit gegenüber – wie die Natur und wie diese vielerorts undurchschaubar." (Berger u. Luckmann 1966, S. 63) Ihnen ist im konkreten Beispiel des Nicht-in-dieSchüsselfassen-Dürfens der Sinn der Verzögerung nicht klar. „Dieser Sinn muss ihnen (...) mit Hilfe verschiedener, ihn rechtfertigender Formeln verständlich gemacht werden." (S. 66) Das reicht von der Erklärung, so und nicht anders habe man sich seit je verhalten, über die schlichte Durchsetzung einer institutionalen Ordnung mittels Lob und Strafe bis zu der Erklärung, dass sich eine Regelung aus der Logik der Sache ergebe.

Erklärungen sind nachträgliche oder flankierende Maßnahmen zum Prozess der *Sozialisation*, in dem wir eigentlich automatisch in die „richtige" Art zu denken und zu handeln hineinwachsen sollen. Darauf werde ich später noch unter dem Aspekt zurückkommen, dass in diesem Prozess eine *subjektive* Wirklichkeit entsteht, die kontinuierlich mit der objektiven korrespondiert. Betrachten wir aber zunächst den beiläufigen oder auch gesteuerten Prozess der Sozialisation und die Sinnstruktur, die in Form von *Legitimierungen* in die objektive Wirklichkeit eingewoben ist. Bei dieser Analyse der gesellschaftlichen Konstruktion der Wirklichkeit sollte dann auch die Gefahr deutlich werden, wenn wir Institutionen ohne zu fragen so nehmen, wie sie sind.

5.2 Legitimierungen

Die Alltagswelt erhält sich, wie wir gesehen haben, weil sie Sinn macht und Zweifel gar nicht erst aufkommen lässt. Wir bestätigen sie durch unsere Sprache und unser Handeln. Sie versteht sich von selbst. Doch schon am Problem der Weitergabe dieser Selbstverständlichkeit an die nachwachsende Generation wurde deutlich, dass es manchmal noch einer deutlichen Unterstützung der Ordnung bedarf. Solche Mechanismen, die Plausibilität der institutionalen Ordnung zu unterstreichen, bezeichnen Berger und Luckmann als *Legitimationen sozialer Wirklichkeit*. Die Frage der Legitimität einer institutionalen Ordnung stellt sich solange nicht, wie alle Beteiligten wissen, wie „man" sich in dieser Ordnung zu verhalten hat. Grundlage der Legitimation sind die Erfahrungen, die alle Beteiligten mit dieser Ordnung gemacht haben. Wo neue Mitglieder hinzukommen – Fremde, Neugeborene und andere Unwissende – fehlt diese Grundlage. Um auch ihnen beizubringen, wie sie sich »richtig« zu verhalten haben, werden Legitimationen unterschiedlichster Art und mit unterschiedlicher Macht zur Anwendung gebracht.

Legitimationen erklären und rechtfertigen soziale Ordnung. Sie stellen eine „sekundäre Objektivation" (Berger u. Luckmann 1966, S. 98) von Sinn dar. Berger und Luckmann unterscheiden vier Ebenen der Legitimierung. Sie unterscheiden sich nach dem Grad ihrer Expliziertheit und theoretischen Fundierung.

Die *erste* Ebene der Legitimation bildet das, was „jeder weiß". Aus diesem allerselbstverständlichsten Allerweltswissen schöpfen z. B. Eltern ihre Antworten auf die nervenden Warum?-Fragen ihrer Kinder. Die Antworten lauten: „Das macht man so!" oder „Das ist so!". Dieses Wissen nennen Berger und Luckmann *Primärwissen*: „Theoretisches Wissen ist nur ein kleiner und nicht einmal der wichtigste Teil dessen, was in einer Gesellschaft als Wissen umläuft. Theoretisch durchdachte Legitimationen tauchen zu bestimmten Zeitpunkten der Geschichte von Institutionen auf. Das Primärwissen über die institutionale Ordnung ist jedoch vortheoretisch. Es ist das summum totum[1] dessen, »was jedermann weiß«, ein Sammelsurium von Maximen, Moral, Sprichwortweisheit, Werten, Glauben, Mythen und so weiter." (Berger u. Luckmann 1966, S. 70)

Die *zweite* Ebene der Legitimation bilden *theoretische Postulate in rudimentärer Form*. Diese Begründungen sind noch „höchst pragmatisch, direkt und mit konkretem Tun verbunden. Die sogenannten Lebensweisheiten, Legenden und Volksmärchen gehören hierhin und vermitteln die Legitimation oft in poetischer Verkleidung." (Berger u.

---

1   Lat., wörtlich „das höchste Ganze".

Luckmann 1966, S. 101) So lehrt uns der Volksmund: „Mädchen, die pfeifen, und Hühnern die krähen, soll man beizeiten den Hals umdrehen."[2] Ein Sprichwort wie das folgende lehrt Kinder nicht nur das Fürchten, sondern unterstreicht drastisch die soziale Verpflichtung zum Gehorsam: „Das Händchen, das die Eltern schlägt, wird im Himmel abgesägt." Oder nehmen wir das Motto auf der Fahne, die eine katholische Frauengemeinschaft noch im Jahre 2009 im Ruhrgebiet vor sich her trägt: „Der Frauen Größe lieget im Entsagen." Damit wird auch eine Rollenverpflichtung beschrieben, die manche Mutter mit einem leidvollen Seufzer auch bestätigen wird.

Die *dritte* Ebene der Legitimation stellen *explizite Legitimationstheorien* dar. Sie beziehen sich auf einen „institutionalen Ausschnitt" und stellen insofern einen „differenzierten Wissensbestand" dar. Solche Legitimationen sind oft „einem besonderen Personenkreise anvertraut, der sie in formalisierten Initiationsriten weitergibt." (Berger u. Luckmann 1966, S. 101) So lernen wir in der Schule die Werte dieser Gesellschaft und die politischen Begründungen für eine parlamentarische Demokratie. In der Kirche werden wir auf religiöse Überzeugungen verpflichtet. Beispiele solcher expliziten Legitimationstheorien zu institutionalen Ausschnitten des Lebens sind Erklärungen wie: „Wer 18 Jahre alt ist, kann nach dem Erwachsenenstrafrecht, wer 21 Jahre alt ist, muss nach dem Erwachsenenstrafrecht verurteilt werden.", „Der gerechte Lohn für unser Leben wird im Himmel ausgezahlt." oder „Die soziale Marktwirtschaft verlangt einen Generationenvertrag.".

Die *vierte* Ebene der Legitimation stellen die *symbolischen Sinnwelten* dar. Sie integrieren verschiedene Sinnprovinzen. Jetzt werden „*alle* Ausschnitte der institutionalen Ordnung in ein allumfassendes Bezugssystem integriert, das eine Welt im eigentlichen Sinn begründet, weil *jede* menschliche Erfahrung nun nurmehr als etwas gedacht werden kann, das *innerhalb* ihrer stattfindet. Die symbolische Sinnwelt ist als die Matrix aller gesellschaftlich objektivierten und subjektiv wirklichen

---

2 Was das Bewusstsein der ersteren angeht, so kräht kein Hahn mehr nach diesem Wissen. Die Zeit, die Emanzipation und praktisch gewordene gender studies sind längst über solche einfachen Einteilungen der Welt hinweggegangen. Oder?

Sinnhaftigkeit zu verstehen." (Berger u. Luckmann 1966, S. 103) Beispiele solcher umfassenden Legitimationen sind „der real existierende Sozialismus", „die christlich-abendländische Kultur", aber auch modische Begründungen wie „Postmoderne" oder „Rationalität", die mit dem Anspruch umfassender Erklärung für alles und jedes auftreten.

Symbolische Sinnwelten ordnen Ebenen und Provinzen der Wirklichkeit, sie integrieren Enklaven und erklären Grenzsituationen. Sie haben eine „nomische" Funktion und rücken „jedes Ding an seinen rechten Platz" (Berger u. Luckmann 1966, S. 105). Symbolische Sinnwelten sind „wie schützende Dächer über der institutionalen Ordnung und über dem Einzelleben. Auch die Begrenzung der gesellschaftlichen Wirklichkeit steht bei ihnen. Das heißt: sie setzen die Grenzen dessen, was im Sinne gesellschaftlicher Interaktion relevant ist." (S. 109)

Will man die Antwort, die Berger und Luckmann auf die Frage geben, wie Gesellschaft als objektive Wirklichkeit zustande kommt und wie sie sich erhält, zusammenfassen, dann kann man sagen:

- Die objektive, geordnete gesellschaftliche Wirklichkeit erwächst aus der Institutionalisierung von Verhaltensweisen.
- Sie erhält sich über die Vermittlung verbindlichen Wissens im Prozess der Sozialisation und
- durch die Bestätigung dieses gemeinsamen Wissens in den Interaktionen des Alltags.
- Und sie wird gestützt durch implizite und explizite Legitimationen.

5.3 Theoretische Stützen der objektiven Wirklichkeit

Sinnwelten werden nicht nur durch die stumme Bejahung in Form des immer gleichen Routinehandelns ihrer Mitglieder gestützt, sondern, das habe ich schon angedeutet, durch implizite oder auch ausdrückliche *theoretische* Konzepte. Berger und Luckmann nennen als besonders wirkungsvolle und dauerhafte u. a. Mythologie und Theologie. Mythologien verlängern den Sinn der gesellschaftlichen Wirklichkeit in vergangene Zeiten, in denen heilige Mächte Ordnung gestiftet haben. Für

AUGUSTE COMTE stand das mythische Denken bekanntlich[3] am Anfang der Entwicklung der Gesellschaft. Hier waren es geheimnisvolle Kräfte, denen nach und nach personifizierende Namen zugelegt wurden, die den Alltag bestimmten. Ob Zeus oder Thor oder die nährende Allmutter, immer sind es Kräfte, die von sich aus und ungefragt alles, was den Menschen und die sozialen Prozesse betrifft, bestimmen.

Von mythologischen Stützkonzeptionen unterscheidet sich die Theologie „durch den höheren Grad theoretischer Systematik" (Berger u. Luckmann, S. 119). „Das mythische Denken operiert mit einem Kontinuum zwischen der Welt der Menschen und der der Götter, das theologische will zwischen beiden Welten vermitteln, hauptsächlich, weil es ihre ursprüngliche Kontinuität für zerbrochen hält." (ebd.) Die Vermittlung obliegt nun Theoretikern, die dem einfachen Volk die Welt erklären. Dessen Beitrag zur Stützung einer symbolischen Sinnwelt bestand letztlich „nur" (aber umso wirkungsvoller!) im frommen Glauben an die wohl gefügte Wirklichkeit.

Eine neue Phase der theoretischen Stützung symbolischer Sinnwelten setzte mit dem Aufstieg der Wissenschaften ein. Sie erklärten die gesellschaftliche Wirklichkeit in vielerlei Hinsicht, und in mancherlei Hinsicht wies sie sogar Gesetzmäßigkeiten nach, über die die Menschen nicht mehr diskutieren konnten, sondern die sie schlicht zu akzeptieren hatten. Diese Aufklärung durch die Naturwissenschaften hat sich als Prinzip oder auch nur als Hoffnung in viele andere Wissenschaften geschlichen, und heute treten ganze Bataillone von Theorien an, uns zu erklären, wie die Welt im Innersten zusammenhängt. Das reicht von den „Gesetzen des Marktes" bis zu den „Hauptsätzen der Thermodynamik", von „Theorien der rationalen Wahl" bis zur „Dominanz des Irrationalen", von einer „Theorie des Unbewussten" bis zur „genetischen Überlegenheit". Diese theoretische Stützung durch das System Wissenschaft ist umso wirkungsvoller, weil es nicht mit außerirdischen Kräften operiert, sondern ganz innerweltlich mit dem Prinzip

---

3   Für einen kurzen Überblick über das hinter dieser Annahme stehende „Dreistadiengesetz" vgl. Abels 2007, Bd. 1, Kap. 10.1 „Dreistadiengesetz – Der Wandel des Denkens".

der Rationalität, also der nachvollziehbaren, widerspruchsfreien, sachlichen Logik argumentiert.

Dieser Anspruch, sachlich zwingend und widerspruchsfrei zu sein, begegnet uns auch in einer gezielten Strategie, eine bestehende objektive Wirklichkeit zu rechtfertigen oder eine neue mit Macht durchzusetzen, in der *Ideologie*. Ideologie ist Macht über Wissen und Köpfe.

In einem großen Text der Weltliteratur erklärt der Großinquisitor die Verfügung über das Denken als Fürsorge für die Menschen, die mit der Freiheit des Gewissens sonst nicht zurechtkämen. (Dostojewski 1880, 2. Teil, 5. Buch, V) Erklärungen, die die Freiheit, anders zu denken, von vornherein nicht zulassen, die beanspruchen, aus einer einzigen Idee heraus die gesamte Welt widerspruchsfrei zu erklären, und die diese Idee mit Macht durchzusetzen versuchen, kann man als *Ideologien* bezeichnen. Ideologie ist ein hermetisches Denken von einem bestimmten Standpunkt aus, der als einzig richtiger angesehen wird. Ideologen kennen keine Zweifel. Ihr Denken ist in sich geschlossen und lässt also Alternativen nicht zu. Ideologen definieren die Wirklichkeit aus einer einzigen Sicht und setzen alles daran, diese hermetische Sicht auch bei anderen durchzusetzen. Ideologen verfolgen ein Machtinteresse. So sehen es auch Berger und Luckmann: „Wenn eine Wirklichkeitsbestimmung so weit ist, dass sich ein konkretes Machtinteresse mit ihr verbindet, kann sie »Ideologie« genannt werden." (Berger u. Luckmann 1966, S. 132)

Die Verfügung über den Rahmen des Denkens ist eine Form von Macht, weshalb SIGMUND FREUD z. B. auch Religion mit Macht gleichgesetzt hat. (Freud 1933, S. 598 und S. 588) So muss man auch die „Fürsorge" des Großinquisitors interpretieren!

Die Macht über das Denken schließt auch die Macht über das Verdrängte, was man sich nicht zu denken traut, ein. Macht hat man deshalb auch, wenn man die Angst der Anderen kennt. So heißt es bei NORBERT ELIAS: „Da die Bewirtschaftung der menschlichen Ängste zu den bedeutendsten Quellen der Macht von Menschen über Menschen gehört, entwickelten und erhalten sich auf dieser Basis Herrschaftssysteme in Hülle und Fülle." (Elias 1982, S. 57)

Aus der ideologischen Macht ergibt sich eine bestimmte Chance: „Wer den derberen Stock hat, hat die bessere Chance, seine Wirklichkeitsbestimmung durchzusetzen." (Berger u. Luckmann 1966, S. 117) Ideologen argumentieren nicht mit dem Florett, sondern „erklären" mit dem Vorschlaghammer. Sie vereinfachen komplexe Zusammenhänge so sehr, dass auch das schlichteste Gemüt sie kapiert. Deshalb suchen alle totalitären Systeme auch als erstes, sich der Kommunikationsmittel zu bemächtigen, um mit einfachen Botschaften das richtige Denken zu erzeugen. Ein ausgeklügeltes Spitzelsystem stellt sicher, dass es bei diesem richtigen Denken auch bleibt. Wie weit das geht, hat GEORGE ORWELL in seinem Roman 1984 beschrieben.

Man mag einwenden, zum Glück seien die meisten totalitären Gesellschaften zusammengebrochen, weil die Macht der Ideologien letztlich doch nicht ausreichten, die Menschen bei der Stange zu halten. Und ganz glücklich dürften sich die fühlen, die diese Niederlage der Ideologen auf das Konto der Idee der Freiheit (und des Marktes!), die von außen in diese Gesellschaften hineingetragen wurde, verbuchen. Diese Annahme darf aber nicht darüber hinweg täuschen, dass Ideologien in allen Gesellschaften, wenn auch in ganz unterschiedlichen Formen, wirken. Mit dem Beginn des neuen Jahrtausends haben wir gesehen, wie fundamentalistische Strömungen ganze Gesellschaften in den Bann schlagen. Niemand gibt sich der naiven Erklärung hin, das hänge mit dem Charisma geistiger Führer zusammen. Es ist die Macht der Ideen, die sich zu einer einfachen Erklärung der Welt fügen, ein klares ideologisches Ziel angeben, für das es sich auch zu sterben lohnt, und die genau zwischen Freund und Feind unterscheiden.

Jedes Denken, das sich seiner eigenen Logik sicher ist und nicht bei sich selbst bleibt, sondern auf das Denken anderer einwirken will, ist per definitionem Ideologie. Schlagen wir den Bogen zurück zum Denken in unserem ganz normalen Alltag: Auch die Bilder vom ganz normalen Leben, die uns die Medien permanent vermitteln und mit denen sie uns unmerklich in eine bestimmte Richtung des Denkens und Handelns drängen, sind letztlich Ideologien, da sie die kritische Reflexion der eigenen Begründung und der möglichen Alternativen nicht in sich tragen. Eben weil die Bilder so ganz nahe bei dem zu liegen scheinen, was wir kennen oder was wir uns als realistische Zukunft auch für uns selbst vorstellen können, können wir uns dem Zauber dieser Macht nicht entziehen. NIKLAS LUHMANN hat auch diesen Zusammenhang gemeint, als er Einfluss, der unabhängig von der Motivationsstruktur des Beeinflussten gesichert ist, als Macht bezeichnete. Macht bedeutet, dass jemand „durch einflussnehmende Kommunikation (...) in seinen Selektionen dirigiert werden soll" (Luhmann 1975, S. 8). Sehen Sie sich eine Viertel Stunde Werbung an, dann wissen Sie, was Luhmann gemeint hat.

Damit nicht der Eindruck entsteht, Ideologie sei das Werk von politisch verbohrten Finsterlingen oder raffinierten Werbestrategen: Die alltäglichste Form, in der wir ideologische Macht ausüben, ist unser nicht reflektiertes Handeln, die alltäglichste, in der wir sie erfahren, ist die unbewusste Sozialisation.

5.4   Nihilierung

Wenden wir uns nun einer von Berger und Luckmann so bezeichneten „angewandten" Form von sinnweltstützender Theoriebildung zu, der *Nihilierung* [4]. Sie ist eine symbolische Strategie, die Mitglieder einer gesellschaftlichen Sinnwelt bei der Stange zu halten, indem sie „alles, was außerhalb dieser Sinnwelt steht, mindestens theoretisch liquidiert"; sie wendet sich gegen Individuen und Gruppen, „die für die betreffende Gesellschaft Fremde sind" (Berger u. Luckmann 1966, S. 123). In erster Linie geht es um Fremde, die jenseits der Grenze unserer symbolischen Sinnwelt und unübersehbar nach anderen kulturellen Überzeugungen leben, der Mechanismus funktioniert aber auch gegenüber Fremden innerhalb unserer Gesellschaft, deren potentielle Kraft der symbolischen Alternative zu unserer Wirklichkeit abgewehrt werden muss.

Nihilierung ist eine Art „negativer Legitimation" (Berger u. Luckmann 1966, S. 123) der herrschenden objektiven Wirklichkeit, indem sie Phänomenen, die nicht in das eigene symbolische Sinnsystem pas-

---

4   nihil (lat.) – nichts

sen, einen vernünftigen Sinn abspricht oder schlicht ihre Existenz bestreitet. Das kann auf zweierlei Weise geschehen.

- Der alternativen Wirklichkeit wird von vornherein ein „inferiorer ontologischer Status" (Berger u. Luckmann 1966, S. 123) zugeschrieben, der deshalb ernsthaft nicht in Betracht zu ziehen ist. Wie platt diese Abwehr funktioniert, kann man z. B. an den selbstbewussten alten Griechen sehen, die ihre Nachbarn als „Barbaren" bezeichneten, die also noch nicht mal eine richtige Sprache hatten, sondern nur „brabbelten". Auf diesen Ethnozentrismus komme ich noch einmal zu sprechen.[5] An dieser Stelle nur soviel: In der Tendenz nimmt er einer fremden symbolischen Sinnwelt ihren Wert. Über Erziehung, Propaganda und Medien wird eine öffentliche Meinung erzeugt, dass es in der fremden Wirklichkeit eigentlich nichts gibt, über das es sich vernünftigerweise nachzudenken lohnte. Diese Nihilierung durch Exklusion aus unserem Denken ist leider kein Phänomen vergangener Zeiten. Fundamentalistische und andere ideologische Bewegungen nutzen diese Strategie der De-Legitimation ganz unverblümt.

Nihilierung ist eine extreme Form, das, was uns nicht vertraut ist, unsere symbolische Wirklichkeit aber aus welchen Gründen auch immer gefährden könnte, als fundamental anders zu definieren und deshalb nach unseren theoretischen oder eingelebten Legitimitätsvorstellungen in Abrede zu stellen. Insofern ist jedes wertende Vorurteil über Menschen und Gruppen immer auch eine Form der Nihilierung.

- Eine zweite Strategie der Nihilierung lässt sich auf eine fremde Sinnwelt und ihre Theorie durchaus ein, tut dies aber „mit Begriffen aus der eigenen Sinnwelt" und zielt letztlich darauf, die fremde Sinnwelt „der eigenen Sinnwelt *einzuverleiben* und so endgültig zu liquidieren" (Berger u. Luckmann 1966, S. 123f.). Die Nihilierung erfolgt in Form der Übersetzung in die „richtige" symbolische Sprache. Die Alternativen werden denn auch nicht als Alternativen anerkannt, sondern als Phänomene, die nur anders benannt sind. Die

---

5 Siehe unten Kap. 10.2 „In-group und out-group – über Ethnozentrismus und die Abwertung der Anderen".

kognitive Strategie geht dann so: „Was dort so heißt, heißt in unserem Sinnsystem so." Nehmen wir das Beispiel von dem brüderlichen Teilen mit den Armen. Da könnte eine Gesellschaft, die sich auf das Evangelium beruft, leicht ins Grübeln geraten. Wenn man dieses Verhalten aber als primitive Vorstufe für eine moderne Sozialpolitik etikettiert, ist alles wieder im Lot.

Kommen wir nach dieser vorsorglichen oder auch nachträglichen Festigung der symbolischen Ordnung durch theoretische Legitimationen, Leugnung und Umdeutung zu der Frage, was das für Konsequenzen für die symbolische Ordnung selbst und für das Wissen des Individuums über diese symbolische Ordnung bedeutet. Berger und Luckmann sprechen die Frage als Problem der *Verdinglichung* an.

5.5   Die Gefahr der Verdinglichung

Die abgestuften Legitimierungen der objektiven Wirklichkeit und die erfolgreich gelernten Lektionen, was von Alternativen zu halten ist, führen am Ende dazu, dass wir diese Wirklichkeit nicht nur für selbstverständlich halten, sondern auch meinen, sie existiere völlig losgelöst von jeglichem menschlichen Einfluss, sozusagen an und für sich.

Gegen diese Annahme der Selbstverständlichkeit setzen Berger und Luckmann eine entschiedene Warnung: „Wir müssen uns immer wieder vor Augen führen, dass die Gegenständlichkeit der institutionalen Welt, so dicht sie sich auch dem Einzelnen darstellen mag, von Menschen gemachte, konstruierte Objektivität ist. Der Vorgang, durch den die Produkte tätiger menschlicher Selbstentäußerung objektiven Charakter gewinnen, ist Objektivation, das heißt Vergegenständlichung. Die institutionale Welt ist vergegenständlichte menschliche Tätigkeit, und jede einzelne Institution ist dies ebenso. Mit anderen Worten: trotz ihrer Gegenständlichkeit für unsere Erfahrung gewinnt die gesellschaftliche Welt dadurch keinen ontologischen Status, der von jenem menschlichen Tun, aus dem sie hervorgegangen ist, unabhängig wäre." (Berger u. Luckmann 1966, S. 64f.) Das meinen wir zwar oft, weil die Dinge schon so lange sind, wie sie sind, und weil auch die Anderen sie durch ihr immer gleiches Verhalten zu bestätigen scheinen! Doch es stimmt nicht. Wir haben nur nicht gelernt, darüber nachzudenken.

Den äußersten Schritt des Prozesses der Objektivation nennen Berger und Luckmann *Verdinglichung*: „Verdinglichung bedeutet, menschliche Phänomene aufzufassen, als ob sie Dinge wären, das heißt als außer- oder gar übermenschlich. (...) Verdinglichung impliziert, dass der Mensch fähig ist, seine eigene Urheberschaft der humanen Welt zu vergessen, und weiter, dass die Dialektik zwischen dem menschlichen Produzenten und seinen Produkten für das Bewusstsein verloren ist. Eine verdinglichte Welt ist per definitionem eine enthumanisierte Welt. Der Mensch erlebt sie als fremde Faktizität, ein opus alienum[6], über das er keine Kontrolle hat, nicht als das opus proprium seiner eigenen produktiven Leistung." (Berger u. Luckmann 1966, S. 94f.)

Marx und Engels haben diesen Sachverhalt seinerzeit so ausgedrückt: „Die Ausgeburten ihres Kopfes sind ihnen über den Kopf gewachsen. Vor ihren Geschöpfen haben sie, die Schöpfer, sich gebeugt." (Marx u. Engels 1846, S. 13) Die Mittel der gesellschaftlichen Organisation, denn das sind die Institutionen, werden nicht mehr als solche erkannt, sondern nehmen „die Erscheinung autonomer Wesenheiten" (Horkheimer 1947, S. 101) an. Verdinglichung heißt, den Institutionen „einen ontologischen Status zu verleihen, der unabhängig von menschlichem Sinnen und Trachten ist" (Berger u. Luckmann 1966, S. 97).

Das ist der Moment, von dem an die Fähigkeit und die Bereitschaft, die Dinge anders zu denken, ausgeschaltet werden. Objektivationen werden gewissermaßen als »definitive« Lösung angesehen. Die gesellschaftlichen Institutionen, in denen sie uns entgegentreten, gelten als »natürlich« oder »gottgewollt« oder als »konsequente Ausführung des Plans des großen Führers«. Wir vergessen dabei, das befürchten Berger und Luckmann, dass *wir* die Konstrukteure der sozialen Wirklichkeit sind.

Wenn also die „angebliche »Logik« von Institutionen" behauptet wird, ist „größte Vorsicht geboten. Die Logik steckt nicht in den Insti-

---

6 opus alienum (lat.) - fremdes Werk, Werk eines anderen; opus proprium - eigenes Werk, (dem Menschen) eigentümlich.

tutionen und ihrer äußeren Funktionalität, sondern in der Art, in der über sie reflektiert wird" (Berger u. Luckmann 1966, S. 68f.). Das muss man durchaus zweiseitig sehen:

- Die rechtfertigende Gesellschaft, wenn sie es denn überhaupt täte, müsste die Institutionen so affirmieren, dass in ihnen eine Reflexion zu einem logischen Abschluss gekommen ist. Gelänge ihr das nicht, stünde die Institution selbst in Frage!

- Die kollektive Zustimmung zu den institutionellen Regelungen verdankt sich der Logik der nicht-reflektierten Tradition, des unterstellten Konsenses aller Anderen und der Internalisierung entsprechender gesellschaftlicher Erklärungen.

Das sollte uns aber nicht daran hindern, nach den Begründungen zu fragen, mit denen uns institutionalisierte Erwartungen und die sie umschließende gesellschaftliche Ordnung insgesamt nahe gebracht werden. Diese Frage drängt sich ohnehin auf, denn die Logik der Institutionen ist schon seit langem unter Druck geraten. Viele Begründungen werden inzwischen in Zweifel gezogen, andere kennt man schon gar nicht mehr und läuft gedankenlos in Gleisen weiter – bis jemand fragt, warum wir das tun, oder wir merken, dass andere sich ganz anders verhalten und dafür sogar gute Gründe angeben können.

Aber auch mit dem Problem wird die Gesellschaft normalerweise ganz gut fertig. Im Prozess der Sozialisation ist leidlich garantiert, dass bei den Nachwachsenden und den in der symbolischen Ordnung Erwachsenen Zweifel erst gar nicht aufkommen. Daneben gibt es angewandte Formen der theoretischen Stützung der Sinnwelt, die aufkommende Zweifel zerstreuen, Verirrte in die symbolische Ordnung zurückholen oder Individuen „umdrehen". Um diese praktische Theoriearbeit geht es jetzt.

6 Soziale Maßnahmen zur Stützung oder Erzeugung einer symbolischen Wirklichkeit

Nach dem, was wir oben über die Objektivität der institutionalen Welt und ihre Verfestigung zur sozialen Selbstverständlichkeit gelesen haben, scheint sich das Problem der Legitimation der symbolischen Sinnwelt nicht allzu oft zu stellen. Sie scheint seit je zu bestehen und vollkommen selbstverständlich zu sein. Alle Institutionen, sozialen Prozesse und Rollen sind durch die symbolische Sinnwelt zu einem wohl geordneten Ganzen integriert.

Trotzdem darf man nicht außer Acht lassen, dass diese gesellschaftliche Wirklichkeit „ständig durch die Gegenwart von Wirklichkeiten bedroht ist, die in ihrem eigenen Sinn sinnlos sind" (Berger u. Luckmann 1966, S. 111). Jede bekannt gewordene Alternative zum Denken-wie-gewohnt birgt die Gefahr in sich, gesellschaftlich relevant zu werden.

Die Gewohnheiten des Herzens und die theoretischen Rechtfertigungen des Ganzen mögen noch so vertraut und zwingend sein – ausschließen kann keine Gesellschaft, dass Zweifel an der Selbstverständlichkeit der objektiven Wirklichkeit auftauchen und sich ausbreiten. Mit diesem Problem sieht sich die Gesellschaft im Grunde permanent durch den ständigen Eintritt ihrer neuen Mitglieder konfrontiert.

Die Frage ist, was im Normalfall der Zustimmung der Individuen zur Gesellschaft verhindert, dass Zweifel aufkommen, und was im

Problemfall getan wird, um die Zustimmung zur objektiven, geordneten Wirklichkeit wieder herzustellen.

Ich beginne mit einer These über die Relevanz alternativer Wirklichkeiten, die vor zwei Missverständnissen warnen soll.

6.1 Alternative Wirklichkeiten werden zum gesellschaftlichen Problem, sobald sie in dieser Gesellschaft gedacht werden

Wissenssoziologisch ist jede moderne Gesellschaft einem doppelten Risiko ausgesetzt: Trotz aller Legitimationen von ihrer Seite und aller generellen Zustimmung von Seiten ihrer Mitglieder ist nicht zu übersehen, dass ihre symbolische Ordnung keineswegs einheitlich und fest gefügt, sondern höchst differenziert und flüssig ist. Das zweite Risiko besteht darin, dass andere symbolische Orientierungen auftauchen, die von den Mitgliedern der Gesellschaft ernsthaft als *Alternative* in *dieser* Gesellschaft in Erwägung gezogen werden.

Während es oben bei der Nihilierung darum ging, Alternativen nicht relevant werden zu lassen, müssen wir jetzt davon ausgehen, dass sie in bestimmten Kreisen der Gesellschaft schon bekannt sind. Wir können uns auch nicht mit der naiven Vorstellung beruhigen, eine alternative Wirklichkeit würde erst in dem Augenblick zum gesellschaftlichen Problem, wo sie beansprucht, die bestehenden Verhältnisse zu verändern. Wegen dieser Annahme sind ganze Gesellschaften und Institutionen mit Reaktionen und Reformen immer wieder zu spät gekommen! Alternative Wirklichkeiten werden schon in dem Augenblick zum gesellschaftlichen Problem, in dem sie in *diesen* Verhältnissen *gedacht* werden können! Diese Differenzierung mag unerheblich erscheinen, doch das ist sie keineswegs.

- Nehmen Sie fürs Kleine die folgenden Situationen: Zum offenen Konflikt kommt es, wenn Ihre 16jährige Tochter Ihnen erklärt, ab sofort käme sie nachts nicht mehr vor 12 nach Hause. Dann gerät Ihre symbolische Sinnwelt, von der Sie bis gestern noch annahmen, dass sie die Welt par excellence für Sie, Ihre brave Tochter und alle Nachbarn ist, heftig durcheinander. Und die andere Situation: Ihre brave Tochter erzählt Ihnen ganz arglos, dass es in ihrer Klasse einige gibt, die ganz schön Ärger mit ihren Eltern haben. Natürlich werden Sie hoffen, dass Ihre Tochter die einzige sein wird, die nie Ärger machen wird, aber innerlich werden Sie sich sicher auch schon mal überlegen, was Sie für den Fall der Fälle an Argumenten anführen werden, um die geordnete Wirklichkeit zu rechtfertigen.

- Und einige Situationen fürs Große: Die Heilige Allianz zwischen Russland, Preußen und Österreich kam 1815 nicht etwa deshalb zustande, weil in diesen Ländern eine Revolution à la 1789 die Verhältnisse hinweggefegt hätte, sondern weil diese in allen Ländern als Alternative befürchtet wurde. Die Oktoberrevolution von 1917 hat zunächst und nur in Russland die symbolische Sinnwelt von Grund auf umgekrempelt. Aber zum Problem wurde der Kommunismus auch in vielen anderen Ländern und schon zu dem Zeitpunkt, wo er in einem Land nur gedacht werden konnte. Schließlich: Die symbolische Sinnwelt der DDR ist 1989 nicht zusammengebrochen, weil kapitalistische Finsterlinge sie von heute auf morgen überwältigt hätten, sondern u. a. deshalb, weil Alternativen von Anfang an gedacht werden konnten und über ein weit reichendes fremdes Fernsehen belegt wurden.

Betrachten wir nun das Problem der alternativen Wirklichkeit grundsätzlicher und fragen, wann und in welcher Form es auftaucht und wie die Gesellschaft auf die Störung der symbolischen Sinnwelt reagiert.

6.2   Warum? Die Nachwachsenden stellen naive Fragen

Da ist zunächst einmal der Fall, der typischerweise im Potentialis auftritt. Das ist die Situation, in der Kinder ganz naiv fragen, warum etwas so ist, wie es ist. Damit meine ich nicht so einfache Fragen wie die gerade, warum man vor der duftenden Schüssel mit den Dampfnudeln warten oder warum man sich vor dem Essen die Hände waschen soll. Wenn Eltern darauf keine „vernünftige" Antwort geben können, reicht zur Not noch die genervte letzte Verwarnung „Basta!". Aber wie gehen Eltern, professionelle Erzieher oder Institutionen religiöser Unterweisung z. B. mit der Frage um, warum es arme Menschen in unserer Gesellschaft gibt? Oder, leider immer wieder aktuell, mit der Frage, warum Menschen sich tot schießen? Dann müssen gesellschaftliche Begründungen gegeben werden, warum die potentiellen Alternativen, die in solchen grundsätzlichen Fragen impliziert sind, nicht realisiert wurden oder werden. Die häufigsten, abwehrenden Strategien sehen dann so aus:

- „Angebliche" Widersprüche der existenten symbolischen Sinnwelt werden zu „scheinbaren" herabgestuft, die Sinnwelt wird also neu und umso nachdrücklicher gestützt,
- oder man akzeptiert die implizite Kritik durch die gedachte Alternative, hält die Widersprüche aber für so marginal, dass man „im Prinzip" nichts ändern müsse,
- oder umgekehrt für so grundsätzlich, dass man auf gar keinen Fall etwas ändern dürfe, weil dann alles zusammenbrechen würde.

Die Auseinandersetzung zwischen der Gesellschaft und ihrer nachwachsenden Generation ist immer durch solche ambivalenten Wirklichkeitsdefinitionen bestimmt.

6.3   Häretiker und Revolutionäre

Der zweite Fall alternativer Wirklichkeitsbestimmung sieht so aus, dass innerhalb der Gesellschaft Personen oder Gruppen auftauchen, die die Grundannahmen der symbolischen Ordnung in Frage stellen. Das sind z. B. Häretiker, Abweichler von der traditionellen Lehre, oder Propheten, die etwas ganz Neues verkünden. Beide halten sich nicht bei Fragen im modus potentialis[1] auf, sondern fordern innerweltliche Alternativen. Martin Luther war jemand, der gegen die sozialen Verhältnisse und deren kulturelle Begründungen protestierte, manche europäischen Aufklärer und viele Franzosen im Jahr 1789 verstanden sich so, Karl Marx und jeder Revolutionär protestierten gegen die symbolische Sinnwelt ihrer Zeit, und wer die Wissenssoziologie zu Ende denkt, geht

---

1   Lat., wörtlich „Möglichkeitsmodus"

sowieso grundsätzlich von der Annahme aus, dass die Verhältnisse im Prinzip auch anders sein könnten.

Die Geschichte der Religionen lehrt, wie die Gesellschaft versucht hat, ihre symbolische Legitimation gegen Alternativen zu erhalten. Manchmal ist ihr das für eine bestimmte Zeit gelungen, indem sie z. B. prominente Vertreter der falschen Lehre ans Kreuz geschlagen oder auf andere Weise unschädlich gemacht hat. Diese abwehrenden Reaktionen waren immer begleitet von einer Reflexion und Systematisierung der orthodoxen Lehre. Manchmal hat sie mit Konzessionen versucht, den Druck aus dem Kessel zu nehmen, ihre Prinzipien aber nicht angetastet.

Aber nicht selten hat die Konfrontation mit alternativen Weltbildern auch zu einer Revision der symbolischen Sinnwelt geführt. Auch in diesen Fällen kommt es zu einer theoretischen Durchdringung der eigentlichen Lehre. In der Geschichte der Kirche erfolgte diese theoretische Reflexion auf Konzilen und Synoden, selten zwischen den Laien; in der politischen Geschichte waren es oft auch repräsentative Versammlungen von Reichstagen bis zu Parteitagen und Parlamenten, in der modernen Geschichte aber vor allem die Intellektuellen, die über die Medien Alternativen diskutierten.

Um deutlich zu machen, was auf dem Spiel steht oder was gewonnen werden könnte, wurden und werden in diesen Kontroversen immer die jeweiligen Sinnwelten scharf profiliert. Für bestehende Sinnwelten bedeutet das oft, Systematisierungen und Logiken nachzuliefern, die bis dahin nur guten Glaubens oder einfachen Behauptens vorhanden waren, für alternative, sie kohärent zu entwerfen und als praktisches Prinzip der Zukunft zu versprechen. Die theoretische Stützung der orthodoxen Seite muss klar bis zur Überzeichnung erfolgen, da die Häretiker diese kritisierte Symbolwelt ja von innen her, also auch ihre Schwächen, kennen, und die Häretiker werden den Sinn ihrer Alternative ebenso grell herausstreichen, weil sie die Stärken der alten Symbolwelt fürchten.

Kommen wir nun zu den Reaktionen der Gesellschaft auf die Herausforderung durch alternative Sinnwelten.

6.4   Angewandte Formen der theoretischen Stützung der Sinnwelt

Oben wurde gesagt, dass die symbolischen Sinnwelten die Grenzen der gesellschaftlichen Wirklichkeit setzen und schützen. Doch was passiert, wenn – wie gerade gehört – Individuen an der symbolischen Sinnwelt zweifeln oder sie gar in Frage stellen? Eine Antwort lautet: Die Gesellschaft hat *institutionelle Kontrollen* parat, die potentielle Abweichler wieder mit der objektiven Wirklichkeit versöhnen und tatsächliche zur Zustimmung zwingen sollen.

Unter dem Aspekt der Legitimation der symbolischen Sinnwelt kann man diese institutionellen Kontrollen als „angewandte" Formen sinnweltstützender Theorie bezeichnen. Eine angewandte Form haben wir gerade unter dem Begriff der Nihilierung kennen gelernt. Dort ging es darum, „alles was außerhalb dieser Sinnwelt steht, mindestens theoretisch zu liquidieren" (Berger u. Luckmann 1966, S. 123). Eine alternative Sinnwelt sollte unschädlich gemacht werden, indem man ihr eine vernünftige Logik absprach oder ihre Logik in die eigene übersetzte. So oder so sollte die alternative symbolische Wirklichkeit außen vor gehalten werden.

Doch manchmal ist es nicht zu vermeiden, dass Alternativen hier in unserer Gesellschaft bekannt werden und sich als „falsche" Wirklichkeiten festzusetzen drohen. Dann greift eine andere „angewandte" Form Sinnwelt stützender Theorien. Berger und Luckmann bezeichnen sie im weitesten Sinn als „Therapie" (1966, S. 121). Wissenssoziologisch setzt Therapie theoretische Legitimationen der gesellschaftlichen Wirklichkeit praktisch um; aus gesellschaftlicher Sicht verfolgt sie den Zweck, „dass wirkliche oder potentielle Abweichler bei der institutionalisierten Wirklichkeit bleiben. Sie soll mit anderen Worten verhindern, dass »Einwohner« einer bestehenden Sinnwelt »auswandern«. Zu diesem Zwecke wendet sie den Legitimationsapparat auf individuelle »Fälle« an." (ebd.)

Da der Begriff der Therapie im Alltag eher mit Heilungen und Korrekturen assoziiert wird, denen sich das *Individuum* für sein *eigenes* Leben unterzieht, und Berger und Luckmann ihn auch in einem sehr weiten Sinn verstehen, werde ich für die gesellschaftlichen Eingriffe in

„falsche" subjektive Wirklichkeiten eher von „Behandlungen" sprechen.

Solange die symbolische Sinnwelt nicht in Zweifel gezogen wird, braucht sich die Gesellschaft auch keine Gedanken zu machen, wie sie zu sichern sei. Sobald aber *innerhalb* dieser geordneten Wirklichkeit Zweifler auftauchen, die Alternativen andeuten, oder Individuen und ganze Gruppen aus der sozialen Sinnwelt auswandern, muss die Gesellschaft kontrollierende und korrigierende Maßnahmen ergreifen. Das tut sie unter anderem mittels *Therapie.* Sie soll „sichern, dass wirkliche oder potentielle Abweichler bei der institutionalisierten Wirklichkeitsbestimmung bleiben" (Berger u. Luckmann 1966, S. 121). Das Spektrum entsprechender Behandlungen reicht „von der Teufelsaustreibung bis zur Psychoanalyse, von der Seelsorge bis etwa zur Ehe- und Berufsberatung" (ebd.). Im Grunde werden wir schon durch jede Nachricht in der Tagesschau, jeden Kommentar in der Zeitung über die Logik von Hartz IV und jede Rede eines Politikers „behandelt", um eine bestimmte Theorie der Gesellschaft zu beherzigen. Wenn Eltern ihren Kindern ins Gewissen reden oder Sozialarbeiter Jugendliche von der Straße holen, dann sind das Behandlungen, die auch der Legitimation einer bestimmten gesellschaftlichen Wirklichkeit dienen. Im Sinne der Logik der objektiven symbolischen Sinnwelt sind Behandlungen Verdeutlichungen der Theorie dieser Gesellschaft. Sie legitimieren sie umso nachdrücklicher, je praktischer sie Verhalten anleiten.

In einem *funktionalistischen* Sinne zielen Behandlungen darauf, in individuelle Sozialisationsprozesse, die aus dem Ruder gelaufen sind, so einzugreifen, dass Zweifler an der objektiven Wirklichkeit innerhalb der Sinnwelt gehalten und Gescheiterte in die Sinnwelt zurückgeholt werden. Ihre *subjektive* Wirklichkeit soll wieder kompatibel mit der objektiven gemacht werden.

Die *Strafe* hatte ursprünglich die gleiche legitimierende und stützende Funktion; sie sollte den Verbrecher auf den Pfad der Tugend zurück leiten und den Braven vor Augen führen, was ihnen blühte, wenn sie von der Norm abwichen. Durkheims Ausführungen über den sanften Zwang der Institutionen zeigen, wie weit man den Begriff der Strafe fassen kann. Die Tatsache, dass auch die juristische Diskussion über die Funktion der Strafe von der Sühne zur Resozialisation gegangen ist, zeigt, dass es um die Rückführung eines Individuums in die legitime gesellschaftliche Wirklichkeit geht. Mit der Institution der Strafe bringt die Gesellschaft ihre Entschlossenheit zum Ausdruck, über die Legitimität der symbolischen Wirklichkeit zu wachen.

Mit der sozialen Kontrolle, die wir wechselseitig in Form von Anerkennung, Missbilligung oder Ausschluss aus unseren Kreisen ausüben, legitimieren wir ebenfalls die symbolische Wirklichkeit.

6.5 Gehirnwäsche

Kommen wir zum Schluss zu einer extremen Form der gesellschaftlichen Behandlung einer „falschen" Wirklichkeit, der *Gehirnwäsche*. Im Unterschied zu Transformationen, bei denen die Intentionen des Individuums bei der Konstruktion seiner Wirklichkeit im Vordergrund stehen[2], handelt es sich bei einer Gehirnwäsche um einen drastischen *gesellschaftlichen* Eingriff in die als falsch definierte subjektive Sicht der objektiven Wirklichkeit.

Ich habe an anderer Stelle den Fokus auf die totale Verwandlung der Identität durch die Gehirnwäsche gelegt.[3] Hier will ich den Blick auch auf die funktionale Bedeutung dieser Behandlung für die Legitimation einer gesellschaftlichen Wirklichkeit lenken.

Als Beispiele für diese Strategien der Auslöschung einer alten und Erzwingung einer neuen *Identität* werden in der soziologischen Literatur die körperlichen und geistigen Torturen, mit denen im kommunistischen China Studenten umerzogen oder amerikanische Gefangene total „umgedreht" werden sollten, oder die stalinistischen Schauprozesse[4] der 1930er Jahre angeführt. In jüngerer Zeit liefern Berichte aus fanati-

---

2 Siehe unten Kap. 10.2 „In-group und out-group – über Ethnozentrismus und die Abwertung der Anderen".

3 Vgl. Abels (2006): Identität, Kap. 27.3 „Über Konversion, Umwandlungen und Therapie".

4 Diese Demontage der Identität hat Arthur Koestler eindringlich in seinem beklemmenden Roman „Sonnenfinsternis" (1941) beschrieben.

schen Sekten, denen sich vor allem Jugendliche anschließen, Beispiele für die Umwandlung der Identität.

Diese extreme Form der *erzwungenen Identitätsarbeit* hat eine soziale Dimension, da das Individuum in Interaktionen gestellt wird, die sein Verhalten sichtbar machen und sozialer Kontrolle aussetzen. Die Identitätsarbeit hat aber auch eine gesellschaftlich-symbolische Dimension, denn das umzudrehende Individuum soll alte Legitimationen einer „falschen" gesellschaftlichen Wirklichkeit verlernen und neue Legitimationen einer „richtigen" Wirklichkeit erlernen. In der ersten Hinsicht fällt an der „kalkulierten Destruktion" der alten Identität durch totale Umerziehung die Methode der „Entidentifizierung" (A. Strauss 1959, S. 127ff.) auf. So wurden chinesische Studenten nach der kommunistischen Revolution in Schulen auf dem Lande zusammengeführt, wo sie tagelang in politische und moralische Diskussionen verwickelt wurden. Sie wurden zur harten Arbeit auf den Feldern verpflichtet und mussten mitansehen, wie die Bauern die ehemaligen Gutseigentümer brutal demütigten. Wer dabei Mitleid zeigte, wurde öffentlich gezogen, seine Freunde nicht von seinen Feinden unterscheiden zu können.

Die zweite Dimension wird in den folgenden Maßnahmen der Herrscher über die Definition der gesellschaftlichen Wirklichkeit deutlich: Zur systematischen Umdrehung gehörte auch, dass die Studenten regelmäßig Berichte über ihre Eltern, ihr Leben und ihre Ansichten von der Gesellschaft schreiben mussten. Diese Berichte wurden öffentlich verlesen und diskutiert. Der tiefere Sinn war, das „falsche Denken" zu entlarven und mit der Indoktrination des „richtigen Denkens" allmählich auch eine neue Sicht auf die alten Bindungen zu erzwingen. Das trat dann auch tatsächlich ein. Erklären kann man diese Verwandlung so: Wo eine bestimmte Erklärung des Lebens nicht mehr zugelassen wird, passt sich das Denken schließlich an! Nicht nur die soziale Identität baut sich schließlich nach den Mustern einer Gruppe, die kein anderes Denken zulässt, auf, sondern auch die gesamte Erklärung der gesellschaftlichen Wirklichkeit. Exklusive Bezugsgruppen mit hoher Definitionsmacht und totaler Kontrolle lassen keine Varianten zu. Mit jeder Neufassung der Berichte lösten sich denn auch die alten Loyalitäten etwas mehr; die Identifikationen mit Ideen und Personen wurden immer schwächer. (vgl. A. Strauss 1959, S. 130)

Die Betroffenen erlebten ihre Lösung als *Loyalitätsbruch*. Deshalb stellten sich Scham, Selbstvorwürfe und Angst ein. Das ist der Punkt, wo die soziale Gruppe der Leidensgenossen ins Spiel kommt. Unter dem Druck kollektiver Angst spiegelt sie die Ängste des Einzelnen, indem sie sie als natürliche, aber notwendige Reaktion bestätigt. Obwohl jeder Einzelne vielleicht genau so tief in seine Selbstvorwürfe verstrickt sein mag, unter den Augen der Macht wird sich die *Gruppe* präsentieren, als ob sie schon viel weiter auf dem richtigen Weg wäre! Was bedeutet das für die Identität des Einzelnen? Es ist wie mit dem geteilten Leid: Der Verlust der eigenen Identität wird leichter ertragen, wenn man sieht, dass auch die anderen das hinter sich haben – und dennoch weiterzuleben scheinen.[5] Entscheidend ist aber die unbewusste Meinung, dass die Gruppe die Begründungen der neuen Wirklichkeit komplett verinnerlicht hat und durch ihr Verhalten sichtbar stützt.

In manchen Prozessen der totalen Umwandlung der Identität kommt es zu einer direkten Zuordnung von Opfern und Vertretern der Definitionsmacht. In Umerziehungslagern haben letztere eine doppelte Funktion: Sie weisen nach, dass nichts, was das Individuum über sich oder die gesellschaftlichen Verhältnisse denken könnte, anders als nach dem richtigen Denken gedacht werden kann. Und zweitens kontrollieren sie laufend den Stand der neuen Identität und der Verankerung des richtigen Wissens, indem sie Bekenntnisse einfordern und das tatsächliche Verhalten beobachten. Sie sind Führer, mit denen sich das Opfer identifizieren *muss*, um überleben zu können.

In totalitären religiösen Gemeinschaften hat der Führer eine andere Funktion. Er ist die Person, mit der man sich identifizieren *will*. Für diesen Rang gibt es mehrere Gründe. Man hat sich ihm genähert, weil einem etwas fehlt. Ob er das wirklich hat, was man tatsächlich gesucht hat, spielt bei dem Leidensdruck letztlich keine Rolle mehr. Jedenfalls bietet er ein vollständiges Bild seiner selbst, bei dem keine Erklärungen

---

5 Diese Selbstsuggestion unter den Augen der Gruppe ist m. E. eine Erklärung für den Erfolg von Gruppentherapien.

offen bleiben. Seine Identität scheint völlig im Gleichgewicht zu sein. Deshalb gilt er auch über kurz oder lang als Inbegriff des *richtigen Lebens*. Er wird zum Symbol der Legitimität der *ganzen gesellschaftlichen* Wirklichkeit. Er ist der Guru, auf den die Jünger *alle* ihre Wünsche und Hoffnungen auf eine Erklärung der Welt projizieren. Er tritt auch als jemand auf, der aus der Fülle der eigenen Erfahrungen die Ängste der Novizen beim Übergang in eine neue Identität gut nachvollziehen kann. Er umarmt den Zauderer mit seiner Sympathie und leitet ihn mit der Sicherheit des „richtigen" und „einzigen" Urteils, wer er zu sein und welchen Weg er zu gehen hat. Eine Bedingung, diesen Weg zu gehen, ist, dass das Individuum die Brücken hinter sich abbricht und Personen aus seinem früheren Leben konsequent meidet. Es ist eine *hermetische* Identität, die in diesen totalitären Gemeinschaften erzeugt wird. Da sie von einer festen Gruppe Gleichdenker gespiegelt wird, wird sie auch nicht in Zweifel gezogen. Im Gegenteil: Die Mitglieder der Gruppe verfestigen durch ihr Denken und Handeln wechselseitig die sozialen Bedingungen, unter denen Identität auch gar nicht anders gedacht werden kann. Durch ihr Verhalten stützen sie die neuen Begründungen ihrer gelernten gesellschaftlichen Wirklichkeit.

Ich schließe die Überlegungen über die Reaktion der Gesellschaft auf alternative Wirklichkeiten an dieser Stelle ab und halte fest: Wenn alternative Wirklichkeiten eine bestehende symbolische Sinnwelt in Frage stellen könnten oder es konkret tun, dann kommt es zu abgestuften Reaktionen gegen die Repräsentanten dieser Alternativen: Sie werden behandelt, ignoriert, ausgeschlossen oder umgedreht. Für jede dieser Reaktionen stehen theoretische Begründungen zur Verfügung, die nicht nur die Reaktion auf alternative Wirklichkeiten rechtfertigen, sondern gerade dadurch das bestehende symbolische Sinnsystem nachhaltig stützen!

7 Subjektive Wirklichkeit: Über Sozialisation, Transformationen und self-fulfilling prophecy

Im soziologischen Sinne ist Wirklichkeit nichts, was für sich bestünde und nur im Singular existierte, sondern kann nur gedacht werden als Wirklichkeiten für konkrete Individuen, die in einer bestimmten Gesellschaft leben. Diese Wirklichkeiten werden von dem, was sich in dieser Gesellschaft an Institutionen und Wissen ergeben hat, beeinflusst. Die Institutionen und das kollektive Wissen bilden den Rahmen der vielen subjektiven Wirklichkeiten. In diesem Rahmen werden die Individuen sozialisiert, d. h. mit dem vertraut gemacht, was in dieser Gesellschaft als angemessenes Denken und Handeln gilt.

Die Wirklichkeiten, in die das Individuum hineinwächst, entwickeln sich konzentrisch. In der *primären* Sozialisation übernimmt es das Wissen seiner signifikanten Bezugspersonen und identifiziert sich mit ihren Erklärungen der Welt. Im unreflektierten Vertrauen auf sie entwickelt sich sein Vertrauen auf die Welt schlechthin. Aus dieser Welt wächst es heraus und erfährt, dass diese seine erste subjektive Welt Teil einer größeren, sozialen Welt ist. Diese besteht nicht nur aus vielen anderen Individuen, von denen es nach und nach merkt, dass ihre Welt anders ist als seine, sondern sie hält Erwartungen bereit, die es nicht von selbst erfüllen kann. Das trifft vor allem für die Rollen zu, die in dieser Gesellschaft für jeden in einer bestimmten Altersgruppe oder sozialen Lage gelten. Später werden es Anforderungen des Berufes sein, auf die es sich vorbereiten muss. Das Wissen, das dazu im Prozess der *sekundären* Sozialisation erworben wird, schließt natürlich an früheres Wissen an, aber einiges wird doch relativiert, anderes muss sogar ersetzt werden. Und vor allem kommt sehr viel neues Wissen hinzu. Das aber heißt, dass sich die subjektive Wirklichkeit verändert.

So wird es von da an immer sein: Mit neuen Erfahrungen und neuen sozialen Beziehungen werden wir mit neuem Wissen über uns und unsere subjektive Wirklichkeit konfrontiert, so dass sie immer in Bewegung ist. Die Frage ist, wie es gelingt, Vertrauen in diese Wirklichkeit im Fluss zu erhalten.

Diese Frage stellt sich besonders für Individuen, die aus welchen Gründen auch immer von einem „Normalpfad" der Sozialisation in dieser Gesellschaft abkommen. Einen Extremfall haben wir als Gehirnwäsche kennen gelernt. Dort ging es um die Verfügung der Gesellschaft über die subjektive Wirklichkeit eines Individuums. Es sollte gezwungen werden, bestimmte Bereiche und Relevanzen seiner früheren subjektiven Wirklichkeit komplett zu vergessen und sich eine neue, „richtige" subjektive Wirklichkeit nach den Regeln der Gesellschaft zu schaffen. Ein anderer Fall der dramatischen Veränderung der subjektiven Wirklichkeit ist die religiöse *Konversion*. Hier ist aber der Auslöser des Wandels ein anderer: Das Individuum betreibt die Revision seiner subjektiven Wirklichkeit selbst.

Weniger radikal ist die Transformation der subjektiven Wirklichkeit in der Form einer Therapie, der sich das Individuum mehr oder weniger freiwillig unterzieht. Sie schließt die frühere subjektive Wirklichkeit bei der Konstruktion einer neuen nicht aus, sondern baut sie um. Die Therapie verbindet zwei Wirklichkeiten, indem sie Relevanzen verschiebt.

In dieser Hinsicht ist eine Transformation interessant, die fast unbemerkt hinter unserem Rücken zu erfolgen scheint. Ich meine die *Erinnerung*, in der wir die alte subjektive Wirklichkeit kontinuierlich auf Vordermann bringen, damit sie zu der neuen passt. Diese These will den frommen Glauben an die „Wahrheit" der Identität etwas erschüttern und soziologisch erklären, warum die subjektive Wirklichkeit auch in dieser Hinsicht ein Prozess ist.

Damit nicht der falsche Eindruck entsteht, subjektive Wirklichkeit spiele sich nur in unserem Kopf ab, komme ich zum Schluss noch auf einen Konstruktionsprozess der besonderen Art zu sprechen: die subjektive Herbeiführung einer objektiven Wirklichkeit. ROBERT K. MERTON behandelt ihn unter dem sprechenden Titel der „self-fulfilling prophecy". Meine These wird sein, dass diese folgenreiche Konstruktion zum Alltagsrepertoire des Menschen gehört: Die objektive Wirklichkeit als Bedingung unseres Handelns wird erst dadurch objektiv, dass wir sie so definieren. Wir erzeugen die Zukunft mit.

7.1 Primäre und sekundäre Sozialisation

Die erste Erfahrung mit der Wirklichkeit macht der Mensch in seiner primären Sozialisation. Signifikante andere vermitteln sie ihm als eine plausible Welt. Die erste Welt des Menschen wird von den anderen konstruiert. Da das Kind keine Alternativen kennt, ist es *die* Welt und *die* Wirklichkeit schlechthin. Diese subjektive Wirklichkeit ist zweifelsfrei und schließt alles, was gedacht oder getan werden kann, in sich ein. Sie legitimiert sich durch Routine, und so wird sie auch internalisiert.

Die primäre Sozialisation endet in dem Augenblick, in dem das Kind auf alternative Muster des Denkens und Handelns trifft. Das passiert in der Regel dann, wenn es aus der Familie hinaustritt und feststellt, dass andere Menschen anders sind und anders handeln. Mit der nun einsetzenden sekundären Sozialisation ergeben sich zwei Probleme.

- Das eine besteht darin, dass die Beziehungen zu diesen anderen nicht mehr durch emotionale Nähe gestützt, sondern über sachliche Erwartungen und Verpflichtungen definiert werden. Das Kind wird mit einer Vielzahl neuer Rollen konfrontiert. Sie sind prinzipiell nicht gebunden an Gefühle oder persönliche Vorlieben – aber umgekehrt verlangen sie auch nicht den Einsatz der ganzen Person.
- Das andere Problem besteht darin, dass die schon vorhandene Wirklichkeit Konkurrenz bekommt: Sie muss „überlagert" (Berger u. Luckmann 1966, S. 150) werden.

Auf den komplexen Zusammenhang von gesellschaftlicher und individueller Konstruktion der Wirklichkeit, Sozialisation und Identität, der damit entsteht, zielte der Nachsatz, der gerade formuliert wurde. In der primären Sozialisation war das Kind integraler Bestandteil *der* Wirklichkeit, die es gar nicht anders denken konnte. In dem Augenblick, in dem es Alternativen kennenlernt, zerfällt die eine Wirklichkeit in viele. Gleichzeitig macht es die Erfahrung, dass sich aus diesen Wirklichkeiten Ansprüche und Handlungschancen ergeben, die nicht mehr die ganze Person betreffen. Es bleibt ein individueller Rest, der gegenüber jeder einzelnen der anderen Wirklichkeiten nicht ins Spiel kommt bzw. nicht ins Spiel zu kommen braucht. Gleichwohl muss das Individuum auch Teile dieser Wirklichkeiten internalisieren, um handlungsfähig zu bleiben.

Berger und Luckmann beschreiben den Unterschied im Umgang mit der Wirklichkeit, die in der primären Sozialisation internalisiert wurde, und der Wirklichkeit, die das Individuum in der sekundären Sozialisation laufend internalisiert, so: „Das Kind lebt wohl oder übel in einer Welt, die seine Eltern ihm bestimmen. Aber die Welt der Rechenaufgaben kann es fröhlich hinter sich lassen, wenn es das Schulzimmer verlässt. So entsteht die Möglichkeit, einen Teil des Selbst und die dazugehörige Wirklichkeit gleichsam beiseite zu stellen, da sie nur für die jeweils rollenspezifische Situation relevant ist. Der Mensch setzt also Distanz zwischen sein Selbst einerseits und ein rollenspezifisches Teil-Selbst mit seiner Wirklichkeit andererseits." (Berger u. Luckmann 1966, S. 153)

An dieser Stelle verweisen die Autoren ausdrücklich auf ERVING GOFFMANS Begriff der Rollendistanz, den sie interessanterweise aus dessen Arbeit über totale Institutionen (Goffman 1961) zitieren. Interessant ist es deshalb, weil Berger und Luckmann den Prozess der sekundären Sozialisation als Prozess der Überlagerung der primären Wirklichkeit beschreiben. Totale Institutionen sind Einrichtungen, die in die Sozialisation des Individuums eingreifen und sie in eine neue Richtung lenken. Das aber heißt, dass eine Wirklichkeit, wie sie bis dahin bestand, neu definiert werden soll. Sieht man von dieser *erzwungenen* Korrektur der Wirklichkeit einmal ab, dann kann man Rollendistanz aus der Sicht der wissenssoziologischen Sozialisationstheorie als die Fähigkeit des Individuums verstehen, in seiner subjektiven Wirklichkeit mehrere Wirklichkeiten im Kopf zu halten. Es ist nämlich nicht so, dass die subjektive Wirklichkeit einheitlich wäre oder dass es immer nur um eine Rolle ginge, sondern die subjektive Wirklichkeit besteht aus vielen Segmenten, die nicht immer gleich relevant sind, und wenn wir eine Rolle erfüllen, dann sind auch immer einige andere Rollen im Spiel. Erste diese Fähigkeit, die Komplexität zu denken und dann selbst zu bestimmen, wie man handeln wird, verdient den Namen Rollendistanz.

Natürlich kommt sie vor allem in der Interaktion mit anderen zum Tragen, denen gegenüber das Individuum seine Definition von Wirklichkeit im Spiel hält.

Der Übergang von der primären zur sekundären Sozialisation ist ganz wesentlich durch systematische Erziehung und Qualifizierung gekennzeichnet. Komplexe und arbeitsteilige Gesellschaften können nicht mehr darauf vertrauen, dass ihre Mitglieder in einem naturwüchsigen Sozialisationsprozess in die Gesellschaft hineinwachsen und schließlich wissen, was sie zu tun haben. Deshalb wird dieser Prozess systematisch organisiert. Da ist vor allem die institutionalisierte Erziehung zu nennen, die Emile Durkheim als „methodische Sozialisation" bezeichnet hat. (vgl. Durkheim 1903, S. 45f.)

„Die institutionelle Arbeitsteilung zwischen primärer und sekundärer Sozialisation entspricht der gesellschaftlichen Verteilung des Wissens. Solange sie noch unkompliziert ist, kann dieselbe institutionelle Instanz von der primären zur sekundären Sozialisation übergehen und letztere in beachtlicher Form betreiben. (...) Alte Pferdediebe können junge ausbilden." (Berger u. Luckmann 1966, S. 157) Doch wahrscheinlich können sie ihnen nicht beibringen, wie man Verluste bei der Steuer geltend machen kann oder was uns der Dichter mit „Anmut und Würde" zu sagen hat. Dafür braucht man eigene Sozialisationsinstanzen, in denen man z. B. Rechenkunststücke und Regeln der Moral lernt, und qualifiziertes Personal. Aus dessen Sicht ist Schule kein einfaches Geschäft, wohl wahr, aber es ist es auch für die Lernenden nicht, denn deren subjektive Wirklichkeit, die ihnen in der Phase der primären Sozialisation völlig sicher war, wird jetzt in Teilen in Frage gestellt. Sich auf neue Erfahrungen und Anforderungen einzulassen, bedarf schon einigen Mutes. Verlustängste und Verwirrungen sind nicht ausgeschlossen.

Institutionalisierte sekundäre Sozialisation funktioniert deshalb nur dann, wenn mit jedem neuen Wissen auch dessen Relevanz für die existierende subjektive Wirklichkeit deutlich gemacht wird. Zwar muss altes Wissen überlagert werden, aber neues Wissen wird nur erfolgreich erworben und verinnerlicht, wenn es sukzessive an die *Relevanzstruktur* früheren Wissens anschließt. Erst wenn das gewährleistet ist, kann der Blick auf die Zukunft gelenkt wird, in der sich die subjektive Wirklichkeit differenzieren wird. Auf die platte Frage „Wofür brauche ich das?" wird gerne die Antwort geben, dass man nicht für die Schule, sondern für das Leben lernt. Wissenssoziologisch heißt das, sich systematisch Wissen anzueignen, um den Anforderungen und Chancen der sich immer weiter differenzierenden objektiven Wirklichkeit gerecht zu werden und sich für mögliche eigene Wege kompetent zu machen.

7.2 Verwandlung

Wissenssoziologisch bedeutet Sozialisation nicht nur, dass wir uns das Wissen, das für das Mitkommen in der Gesellschaft relevant ist, z. B. Werte, Normen und Qualifikationen, *aneignen*, sondern auch, dass wir unter objektiven institutionellen Bedingungen der gesellschaftlichen Wirklichkeit unsere subjektive Wirklichkeit selbst *konstruieren*. Der symbolische Interaktionismus hat außerdem gezeigt, dass die Bedeutung der Dinge aus den Interaktionen erwächst.[1] Wir stimmen fortlaufend unsere subjektiven Bedeutungen, die wir der konkreten Situation geben, mit den *subjektiven* Bedeutungen der anderen ab und kommen so zu einer *gemeinsamen sozialen* Definition der Wirklichkeit. Bei dieser Erklärung für das Gelingen sozialer Interaktion dürfen wir aber nicht übersehen, dass durch dieses Aushandeln der Bedeutungen, die

---

1 Vgl. oben Kap. 2.8 „Blumer: Die Bedeutung der Dinge erwächst aus den Interaktionen der Individuen".

für's Nächste gelten sollen, auch die subjektive Wirklichkeit fortlaufend berührt wird: Sie ist Prozess, in dem die Anderen eine zentrale Rolle spielen.

Natürlich können wir uns vorstellen, dass sich die subjektive Wirklichkeit nur als Prozess in unserem Kopf abspielt und dort auch zu verbleiben scheint, doch diesen Fall müssen wir der Psychologie überlassen. Die Soziologie muss diesen Prozess aus dem Gesichtspunkt der Sozialisation erklären und ihn mit den sozialen Interaktionen mit konkreten handelnden Individuen zusammenbringen. Meine These ist deshalb, dass die subjektive Wirklichkeit in einem kontinuierlichen Entwurf für andere und vor ihnen besteht!

Zur Plausibilisierung dieser These betrachte ich zunächst einen scheinbar extremen Ausnahmefall der Veränderung der subjektiven Wirklichkeit, die religiöse *Konversion*. Ich behandle sie wissenssoziologisch als „Verwandlung". Berger und Luckmann verwenden diesen Begriff zur Kennzeichnung einer *totalen* Transformation der subjektiven Wirklichkeit. (vgl. Berger u. Luckmann 1966, S. 169ff.) Eine solche totale Transformation, die allerdings von der *Gesellschaft* erzwungen wurde, haben wir oben als Gehirnwäsche kennen gelernt. Nach dieser Verwandlung des Subjektes durfte nichts mehr so sein, wie es früher war. Die neue subjektive Wirklichkeit durfte keine Brücken zu einer alten mehr aufweisen, und der Geist des neuen Denkens musste vor anderen bewiesen werden. Bei der religiösen Konversion geht es im Kern um eine Transformation, die das *Individuum selbst* betreibt. Und im Gegensatz zur totalen Transformation in Form einer Gehirnwäsche wird es nicht von anderen gezwungen, seine neue, „richtige" subjektive Wirklichkeit vor anderen zu beweisen, sondern es *will* sie anderen *erklären*. In dem Augenblick, wo sich das Individuum seiner selbst als Handelnder in einer neuen Wirklichkeit wahrnimmt, stellt es auch die Transformation seiner *Identität* unter öffentliche Beobachtung.

In der religiösen Konversion „schaltet" der Mensch von einer subjektiven Welt zur anderen „um" bzw. tauscht „eine Welt gegen eine andere" (Berger u. Luckmann 1966, S. 167) aus. Das impliziert, auch die Biographie neu zu ordnen. Manche verwerfen sie total, doch da Vergessen nicht so leicht ist, hilft sich das Unbewusste auf andere Weise: Es stellt im Nachhinein Zusammenhänge her, die zeigen sollen, dass einiges schon immer unbewusst auf die neue Identität hingedrängt hat oder umgekehrt das totale Gegenbild war. Beide Rekonstruktionen dienen dem Ziel, den überragenden Wert der neuen, wahren Erkenntnis herauszustreichen. Zur Not bauscht man einiges auch auf, entwirft Legenden oder bedient sich in aller Unschuld frommer Lügen: „Da man leichter etwas erfindet, was sich nie ereignet hat, als etwas vergisst, das sich ereignet hat, fabriziert man Ereignisse und fügt sie ein, wo immer sie gebraucht werden, um Erinnerung und neue Wirklichkeit aufeinander abzustimmen. Weil dem Einzelnen die neue Wirklichkeit nun absolut plausibel erscheint, kann er absolut »aufrichtig« sein. Subjektiv erzählt er keine Lügen über die Vergangenheit, er bringt sie vielmehr »auf Vordermann« jener einen »Wahrheit«, die Vergangenheit und Gegenwart umgreifen muss." (Berger u. Luckmann 1966, S. 171)

Konversionserzählungen sind denn auch keine „unvoreingenommenen, »objektiven« Schilderungen", sondern interessierte, subjektive „Rekonstruktionen, bei denen biographische Ereignisse so selektiert, geordnet und gedeutet werden, dass ein *konsistenter Lebenszusammenhang* sichtbar wird, der in Einklang mit der durch die Konversion erworbenen Identität des Darstellers steht." (Ulmer 1988, S. 19, Hervorhebung H. A.) Das kann man zum einen damit erklären, dass dem anderen, dem man in einer neuen sozialen Identität gegenübersteht, eine plausible Geschichte erzählt werden muss, damit er die Verwandlung nachvollziehen kann. Zum anderen spielt aber auch das Bedürfnis des Konvertiten eine Rolle, sich die Dramatik der Verwandlung und ihre Konsequenzen klar zu machen. Die Bausteine, die man für die Errichtung des neuen Identitätsgebäudes letztlich verwendet oder verworfen hat, werden genau bezeichnet, um sich klar zu machen, dass nur dieses Gebäude errichtet werden konnte!

Deshalb weisen autobiographische Konversionserzählungen auch durchgängig eine „dreigliedrige Zeitstruktur" mit den Phasen „davor", „Wendepunkt" und „danach" auf. (vgl. Ulmer 1988, S. 22) Die Vorphase wird durchaus nicht total verworfen, sondern nur soweit negativ gedeutet, dass die Korrektur der Identität durch das Konversionsereignis umso leuchtender erscheint. Die Vorphase endet in der Regel in einer Krise, wo sich das Individuum alleingelassen sieht und wo es verschiedene Anstrengungen unternimmt, seinem Leben eine neue Richtung zu geben. Die Schilderung des Scheiterns dient ebenfalls dazu, den Wert des Konversionserlebnisses herauszustreichen. Der neuen Identität wird sozusagen im Nachhinein die Feuertaufe attestiert.

Das Konversionsereignis selbst wird als höchst dramatisch und totale Erschütterung der Identität erinnert. Geradezu schlagartig kommt es zu einer „transformativen Metamorphose" (Zurcher u. Snow 1981, S. 462), nach der im Grunde nichts mehr so ist, wie es früher war. Das Leben bekommt einen neuen Sinn. Mancher nimmt sogar einen neuen Namen an und nennt sich fortan Paulus oder Muhammad Ali.

Die Phase „danach" wird dann als Beweis erzählt, dass das Konversionsereignis die einzig richtige Lösung der biographischen Krise war und dass es die neue Identität zuverlässig auf Kurs hält. Mit der Darlegung der Gründe für die neue Identität und der emphatischen Schilderung, was sich seitdem alles geändert hat, stellen sich die Bekehrten gewissermaßen unter öffentliche *Beobachtung* und setzen sich damit unter Zugzwang.

Bei dieser Sichtbarmachung der neuen subjektiven Wirklichkeit fällt etwas Merkwürdiges auf: Die Konvertiten *übertreiben* die Normen und Werte der neuen Bezugsgruppe, der sie sich verbunden fühlen. Gemeinhin wird dieser Übereifer damit erklärt, dass sich die Bekehrten mit ihrer neuen sozialen Identität in einer Prüfungssituation sähen, in der man natürlich nichts falsch machen darf. Die Motivation des Verhaltens wäre also sozial induziert. (vgl. Merton 1957a, S. 334)

Für ROBERT K. MERTON, der das Verhalten des Konvertiten aus der Perspektive des Wissens um soziale Normen einer Bezugsgruppe betrachtet, ist das aber keinesfalls die ganze Wahrheit, „denn unabhängig von der Frage der Motivation könnte es auch sein, dass der Konvertit deswegen überangepasst ist, weil es ihm, was die Nuancen der zulässigen und strukturell vorgebildeten Abweichungen von den Normen der sozialen Gruppe angeht, in die er gerade eingetreten ist, an Kenntnissen aus erster Hand mangelt. Infolgedessen versucht er, anders als die alteingesessenen Gruppenmitglieder, die diese Kenntnisse unbewusst (Korrektur H. A.) im Laufe ihrer Sozialisation erworben haben, sich strikt an den Wortlaut dieser Normen zu halten. Er wird zum rigiden Konformisten. Der theoretisch bedeutsame Punkt aber ist, dass diese extreme Anpassung nicht notwendig deswegen auftritt, weil er eine »rigide Persönlichkeit« ist, sondern weil er, in Ermangelung einer intimen Vertrautheit mit den Normen seiner neugefundenen Gruppe, gar keine andere Alternative hat, als die offiziellen Normen zur zwingenden Richtschnur seines Verhaltens zu erheben." (Merton 1957a, S. 335)

Hier bricht die Erklärung leider ab. Ich will ergänzen: Der Konvertit ist überangepasst, weil ihm die lange Sozialisation des richtigen Wissens inklusive der Abweichungstoleranzen fehlt. Er ist sozusagen noch nicht vertraut mit den sozialen Bedeutungen, die in der Bezugsgruppe selbstverständlich gelten. Seine subjektive Wirklichkeit ruht noch nicht auf einem sicheren *sozialen* Fundament auf. Vor allem aber: Er hat dieses neue Fundament noch nicht reflektiert.

Verlassen wir diesen extremen Fall der totalen *Umwandlung* der subjektiven Wirklichkeit und wenden uns einer weniger totalen und einer ganz alltäglichen Transformation zu. Meine diesbezügliche These lautet, dass im Grunde das ganze Leben aus mehr oder weniger bewussten, merklichen oder unmerklichen Transformationen der subjektiven Wirklichkeit besteht. Eine bewusste und merkliche ist die *Therapie*, eine weniger bewusste und unmerkliche ist die *biographische Erinnerung*. Von der Konversion unterscheiden sich diese beiden Transformationen, dass sie keinen totalen Bruch zwischen einer alten und einer neuen Wirklichkeit, sondern eine Modifikation der subjektiven Wirklichkeit darstellen. Anders: Alter Wein wird in neue Schläuche gefüllt.

7.3 Therapie

Wir haben oben die Therapie als eine angewandte Form der theoretischen Stützung der *objektiven* Wirklichkeit kennen gelernt. Sie hat die gesellschaftliche Funktion, in „falsch" verlaufende Sozialisationsprozesse einzugreifen, um Zweifler an der institutionalen Ordnung innerhalb der Sinnwelt zu halten oder Gescheiterte zurückzuholen. Und ich habe auch gesagt, dass mittels Therapie subjektive Wirklichkeit so korrigiert werden soll, dass sie mit der objektiven korrespondiert. Hier nun betrachte ich Therapie aus der Sicht des Individuums und frage, was sie für die Konstitution der subjektiven Wirklichkeit bedeutet. Dabei lege ich den Schwerpunkt auf das *Wissen* des Individuums um seine *Identität* in einer vertrauten subjektiven Wirklichkeit, die ggf. korrigiert werden muss, bzw. in einer neuen, die erst herzustellen ist. Es geht also um psychologische Therapien im weitesten Sinn und ihren Effekt auf die subjektive Konstruktion der Wirklichkeit.

Einige Therapien beginnen mit ausführlichen Lebensberichten, andere ermuntern die Patienten, ihre Träume zu deuten oder zu tatsächlichen Erlebnissen oder gedachten Bildern zu assoziieren. Auf diese Weise sollen sie den Rahmen finden, in dem ihre Identität Kontur gewonnen oder Schaden gelitten hat. In diese Rekonstruktion spielen immer wieder die Erfahrungen mit hinein, die das Individuum aktuell mit sich und seiner sozialen Situation macht. Und auch sie sollen nach und nach erklärt werden. Schließlich soll das Individuum im Vergleich der beiden Erklärungsprozesse auch entdecken, dass die Erklärungen durch bestimmte Bilder, die es von sich hat, beeinflusst sind. Sie können lange unbewusst sein oder von Anfang an und ganz entschieden ins Spiel gebracht worden sein, und sie können mit Ängsten besetzt sein oder Wünsche beinhalten, wer man sein möchte. In dem Maße, wie das Individuum die Differenz zwischen dieser gedachten Zukunft und jenem Rahmen begreift, beginnt die Revision der Identität, diesmal gedacht als die Vorstellung des Individuums von sich selbst als Verantwortlicher für eine neue Wirklichkeit.

Der erste und entscheidende Schritt ist, dass das Individuum sich zutraut, das Bild einer neuen Identität in *neuen* Begriffen zu denken. Bestimmte Therapien halten den Patienten auch an, nach den neuen Erklärungen des Sinns seines Lebens konkret zu *handeln*. Es werden kleine Szenen des Alltags unter der Vorgabe einer neuen Identität durchgespielt. Wichtig ist, dass es Szenen des normalen Lebens sind, denn dort – und nicht in einer wohligen Scheinwelt, in die sich Patienten manchmal zu flüchten suchen – hat sich das Individuum zu bewähren. Des-

halb wird es auch aufgefordert, die Entwürfe der neuen Identität sukzessive vor den *bekannten* Bezugspersonen zu *behaupten*.
Wer sich mit Therapeuten oder Patienten unterhält, weiß, wie
schwer das ist. Wer selbst eine solche Krise der Identität durchgemacht
hat, weiß, dass die Erfahrung einer „falschen" oder gebrochenen Identität nur die eine Seite des Leidens ist. Die andere ist die Erfahrung, dass
der gesellschaftliche Rahmen, in dem eine „richtige" oder stabile Identität gefunden werden soll, selbst diffus geworden ist. Die Lebenswelt
als der engste Raum der individuellen Sinnorientierung ist in der Moderne strukturell in eine Krise geraten. Das werde ich gleich unter dem
Stichwort der Pluralisierung und der These vom „Ende der Eindeutigkeit" behandeln.

Therapien setzen „neue Wirklichkeitsakzente" und helfen dem Individuum, in seiner subjektiven Wirklichkeit eine neue „überzeugende
Plausibilitätsstruktur" (Berger u. Luckmann 1966, S. 168) aufzubauen.

7.4 Biographische Erinnerung: Die Vergangenheit wird auf die subjektive Wirklichkeit abgestimmt

Transformationen der harmloseren Art stellen die laufenden Vorstellungen von uns dar, wer wir heute sind und deshalb[2] früher gewesen
sein sollen.

In seiner „Einladung zur Soziologie" überschreibt PETER L. BERGER
einen Exkurs „Lebenslauf und Lebensläufe oder: Vergangenheit nach
Maß und von der Stange" (Berger 1963, S. 64). Dort räumt er gleich
mit der gängigen Auffassung auf, „dass die Vergangenheit im Unterschied zum ewig strömenden Fluss der Gegenwart fest stehe, starr und
unveränderlich sei", und behauptet: „Ganz im Gegenteil, sie ist ge-
schmeidig, biegsam und dauernd im Fluss für unser Bewusstsein, je
nachdem die Erinnerung sie umdeutet und neu auslegt, was sich ereignet hat." Wir haben, fährt Berger fort, „so viele Leben, wie wir Lebens-
einstellungen haben" (S. 67).

---

2 Die Kausalität ist beabsichtigt und soll die These, die in der Überschrift steckt, in
feiner Ironie noch einmal aufnehmen.

Menschen, die ganz fest an sich glauben, sind genau so oft der festen Meinung, sie seien sich im Grunde immer gleich geblieben und ihr Leben sei in gerader Linie bis zu dem Punkt verlaufen, wo sie gerade sind, wie die, die nicht ohne Not über die Frage nachdenken, wer sie sind. Die Nachdenklichen scheinen genau so an die mehr oder weniger gerade Linie der Entwicklung zu glauben wie die Bekümmerten, ja, gerade sie stoßen in ihrer Erinnerung immer wieder auf Situationen, die „genau" erklären, warum sie heute so sind, wie sie sind.

Ist es ein Beleg für Evidenz? Nein: Wir „alle spielen mit der Geschichte; (…) in den meisten Fällen handelt es sich allerdings dabei nur um einen partiellen und allenfalls halbbewussten Vorgang. Man retouchiert die Vergangenheit und lässt, was man für sein gerade bevorzugtes Selbstbild brauchen kann, unangerührt. Diese ständigen Retouchen und Korrekturen werden nur selten zu einer abgerundeten, deutlichen Selbstvorstellung integriert. Nur wenige Menschen malen in voller Absicht an einem großformatigen Selbstporträt. Die meisten torkeln eher wie Betrunkene an der Leinwand ihres Lebens vorbei, bringen hier ein paar Farbtupfen an, radieren dort ein paar Striche aus und halten nie inne, um die Ähnlichkeit des Bildnisses zu prüfen. Mit anderen Worten: Der existentialistische Gedanke, dass der Mensch sich selbst erschafft, hat unsere volle Zustimmung, wenn wir hinzufügen dürfen, dass die Erschaffung größtenteils zufällig und allenfalls halbbewusst zustande kommt." (Berger 1963, S. 71)

Die biographische Erinnerung ist immer Interpretation, und für die subjektive Wirklichkeit gibt es viele Vergangenheiten. Während bei der Therapie die Vergangenheit in eine neue subjektive Wirklichkeit transformiert wird, geht die Transformation bei der Erinnerung in die andere Richtung: Die aktuelle subjektive Wirklichkeit transformiert die Vergangenheit in eine *passende* Vergangenheit.

ANSELM STRAUSS stellt fest, dass selbst ausgeführte Handlungen „in gewisser Hinsicht niemals vollendet" sind: „Allein die Möglichkeit der Erinnerung erlaubt eine Neubewertung. Das kann ganz unbewusst vor sich gehen, denn der Prozess des Erinnerns impliziert Selektion und Rekonstruktion des realen Geschehens; gewisse Aspekte der erinnerten Handlung entfallen oder bleiben im Hintergrund, andere dagegen rücken in den Vordergrund. Wir ändern unsere Einstellung zu vergangenen Akten nicht unbedingt, aber möglicherweise; einige für wichtig gehaltene Akte werden unter Umständen so viele Male re-interpretiert, wie neue Orientierungen oder Fakten zugänglich werden." (A. Strauss 1959, S. 31)

Manche Akte werden auch einfach aus der Biographie gestrichen, wie schon FRIEDRICH NIETZSCHE wusste. Seine Meinung von der schöpferischen Leistung unseres Gedächtnisses lautet so: „»Das habe ich getan«, sagt mein Gedächtnis. »Das kann ich nicht getan haben« – sagt mein Stolz und bleibt unerbittlich. Endlich – gibt das Gedächtnis nach." (Nietzsche 1886, IV, 68. Spruch)

Fokussieren wir den Blick auf die Transformationen der subjektiven Wirklichkeit wieder auf die Identität als dem Bild, das das Individuum von sich zum Zeitpunkt der Erinnerung jeweils hat: Erinnerung ist nachträgliche Bewertung einer biographischen Identität *damals* zum Zwecke einer Identität, wie wir sie *heute* brauchen. Die biographische Identität ist eine Ordnung vom Ende her. Es ist, als ob man jeder Epoche seines Lebens „im Zeichen des Endprodukts einen Sinn gäbe" (A. Strauss 1959, S. 158). „Die Vergangenheit", heißt es bei GEORGE HERBERT MEAD, „ist ein Überfließen der Gegenwart" (1929, S. 341). Und das Gedächtnis ist wohltätig: Es vergisst im Laufe der Zeit vieles, was nicht mehr zu uns passt.

Wer auf sein Leben zurückblickt und feststellt, wie sich die Dinge verändert und Prioritäten verschoben haben, muss diese Erfahrung irgendwie auf die Reihe kriegen. Das erfolgt in einer kontinuierlichen Glättung der Aufs und Abs zu einer schönen aufsteigenden Linie, die auf wundersame Weise just da endet, wo man gerade ist. Anselm Strauss sieht es so: „Das Bewusstsein einer Konstanz der Identität ist also eher auf seiten des Beobachters als »im« Verhalten selbst." (1959, S. 159) Wir unterziehen die Erinnerung an unsere Identität kontinuierlich einem update. Solche unmerklichen oder ausdrücklichen Revisionen erfolgen laufend und unbewusst. Wir sollten sie auch nicht moralisch werten – weder bei uns, noch bei den anderen! –, sondern einfach sehen, was sie für das Individuum sind: Sie sind der Versuch, eine

Kontinuität in das schweifende Leben zu bringen und das Bild von sich selbst vor den wechselnden Spiegeln der Anderen zusammenzuhalten. Wenn ULRICH BECK davon spricht, Individualität mache alles aus, was man gewesen ist und gleichzeitig ist, denkt und tut (Beck 1993, S. 152), dann muss man sagen, dass in der ersten Hinsicht manches im Nachhinein noch in die richtige Form gebracht werden kann. Virtuosen der Identität schreiben ihre Biographie immer wieder zu einer Erfolgsgeschichte um. In der Tendenz gehen wir alle so mit den Bildern von uns in der Vergangenheit und den Ereignissen, die wir damit assoziieren, um. Nicht jeder wird sich dabei freilich am Ende einer individuellen Erfolgsgeschichte sehen, aber unter dem Strich werden die allermeisten in ihrer Biographie das Passende finden, um plausibel für sich und die anderen zu erklären, dass sie heute so sind, wie sie sind.

Soziologisch lebt das Individuum in einer doppelten Welt: in der *objektiven* Welt, deren Wirklichkeit von der Gesellschaft konstruiert ist, und in seiner *subjektiven* Welt, die es sich im Laufe des Lebens selbst zurechtbastelt. Wie es die erste bis zum Beweis des Gegenteils für wirklich und richtig hält, so hält es die zweite für wirklich und wahr. Die subjektive Wirklichkeit ändert sich unaufhörlich. Sie befindet sich in einer permanenten, unmerklichen Transformation der Relevanzen. Das wiederum impliziert, die biographische Vergangenheit kontinuierlich auf Vordermann zu bringen. Doch das sagte ich schon ...

Die „Umgestaltung der Vergangenheit" ist ziemlich sicher „so alt wie der homo sapiens", heißt es bei Berger, – „ausgesprochen modern bei diesem Spiel mit der Neuschöpfung der Welt sind nur die Häufigkeit und Hast der Uminterpretationen im Leben des einzelnen und die zunehmende Selbstverständlichkeit, mit der heute zwischen verschiedenen Weltverständnissen gewählt wird." (Berger 1963, S. 67f.) Einen Hauptgrund sieht Berger in der wachsenden geographischen und sozialen Mobilität. Ein anderer dürfte aber ganz sicher in der Konfrontation mit der *Pluralisierung der symbolischen Wirklichkeit* liegen. Um sie und das daraus erwachsende Problem der modernen Identität wird es gleich gehen.

Vorher aber muss noch angesprochen werden, dass das Individuum auch die *Zukunft* seines Handelns mit erzeugt. Die objektive Wirklichkeit, in der wir leben, ist eine gesellschaftliche Konstruktion. Sie wird uns im unaufhörlichen Prozess der Sozialisation nahegebracht. Wir lernen, wie wir die Dinge um uns herum zu sehen haben. An dieser Konstruktion sind wir natürlich auch selbst beteiligt – vor allem durch unser bereitwilliges Handeln. Doch unbewusst erzeugen wir die objektive Wirklichkeit auch immer selbst – durch unsere Annahmen über die künftigen Bedingungen unseres Handelns! Wir erzeugen die Zukunft mit. So muss man die These von der „self-fulfilling prophecy" lesen.

7.5 Self-fulfilling prophecy: Die subjektive Erzeugung einer objektiven Zukunft

Bei den ersten Überlegungen über „Wissen" und die „Wahrheit der Wirklichkeit"[3] habe ich WILLIAM I. THOMAS, einen der Gründungsväter der amerikanischen Soziologie, mit dem Satz zitiert „Wenn Menschen Situationen als real definieren, haben sie reale Konsequenzen" (Thomas u. Thomas 1928, S. 114). Diesen Satz stellt ROBERT K. MERTON, der so gerne über den Zusammenhang von Erkenntnis- und Gesellschaftsstrukturen nachgedacht hat, an den Anfang seines berühmten Aufsatzes über die „self-fulfilling prophecy" aus dem Jahre 1948. Wäre dieser Satz besser bekannt, schreibt er, „so würden die Menschen besser verstehen, wie unsere Gesellschaft funktioniert" (Merton 1948, S. 144).

Ich will dieses sog. Thomas-Theorem nicht gleich zur Erklärung der ganzen Gesellschaft heranziehen, sondern zur Begründung meiner These nutzen, dass zum unbewussten Alltagsrepertoire der Konstruktion unserer subjektiven Wirklichkeit gehört, ihre künftigen objektiven Bedingungen mit zu schaffen. Zum Verständnis dieser These rufe ich kurz noch einmal eine Grundannahme des *Symbolischen Interaktionismus* über die *Bedeutung der Dinge* in Erinnerung und folge dann Mertons Erklärung über die sozialen Effekte der self-fulfilling prophecy.

---

3 Siehe oben Kap. 1 „Prolegomena über Wissen und Wirklichkeit", Anm. 2, und Kap. 2.1 „Ein klassischer Verdacht: ‚Die' Wirklichkeit ist vielleicht nicht wahr, aber sie ‚wirkt'."

Anders als soziologische Theorien, die die Objektivität der Gesellschaft und der Handlungen mit der Normativität von Strukturen und Rollen erklären, stellt der Symbolische Interaktionismus das Individuum und seine Fähigkeit, die Bedingungen seines Handelns *selbst* zu gestalten, in den Mittelpunkt soziologischer Analyse. Weiter sagt HERBERT BLUMER, der dieser Theorie den Namen gegeben hat, dass Menschen Dingen (things) gegenüber auf der Grundlage der Bedeutungen (meanings) handeln, die die Dinge für sie haben. Dinge sind alles, was der Mensch wahrzunehmen vermag oder worauf er sich beziehen kann, vom physischen Objekt bis zum abstrakten Ideal. Die Bedeutungen liegen nicht in den Dingen selbst, sondern sie werden aus den sozialen Interaktionen abgeleitet oder entstehen erst in ihnen. Natürlich bringen wir in die Interaktion die Bedeutungen mit, die wir im Laufe unserer Sozialisation gelernt haben, aber sie werden erst *objektiv wirklich*, indem sie in der Interaktion gehandhabt und von den anderen zugelassen werden.

Indem wir uns gegenseitig die Bedeutungen, die wir der Situation und dem wechselseitigen Handeln beimessen, anzeigen, definieren wir die Situation und uns als Handelnde. Und das haben wir gerade bei Thomas wieder mal gehört: Wenn wir Dinge als real definieren, hat das reale Konsequenzen. Nehmen wir zunächst den Fall, dass wir für uns eine Wirklichkeit definieren. Wenn wir z. B. eine mündliche Prüfung für das Schrecklichste halten, was einem Menschen passieren kann, und „wissen", dass der Prüfer „jeden" fertig macht, der nicht sofort auf jede Frage antworten kann, dann ist es ja nicht unwahrscheinlich, dass wir in der Prüfung blockieren. Die Individuen konstruieren durch ihre Definitionen die objektive Realität und damit die Bedingungen ihres Handelns selbst.

Lenken wir nun den Blick auf die *soziale* Situation, wo also mindestens zwei Individuen miteinander zu tun haben. Nach der Theorie des Symbolischen Interaktionismus zeigen sich die Menschen durch ihre Sprache und ihr Verhalten wechselseitig an, wie sie den anderen sehen, welche Bedeutung sie einer bestimmten Situation beimessen, wie sie die Effekte ihres Handelns *interpretieren* und so die Bedingungen des nächsten Handelns definieren. Gehe ich z. B. mit strahlendem Gesicht

auf den jungen Mann, der da gerade kühn die Gummiente aus der Bran-
dung gerettet und dann auch noch den kleinen Jungen getröstet hat, mit
den Worten zu „Sie sind aber ein netter Mensch!", dann ist es ja nicht
unwahrscheinlich, dass sich ganz ohne soziologische Reflexion eine
Definition der Situation an die andere reiht. Soziologisch: Die beiden
produzieren in der Interaktion füreinander fortlaufend symbolische
Zeichen und deuten damit an, wie sie den Sinn der Interaktion verstehen. Antwortet der eine z. B. kurz und knapp, das sei nicht der Rede
wert, und geht seiner Wege, war's das wohl. Testet er die Situation
dagegen mit den Worten „Finden Sie?!", definiert er die nächste Situation für den anderen schon als Aufforderung zu einer Antwort. Wie es
weitergehen könnte, können Sie sich selbst ausmalen. Im puren Alltag
könnte es der Beginn eines Flirts sein, nach der Theorie des Symbolischen Interaktionismus hätten beide im Sinn, zu einer gemeinsamen
Definition der Situation zu kommen.

Jede Definition strukturiert die weiteren Interaktionen, und Interaktionen erhalten sich nur so lange, wie leidlich gemeinsame Definitionen vorgenommen werden. Um diese *gemeinsame* Definition geht es
beim Vorurteil, das ja auch eine Definition der Situation darstellt, gerade nicht! Vorurteile definieren Personen oder Gruppen und strukturieren Interaktionen und soziale Beziehungen, aber die Chance, die Definitionen der beteiligten Personen und den Sinn der Situation einver-
nehmlich auszuhandeln, ist strukturell nicht gegeben.

Betrachten wir vor diesem Hintergrund nun Mertons Erklärung der
„Eigendynamik gesellschaftlicher Voraussagen"[4]. Er versteht den ersten Teil des Thomas-Theorems ganz in dem oben[5] skizzierten symbo-
lisch-interaktionistischen Sinne, „dass die Menschen ihr Verhalten
nicht nur nach den objektiven Gegebenheiten einer Situation ausrich-
ten, sondern auch, und mitunter vorwiegend, nach der *Bedeutung* (Hervorhebung H. A.), die diese Situation für sie hat" (Merton 1948, S.

---

4 So lautet die deutsche Übersetzung des Titels des Aufsatzes von 1948.
5 Vgl. Kap. 2.8 „Blumer: Die Bedeutung der Dinge erwächst aus den Interaktionen
   der Individuen".

145). Diese Bedeutung bestimmt ihr nächstes Verhalten und dessen Konsequenzen.

Merton veranschaulicht die Eigendynamik sozialer Voraussagen an einer Parabel: In den 1930er Jahren, in denen sich die Arbeiter in den USA ihren Wochenlohn immer Freitags bei der Bank abholten, kommen in einer kleinen Lokalbank plötzlich an einem Mittwoch alle Arbeiter der beiden größten Fabriken in die Bank und fordern ihr Geld. Es hatte sich nämlich das Gerücht verbreitet, die Bank sei nicht liquide, und deshalb suchte jeder zu retten, was zu retten war. Prompt war die Bank, die sich so schnell gar nicht auf die vorgezogenen Forderungen umstellen konnte, nach kurzer Zeit tatsächlich pleite. Dass diese Parabel nicht aus der Luft gegriffen ist, lehrt die Geschichte: In den 1930er Jahren brachen weltweit Banken zusammen, Ende 2005 versuchten in Deutschland Hunderttausende im letzten Moment noch aus einem Investmentfond zu fliehen und setzten dadurch erst recht die Spirale der Verluste in Gang, und jeden Tag erklären uns die Quasselstrippen vom Börseninfo, welche Gerüchte und Spekulationen die Kurse rauf oder runter getrieben haben könnten.

Die Definition einer Situation wird zum „integralen Bestandteil" der Situation und beeinflusst alle späteren Entwicklungen. (Merton 1948, S. 146) Definitionen stellen Weichen! Merton gibt zwei Beispiele: Wer überzeugt ist, dass er in der Prüfung durchfällt, verwendet mehr Zeit auf's Zittern als auf's Lernen – und fällt prompt durch. Ein Land, das einen Krieg mit dem „bösen" Nachbarn für unvermeidlich hält, wird sich mächtig aufrüsten und immer misstrauischer beobachten, was jenseits der Grenzen, wo man inzwischen wahrscheinlich auch schon mit vorsorglicher Aufrüstung zu Gange ist, passiert. Wenn sich die wechselseitigen Definitionen der bösen Absichten der anderen hochgeschaukelt haben, bedarf es nur eines banalen Anlasses, um den Krieg zu beginnen: Die Voraussage hat sich erfüllt!

Merton beschreibt den Startpunkt dieses Definitionsprozesses und seinen Effekt so: Am Anfang der self-fulfilling prophecy steht eine „falsche Definition der Situation", die ein bestimmtes Verhalten hervorruft, das schließlich die Definition als richtig erweist. (Merton 1948, S. 146)

Diese Überlegungen stoßen uns geradezu auf die Effekte sozialer Vorurteile. In Anlehnung an Merton, der in diesem Aufsatz mit den USA heftig ins Gericht geht, konstruiere ich ein Beispiel: Führende Kreise einer Gesellschaft sind der festen Meinung, dass Schwarze von Natur aus dümmer sind als Weiße und dass Erziehung daran auch nichts ändern kann. In der Schule wird wenig von ihnen erwartet und noch weniger in eine besondere Förderung investiert. Wenn dann herauskommt, dass die allermeisten schwarzen Jugendlichen in schlecht bezahlten und wenig anspruchsvollen Jobs landen – wenn überhaupt! –, dann haben es die von der ersten Definition schon immer gewusst: „Schwarze sind ...". Aus der Distanz des Wissenssoziologen kann man sagen: „Die trügerische Richtigkeit der »self-fulfilling prophecy« verewigt die Herrschaft des Irrtums." (Merton 1948, S. 146)

Wir sollten diesen Mechanismus der subjektiven Konstruktion einer objektiven Wirklichkeit im Hinterkopf behalten, wenn es jetzt um die Frage geht, unter welchen „objektiven" Bedingungen Identität in der Moderne gefunden, gehalten oder transformiert wird. Dieser Appell ist nicht ganz wertfrei, aber ich denke, dass ein Problem, das manche in und mit der Moderne haben, auch einen Ausblick auf eine mögliche Lösung verdient!

Für alle Fälle und ganz ohne Wertung erinnere ich noch einmal an den soziologischen Kontext, in dem ich das folgende Problem angesprochen habe: Es ging um die Umgestaltung der Vergangenheit zum Zwecke der Anpassung an eine subjektive Wirklichkeit, wie wir sie heute für wirklich und richtig halten. Das Problem, habe ich Peter L. Berger zitiert, ist so alt wie die Menschheit. Ausgesprochen neu sind aber das Tempo und die (scheinbare?) Unbekümmertheit, mit der wir Konstrukteure zu Werke gehen.

8 Die Pluralisierung der symbolischen Wirklichkeit und das Problem der modernen Identität

ULRICH BECK schildert in seinem Buch „Risikogesellschaft. Auf dem Weg in eine andere Moderne" eine Wirklichkeit, die „aus den Fugen zu geraten scheint" (Beck 1986, S. 12). Aus den Fugen geraten ist sie aus verschiedenen Gründen. Stichworte genügen: Aufklärung geglaubter Gewissheiten und der Verlust von Sicherheiten, Sinnkrise, Rationalisierung der Arbeit und ungleiche Lebenslagen, globale Risiken und Zerstörung der Natur, Widersprüchlichkeit und Beliebigkeit politischer Legitimationen. Die Gesellschaft ist sich selbst zum Risiko geworden.

Und das Individuum? Es kann längst nicht mehr hoffen, dass sein Leben in festen Bahnen und nach „normalen" Mustern, an die alle glauben, verlaufen wird. Die gesellschaftliche Wirklichkeit ist nämlich nicht nur komplexer und beweglicher geworden, sondern die Begründungen, die für die einzelnen gesellschaftlichen Teilsysteme abgegeben werden und für die zahllosen Möglichkeiten des Handelns gefunden werden können, haben sich ins Unüberschaubare *pluralisiert*.

Die gesellschaftliche Wirklichkeit ist nicht mehr eindeutig, soziale Normen verflüssigen sich. Unser Bewusstsein von der Komplexität der Welt und von uns selbst ist vage und fragmentarisch. Das Risiko, in einer „falschen" Wirklichkeit stecken zu bleiben oder in einer „richtigen" Wirklichkeit falsche Entscheidungen zu treffen, ist groß. Dass man von einer „falschen" oder „richtigen" Wirklichkeit nur in dem Sinne der von Berger und Luckmann beschriebenen gesellschaftlichen Konstruktion sprechen darf, macht das Problem nicht kleiner, sondern umso größer!

8.1 Entzauberung und Pluralisierung

Was die Muster der sozialen Beziehungen, der individuellen Lebensführung und der kulturellen Überzeugungen angeht, gibt es in der Moderne einen weit gefächerten Pluralismus, der keineswegs abgeschlossen ist, sondern weitergeht. Deshalb spreche ich auch von einem Prozess der Pluralisierung.

Der Pluralismus der symbolischen Wirklichkeit ist das Ergebnis einer kulturellen und einer sozialen Differenzierung, die seit Jahrhunderten im Gang ist und in der Bundesrepublik wie überhaupt in allen westlichen Gesellschaften nach dem Zweiten Weltkrieg an Fahrt gewonnen hat.

Der Pluralismus der europäischen Moderne hat eine Wurzel in den geistigen und religiösen Auseinandersetzungen um die *Reformation*. Bis dahin verband sich mit dem „Begriff der Christenheit" die Annahme, dass „alle Menschen in einem Machtraum in ein einziges, gemeinsames und übergreifendes Sinnsystem" (Berger u. Luckmann 1995, S. 34) einbezogen sind. Dieser Gedanke der Einheit wurde durch die Reformation erschüttert.[1] Damals gerieten „Wahrheiten", die sich überdies auf eine gemeinsame Wurzel beriefen, in entschiedene Konkurrenz. Hüben und drüben verfestigten sich praktische Überzeugungen zu dogmatischen Gewissheiten, die sich unversöhnlich gegenüber standen. Mit dieser Konkurrenz war aber der Zweifel an der „einzigen" Wahrheit in der Welt. Alternativen waren nicht nur denkbar, sondern sie wurden auch gelebt!

---

1 Das Ganze hatte natürlich eine geistige, aber auch ökonomische und kulturelle Vorgeschichte. Vgl. dazu Abels 2006, Kap. 4 „Ökonomische Entwicklungen im Wandel zur Moderne", Kap. 5 „Normative Krisen" und Kap. 6 „Humanismus: Der Mensch lernt Zutrauen zu sich selbst".

Mit dem Glaubensstreit wurden unterschiedliche Wahrheiten über die Stellung des Menschen in der Welt und über den Sinn des Lebens etabliert. Im Kern wurde damit nicht nur die Bindung der Religion gelockert, sondern in bestimmten protestantischen Strömungen wurde auch der Gedanke propagiert, dass sich der Mensch als *Einzelner* seinem Gott zu stellen hat. Mit der protestantischen Ethik kam die Forderung nach einer rationalen, systematischen Lebensführung in die Welt, deren Erfolg auch zunächst einmal in *dieser* Welt nachzuweisen war. Diese Einstellung entfernte sich mehr und mehr von einer *einheitlichen*, transzendentalen Letztbegründung des Handelns. Der symbolische Rahmen, in dem die Individuen ihren Weg durch ihr eigenes Leben finden *sollten*, wurde immer diffuser. Die Entscheidung für einen „richtigen" Weg fiel letztlich den Individuen zu.

Der Pluralismus ist zweitens das Ergebnis der *Arbeitsteilung*, in der sich funktionale Logiken zu spezifischen gesellschaftlichen Bereichen notwendig durchsetzten.

Und schließlich ist der Pluralismus eng mit der Entwicklung der *städtischen* Gesellschaft verbunden. Letzteres ist insofern wichtig, weil Zahl, Dichte und Spezifität der Kommunikationen die Stadt zu einem permanenten Wechsel zwischen Teilwelten und Systemen zwangen. Hier vollzog sich der soziale Wandel am ehesten, und dort beschleunigte er sich auch. Wenn man die Stadt als Prinzip und Form sozialer Beziehungen bzw. der Erzeugung und Verteilung von *neuem* Wissen versteht, dann ist in Zeiten der Massenmedien natürlich längst jedes noch so abgelegene Dorf städtisch: Niemand entgeht dem ständigen Strom der Informationen über die Welt und der neuesten Muster, wie sich Menschen in ihrem Leben orientieren. Auf die Konsequenzen für die *Identität* komme ich gleich zu sprechen.

DAVID RIESMAN (1950) hat die Orientierung des Menschen in der fortgeschrittenen Moderne als „Außenleitung" bezeichnet. Wir tun etwas nicht, weil wir damit einer leitenden Idee folgten, sondern weil bestimmte Andere, die uns wichtig sind, das auch so tun. Die Informationen darüber, was die Anderen tun, was also offensichtlich Mode und Gebot ist, liefern uns die Massenmedien. Die Totalversorgung besonders durch das Fernsehen beschert uns nicht nur immer neue Muster, wie „man" heutzutage seinen Weg durch das Leben geht, sondern schwächt mit jeder neuen Erklärung des Lebens, die uns mit diesen Mustern ja ungefragt ins Haus geliefert werden, jede frühere, an die wir uns vielleicht gerade gewöhnt haben. Über die Medien werden wir auf der einen Seite in die Pluralisierung der kulturellen Orientierungen hineingezogen, und zugleich werden wir von ihnen weggezogen.

Beck spricht von einem „Gestaltwandel" im Verhältnis von Individuum und Gesellschaft und einem neuen „Modus der Vergesellschaftung". Er nennt ihn „Individualisierung" (Beck 1986, S. 205). Eine entscheidende Dimension dieser Lockerung im Verhältnis zwischen Individuum und Gesellschaft bezeichnet Beck als *Entzauberung*. Darunter versteht er den „*Verlust von traditionalen Sicherheiten* im Hinblick auf Handlungswissen, Glauben und leitende Normen" (a. a. O., S. 206).

Was unter Entzauberung zu verstehen ist, ahnen wir spätestens nach MAX WEBERS düsterer Analyse der Moderne. Für ihn ist Kennzeichen der Moderne die totale *Rationalisierung* des Lebens. (vgl. 1919, S. 488) Weber erklärt sie mit dem Aufschwung der analytischen Wissenschaft und mit der Forcierung von Technik und Wirtschaft. Vor allem in diesen beiden Bereichen sind zweckrationales Handeln, Berechenbarkeit und Standardisierung das Geheimnis des Erfolgs. In der „Protestantischen Ethik" hat Weber die Konsequenz des zweckrationalen Handlungsprinzips beschrieben: „Die heutige kapitalistische Wirtschaftsordnung ist ein ungeheurer Kosmos, in den der Einzelne hineingeboren wird und der für ihn, wenigstens als Einzelnen, als faktisch unabänderliches Gehäuse gegeben ist, in dem er zu leben hat. Er zwingt dem Einzelnen, soweit er in den Zusammenhang des Marktes verflochten ist, die Normen seines wirtschaftlichen Handelns auf." (Weber 1904/05a, S. 165f.)

Zweckrationalität ist das Prinzip des Handelns in der Wirtschaft, auf dem Markt, im Beruf. Inzwischen durchdringt es allerdings auch das Handeln außerhalb dieser Bereiche. An die Stelle einer subjektiv gefühlten *Verbundenheit*, die für eine *Gemeinschaft* typisch ist, tritt in der modernen *Gesellschaft* mit ihren standardisierten Institutionen ein Handeln, das auf *sachlichen Interessen* basiert. Ohne Rücksicht auf individuelle Gefühle, Wünsche und Fähigkeiten beugt die Gesellschaft das Individuum rein unter den Sachzwang. Für die Frage nach einem übergreifenden Sinn seines Handelns hält die Gesellschaft keine verbindlichen Antworten mehr bereit. Deshalb sei, ich wiederhole Webers düstere Diagnose ein Jahr vor seinem Tod, auch das Schicksal seiner Zeit „mit der ihr eigenen Rationalisierung und Intellektualisierung, vor allem: *Entzauberung* der Welt, dass gerade die letzten und sublimsten Werte zurückgetreten sind aus der Öffentlichkeit." (Weber 1919, S. 510)

An dieser Entzauberung waren viele beteiligt, nicht zuletzt die Wissenschaften, die die Frage nach dem Sinn des Lebens auf ihre Fahne geschrieben haben. In Philosophie und Theologie wurden letzte Wahrheiten relativiert und letztlich pluralisiert. In Wirtschaft, Technik und Gesellschaft ermächtigte sich der Mensch, die Verhältnisse selbst zu steuern. Die Erfolge, die er dabei zweifellos erzielte, ließen die Frage nach letzten Wahrheiten gar nicht mehr aufkommen. Auf dem Markt brauchte man sie nicht, und im Beruf und in der gesellschaftlichen Öffentlichkeit auch nicht. Sie wurden zur Privatsache erklärt, aber da das Individuum permanent in einer bestimmten Weise sozialisiert wird, kommt die Frage nach letzten Wahrheiten auch dort kaum hoch. Das verhindern auch die Medien, indem sie fortlaufend eine scheinbar sinnvolle Normalität des Denkens und Handelns verdoppeln oder plausible Antworten auf Fragen geben, die sie selbst vorher als wichtig deklariert haben. Nicht nur selbst, das heißt anders zu denken wird so im Keim erstickt, sondern schon das Bedürfnis zu fragen. Um einen Spruch von FRIEDRICH NIETZSCHE zu variieren[2], möchte ich sagen: Wir nehmen das „Wie" einfach hin und vergessen (oder verdrängen?), dass man nach einem „Warum" fragen könnte.

Die entzauberte Moderne gibt dem Individuum nicht das, was es braucht – einen Sinn des Lebens, den es mit anderen teilt. Für Weber liegt die Konsequenz auf der Hand: *die „innere Vereinsamung des einzelnen Individuums"* (Weber 1904/05b, S. 93). Ähnlich hat GEORG SIMMEL die Lage des Individuums unter der Last der versachlichten,

---

2 Genau heißt er: „Ist man über das »Warum?« seines Lebens mit sich im Reinen, so gibt man dessen »Wie?« leichten Kaufs dahin." (Nietzsche 1901, 790)

objektiven Kultur beschrieben: Es ist „zu einer quantité négligeable herabgedrückt, zu einem Staubkorn gegenüber einer ungeheuren Organisation von Dingen und Mächten, die ihm alle Fortschritte, Geistigkeiten, Werte allmählich aus der Hand spielen". (Simmel 1903, S. 129f.)

Es gibt keine verbindlichen Sinnsysteme mehr, auf die sich alle bezögen. Das wurde nicht erst durch die Aufklärung in Gang gesetzt, erhielt aber dort seine moralische und politische Rechtfertigung. Ganz entscheidend haben im 20. Jahrhundert die Medien, und hier vor allem das Fernsehen, dazu beigetragen, dass aus der Darstellung der Fülle des Lebens für alle wenigstens *ein* Schluss herauskam: Für fast alles gibt es gute Gründe, und kein Wert und keine Norm, kein Geheimnis und kein Glaube ist im Prinzip besser oder schlechter als ein anderer. Entzauberung heißt denn auch, dass *naives Vertrauen* auf einen festen Sinn nicht mehr möglich ist.

Individualisierung beinhaltet Entzauberung von Gewissheiten *und* Freisetzung des Individuums zu eigenen Entscheidungen. Obwohl Werte und Orientierungen fast beliebig werden, müssen sie gleichwohl entschieden werden. Das erste bedeutet *Pluralisierung*, und zwar Pluralisierung in vielerlei Hinsicht und in verschiedenen Bereichen des Lebens gleichzeitig. Das zweite heißt, dass neue soziale *Konstellationen* entstehen oder hergestellt werden müssen, in denen gehandelt wird.

Das Individuum muss im Grunde ohne Netz und doppelten Boden alles selbst erfinden, entscheiden – und vor anderen rechtfertigen! In dieser Hinsicht trifft es den einen mehr und den anderen weniger. Der eine ist zu einem solchen Verhalten mehr in der Lage als ein anderer; dieser ist in soziale Beziehungen eingebunden, die eine relative Sicherheit in dieser Hinsicht geben, und jener ist ratlos auf sich gestellt. Die von Weber so bezeichnete „Intellektualisierung, Rationalisierung und Entzauberung der Welt" hat einen Mentalitätswandel nach sich gezogen: Wenn das Individuum wissen will, wer es ist, dann hat es sich selbst zu erfinden – oder sich an Moden und Konjunkturen zu halten, in denen es lernt, das tun zu wollen, was es tun soll.

8.2   Das Ende der Eindeutigkeit

Doch das Problem liegt tiefer: Es trifft das einzelne Individuum und die Gesellschaft insgesamt, denn die Pluralität der Wirklichkeit, für die sich im Einzelfall immer gute Gründe finden lassen, hat zur Folge, dass dem *Individuum* die Anschlüsse des Handelns der Anderen an sein Handeln und der *Gesellschaft* die Zustimmung zu der Legitimation ihrer Teilsysteme nicht mehr gewiss sind.

Wissenssoziologisch heißt das, dass der Hintergrundkonsens brüchig geworden ist. ROBERT HETTLAGE drückt es so aus: „Alle Institutionen, von der Religion über die Moral, das Recht, die Erziehung, Kunst und Wissenschaft, sind sukzessive entzaubert und unter »Kontingenzvorbehalt« gestellt worden." (Hettlage 2003, S. 29) Das heißt, sie könnten auch anders möglich sein. Das hat Konsequenzen für die Orientierung des Individuums. Weil man in einer pluralen Welt die Institutionen für kontingent hält, kann sich keine Institution mehr auf eine einzige Legitimation berufen, sondern muss sich vielen, oft sogar widersprüchlichen Rechtfertigungsforderungen stellen. Umgekehrt kann keine Institution mehr auf einem eindeutigen Handeln der Individuen bestehen. Die Individuen schließlich begreifen gesellschaftliche Regelungen mehr oder weniger als Optionen, die man beliebig nutzen kann, solange man nicht gegen unabdingbare Pflichten verstößt. Unter dem Strich führt die Kontingenz zu Ungewissheit und Unsicherheit. Das Individuum sieht sich wieder einmal auf sich selbst gestellt. Die Frage, wer es ist, muss von ihm allein entschieden werden. „Die radikale Subjektivierung kennt einen übergreifenden gesellschaftlichen »nomos« tendenziell nicht mehr." (ebd.)

Für Hettlage liegt die Konsequenz auf der Hand: Das Subjekt sieht sich der Beliebigkeit von Bewertungen, die andere vornehmen, und der Verflüssigung von „Wahrheitskontexten" (Hettlage 2003, S. 30) ausgesetzt. Die soziale Wirklichkeit ist unübersichtlich geworden.

ZYGMUNT BAUMAN spricht von einem „Ende der Eindeutigkeit". So lautet der Untertitel seines Buches „Moderne und Ambivalenz" (1991). Heute können Phänomene nicht mehr eindeutig, das heißt nur einer Kategorie zugeordnet werden. Wir sind außerstande, „die Situation

richtig zu lesen und zwischen alternativen Handlungen zu wählen."
(Bauman 1991, S. 13) Das bereitet uns Unbehagen. Ich lese aus Bau-
mans Analyse drei Ratlosigkeiten heraus: Wir wissen nicht mehr, *wo*
wir sind, weil sich Grenzen zwischen Ereignissen, Prozessen und Interaktionen verwischen; wir wissen nicht mehr, *wie* wir sind, weil sich die
Konturen der Ordnung auflösen und die wechselseitigen Perspektiven
beliebig werden; und wir wissen nicht mehr, *wer* wir sind, weil wir im
Grunde immer nur auf dem Weg zu etwas sind, was wir morgen sein
könnten.

Bauman hat den Bogen von der Ambivalenz zur Beliebigkeit und
zur Identität in der Postmoderne in einem Zeitungsartikel, der die sprechende Überschrift „Wir sind wie Landstreicher" trägt, so geschlagen:
„Die Postmoderne ist der Punkt, wo das moderne Freisetzen aller ge-
bundenen Identität zum Abschluss kommt. Es ist jetzt nicht nur leicht,
Identität zu wählen, aber nicht mehr möglich, sie festzuhalten. Im Augenblick des höchsten Triumphs muss Befreiung erleben, dass sie den
Gegenstand der Befreiung vernichtet hat. Je freier die Entscheidung ist,
desto weniger wird sie als Entscheidung empfunden. Jederzeit wider-
rufbar, mangelt es ihr an Gewicht und Festigkeit – sie bindet nieman-
den, auch nicht den Entscheider selbst; sie hinterlässt keine bleibende
Spur, da sie weder Rechte verleiht noch Verantwortung fordert und ihre
Folgen, als unangenehm empfunden und unbefriedigend geworden,
nach Belieben kündbar sind. Freiheit gerät zu Beliebigkeit; das berühmte Zu-allem-Befähigen, für das sie hochgelobt wird, hat den post-
modernen Identitätssuchern alle Gewalt eines Sisyphos verliehen. Die
Postmoderne ist jener Zustand der Beliebigkeit, von dem sich nun
zeigt, dass er unheilbar ist. Nichts ist unmöglich, geschweige denn un-
vorstellbar. Alles, was ist, ist bis auf weiteres. Nichts, was war, ist für
die Gegenwart verbindlich, während die Gegenwart nur wenig über die
Zukunft vermag. Heutzutage scheint alles sich gegen ferne Ziele, le-
benslange Entwürfe, dauerhafte Bindungen, ewige Bündnisse, unwan-
delbare Identitäten zu verschwören." (Bauman 1993, zit. nach Keupp
1997, S. 24f.)

Hinzu kommt das ungute Gefühl, dass alles mit allem irgendwie zusammenhängt, dass sich Entwicklungen durchdringen und beeinflussen

und dass Richtungen eingeschlagen werden, die niemand intendiert hat. Selbst Entwicklungen, bei denen man sich bisher einigermaßen auszukennen schien, erweisen sich als ambivalent.

In der Summe handeln die Individuen nicht als Wissende, sondern mit dem flauen Gefühl des Nichtwissens. Die gesellschaftlich konstruierte Wirklichkeit ist in disparate Teile zerfallen, und die Erklärungen, die die Gesellschaft für diese Segmente, die alle irgendwie miteinander verbunden sind und einander bedingen, anbietet, sind nicht nur nicht eindeutig, sondern widersprechen sich oft genug. In dieser Situation glauben manche, sie könnten der Gesellschaft ausweichen, indem sie sich in die Heimeligkeit einer vertrauten Lebenswelt zurückziehen. Doch das ist illusorisch: Auch diese Wirklichkeit ist längst fragmentiert.

8.3   Die Pluralisierung der sozialen Lebenswelten

Im Jahre 1973 war in den USA ein Buch mit dem Titel „The Homeless Mind" erschienen. Es stammte aus der Feder von PETER L. BERGER, BRIGITTE BERGER und HANSFRIED KELLNER und behandelte u. a. das Problem des modernen Bewusstseins aus einer wissenssoziologischen Perspektive.

Für Berger, Berger und Kellner ist ein „fundamentales Merkmal der menschlichen Existenz", in einer Welt zu leben, die „geordnet" erscheint und die „der Aufgabe des Lebens einen Sinn verleiht" (Berger u. a. 1973, S. 59). Diese geordnete Wirklichkeit nennen sie mit Alfred Schütz „Lebenswelt". Der verstand darunter, wie wir oben gelesen haben, jenen „Wirklichkeitsbereich (…), den der wache und normale Erwachsene in der Einstellung des gesunden Menschenverstandes als schlicht gegeben vorfindet" und „als fraglos" (Schütz u. Luckmann 1975, S. 23) erlebt. In der Lebenswelt haben alle Dinge ihren festen Platz, die Menschen, mit denen man es zu tun hat, teilen im Prinzip die gleichen Erfahrungen, und aus den Erfahrungen der Vergangenheit lässt sich die Zukunft mit einiger Sicherheit vorhersagen. Es ist eine Welt, die einem vertraut ist und wo man sich mit den Anderen in einem gemeinsamen Sinn verbunden fühlt. Es ist die Welt des Alltags, wie wir ihn normalerweise und dauerhaft erleben.

Während die Menschen in früheren Gesellschaften alle in der gleichen »Welt« lebten, solange sie nicht in ferne Länder reisten, ist „die typische Situation der Menschen in einer modernen Gesellschaft" völlig anders: „Die verschiedenen Bereiche ihres Alltagslebens bringen sie in Beziehung zu außerordentlich verschiedenenartigen und oft sehr gegensätzlichen Bedeutungs- und Erfahrungswelten. Das moderne Leben ist typischerweise in sehr hohem Grade segmentiert." (Berger u. a. 1973, S. 60)

Doch die Tatsache der *Aufteilung* des *öffentlichen* Lebens in verschiedene Bereiche ist es nicht allein, die Spuren im Bewusstsein des Individuums hinterlässt, daran hat es sich in einer differenzierten Gesellschaft so leidlich gewöhnt, sondern besonders die *Vervielfältigung* der Segmente und der Verpflichtungen und Optionen. Das Individuum sieht sich mit einer Fülle von Erwartungen, Rollen und Institutionen *gleichzeitig* konfrontiert. Da alle Segmente ihre eigene Rationalität haben und da Weltanschauungen und andere Logiken des Lebens ihre Kraft eingebüßt haben, für alle verbindlich zwischen richtig und falsch, wichtig und weniger wichtig zu unterscheiden, sind auch die Möglichkeiten des Handelns vervielfältigt worden. Deshalb halten die Autoren auch den Begriff der *Pluralisierung* für die treffende Kennzeichnung der modernen Gesellschaft.

PETER L. BERGER hat an anderer Stelle beschrieben, wie sich dadurch die Programme für menschliches Handeln verändert haben: „Modernität führt zu einer ungeheuren Komplizierung des institutionellen Netzwerks einer Gesellschaft. Die Grundursache liegt in der ungeheuren Komplizierung der Arbeitsteilung, doch die Konsequenzen reichen weit über die davon berührten technologischen und ökonomischen Lebensbereiche hinaus. *Modernität pluralisiert.* Wo für gewöhnlich eine oder zwei Institutionen bestanden, gibt es nun fünfzig. Institutionen lassen sich jedoch am besten als Programme für menschliches Handeln verstehen." (Berger 1980, S. 28) Noch einmal: Die Logiken des Handelns haben sich vervielfältigt. Nehmen wir z. B. die Institutionen Ehe und Familie. Welche der vielen Formen hätte keine vernünftige Begründung auf ihrer Seite?!

NIKLAS LUHMANN hat das, was da auf uns zugekommen ist, in einige Fragen und eine Zustandsbeschreibung gekleidet. Die Fragen lauten so: „Tritt an die Stelle des Einen nun einfach das Viele? Löst sich die Einheit der Welt und die Einheit der Gesellschaft unwiderruflich auf in eine Vielheit der Systeme und Diskurse? Sind Relativismus, Historismus[3], Pluralismus die letzten Antworten, die immer schon gemeint waren, als man noch von Freiheit gesprochen hatte?" (Luhmann 1990, S. 43) Und seine Zustandsbeschreibung einer fortgeschrittenen Moderne lautet so: „Wenn man unter Postmoderne das Fehlen einer einheitlichen Weltbeschreibung, einer für alle verbindlichen Vernunft oder auch nur einer gemeinsam-richtigen Einstellung zur Welt und zur Gesellschaft versteht, dann ist genau dies das Resultat der strukturellen Bedingungen, denen die moderne Gesellschaft sich selbst ausliefert. Sie erträgt keinen Abschlussgedanken, sie erträgt deshalb auch keine Autorität. Sie kennt keine Positionen, von denen aus die Gesellschaft in der Gesellschaft für andere verbindlich beschrieben werden könnte." (S. 42) Deshalb gibt es nicht mehr „die" Wirklichkeit, sondern viele individuell und gesellschaftlich konstruierte Wirklichkeiten.

Alles ist denkbar, alles ist möglich. Deshalb bedeutet Pluralisierung der Optionen des Handelns natürlich nicht nur größere Freiheit, sondern auch größere Last, die richtigen Entscheidungen zu treffen. Da kann es einem gehen wie Buridans Esel: Zwischen zwei Heubüscheln stehend, konnte er sich nicht entscheiden, welches er zuerst fressen sollte, – und verhungerte. Doch selbst diese „Freiheit" gesteht die Gesellschaft dem Menschen in der Regel nicht zu. Er muss sich entscheiden. Das Problem in der Moderne besteht darin, dass ihm rationale Entscheidungen „unter Bedingungen hoher Komplexität" (Schimank 2005, S. 5) und der Bedingung nur noch ungefähren Wissens in immer mehr

---

3   Der Historismus, eine aus der Romantik (vgl. Gouldner 1973, S. 206) entsprungene wissenschaftliche Orientierung, betonte die Besonderheit und Relativität der historischen Prozesse; deshalb lehnte er auch ein wertendes Urteil über den Stand einer Kultur ab, sondern betonte ihre innere Logik und eigene Würde.

Teilbereichen zugemutet werden. Die Unbekümmerten sagen sich „Augen zu und durch!"; was bleibt aber für uns Nachdenkliche?

Die Pluralisierung des öffentlichen Lebens beinhaltet das Risiko, dass es neben einer Entscheidung noch manche bessere gibt und dass manche Entscheidungen Folgen zeitigt, die man wahrlich nicht intendiert hat. Und wo immer mehr mit immer mehr zusammenzuhängen scheint, kann leicht das Gefühl aufkommen, nicht mehr mitzukommen. In dieser Situation versucht der moderne Mensch, seine *private* Welt „im Gegensatz zu seiner verwirrenden Verwicklung in die Welten öffentlicher Institutionen" so zu gestalten, dass sie „ihm eine Ordnung integrierender und stützender Sinngehalte liefert. Mit anderen Worten, der Mensch versucht, eine »Heimatwelt« zu konstruieren und zu bewahren, die ihm als sinnvoller Mittelpunkt seines Lebens in der Gesellschaft dient" (Berger u. a. 1973, S. 61).

Doch das ist ein heikles Unterfangen, und es dürfte immer seltener gelingen. Denn auch dieser Mittelpunkt des Lebens wird pluralisiert. Berger, Berger und Kellner führen dafür zwei spezifische Gründe an: die Erfahrung des *Stadtlebens*, was schon Georg Simmel als Erklärung für das moderne Geisteslebens angeführt hatte[4], und die Erfahrung der modernen *Massenkommunikation*. „Seit ihrer Entstehung in alten Zeiten war die Stadt ein Treffpunkt sehr verschiedener Menschen und Gruppen und damit gegensätzlicher Welten." (Berger u. a. 1973, S. 61) Die Offenheit und Beweglichkeit des Denkens war eine wichtige Voraussetzung, um auf dem Markt der Erklärungen und Rationalitäten unterschiedlichster Ausschnitte der gesellschaftlichen Wirklichkeit reüssieren zu können; die von Simmel so genannte „blasierte" Distanz zu der gleichgültigen Fülle vielfältiger und widersprüchlicher Erfahrungen war die Voraussetzung zu überleben. Dieser Lebensstil und die Art zu denken und zu handeln, die sich zuerst in den Städten ausbildeten, haben heute alle Teile der Gesellschaft erfasst, weshalb Berger, Berger und Kellner auch von einer „Urbanisierung des Bewusstseins" sprechen.

---

4   Vgl. Abels 2006, Kap. 11.5 „Innere Reserve, Kampf um Aufmerksamkeit, Übertreibung der Eigenart".

Dieser Prozess wurde „durch die technologischen Kommunikationsmedien ganz erheblich beschleunigt", die „die in der Stadt erfundenen kognitiven und normativen Definitionen der Wirklichkeit sehr schnell in der gesamten Gesellschaft" (Berger u. a. 1973, S. 62) verbreiteten. Die Urbanisierung des Bewusstseins – als Denken in Relativitäten – macht auch nicht mehr vor der Lebenswelt halt. Auch dort machen sich die unterschiedlichsten Informationen und Rationalitäten für verschiedene Ausschnitte und für verschiedene Rollen breit. Richtig ist, „dass dieser Prozess der Information »den Horizont erweitert«. Zugleich jedoch schwächt er die Unversehrtheit und Überzeugungskraft der »Heimatwelt«." (ebd.)

Wir müssen diese kritische Analyse der Gesellschaft als objektiver Wirklichkeit im Blick behalten, wenn wir uns jetzt der Frage zuwenden, wie sich die subjektive Wirklichkeit konstituiert und welche Konsequenzen das für die Identität in der Moderne hat.

8.4   Das Problem der modernen Identität

„Pluralisierung der Wirklichkeit" heißt, dass die Rollen, nicht mehr eindeutig sind. Für vieles, was man tun soll oder kann, gibt es heute gute Gründe, was unter dem Strich bedeutet, dass die Ungewissheit, was das „Richtige" ist, wächst. Verschärft wird das Problem dadurch, dass das Individuum in zahlreiche Rollen eingebunden ist, von denen es viele auch noch gleichzeitig zu spielen hat. Berger und Luckmann beschreiben das Problem so: „In einer Gesellschaft, die konträre Welten öffentlich auf dem Markt feilbietet, werden für subjektive Wirklichkeit und Identität gewisse Konsequenzen gezogen. Das allgemeine Gefühl für die Relativität *aller* Welten nimmt zu – einschließlich der eigenen, die subjektiv als *eine* Welt, nicht als *die* Welt angesehen wird. Dementsprechend fasst man das eigene institutionalisierte Verhalten als »Rolle« auf, die man ablegen kann." (Berger u. Luckmann 1966, S. 184)

Dass damit Identität zum Problem wird, liegt auf der Hand. Berger hat es später zusammen mit seiner Frau Brigitte und seinem Kollegen Hansfried Kellner in dem schon angesprochenen Buch „Das Unbehagen in der Modernität" (1973) noch schärfer gefasst. Die dort vorge-stellten Thesen bilden einen wichtigen Hintergrund für die Anfänge der modernen Diskussion über Individualisierung. Ich führe sie auf das Problem der modernen Identität und das Bewusstsein von der subjektiven Wirklichkeit zu.

Im Zuge der immer weiteren Differenzierung der Gesellschaft ver-vielfältigen sich die sozialen Rollen, und die Liberalisierung der Welt-anschauungen und Rationalitäten gibt Raum für eine Fülle von Hand-lungsoptionen. Oben haben wir gelesen, dass der Mensch sozusagen als Gegengewicht zu der Komplexität, Uneindeutigkeit und Pluralisierung des öffentlichen Lebens versucht, „eine »Heimatwelt« zu konstruieren und zu bewahren, die ihm als sinnvoller Mittelpunkt seines Lebens in der Gesellschaft dient" (Berger, Berger u. Kellner 1973, S. 61).

Doch auch dieser Mittelpunkt wird pluralisiert, weil die Massenme-dien selbst für die intimsten Bereiche des eigenen Lebens zahllose Al-ternativen ungefragt und unaufhörlich ins Haus spielen. So leben schließlich die Mitglieder der engsten Familie in verschiedenen Le-benswelten. Doch auch innerhalb der Lebenswelt des *einzelnen* Indivi-duums löst sich die einheitliche subjektive Wirklichkeit auf und zerfällt in Fragmente, in denen unterschiedliche Relevanzen und auch unter-schiedliche Sequenzen von Entscheidungen existieren. Insgesamt ist die subjektive Wirklichkeit nicht mehr gewiss, in der Gegenwart nicht und schon gar nicht in der Zukunft.

Berger u. a. verdeutlichen das Problem der Pluralisierung der sozia-len Lebenswelt an einem konkreten Fall des Alltagslebens, „der Situa-tion, wo Menschen sich mit der Lebensplanung auf lange Sicht be-schäftigen" (Berger u. a. 1973, S. 63). Lebensplanung heißt, sich vor-zustellen, wie die persönliche Zukunft aussieht oder aussehen soll, und sich darauf vorzubereiten. Diese Vorstellungen fallen natürlich nicht vom Himmel, sondern orientieren sich an typischen Lebensabläufen, wie man sie vom Hörensagen kennt, wie man es bei Verwandten und Bekannten sieht und wie man es in Sozialisationsagenturen wie Familie und Schule gelernt hat. Bei der Planung muss bedacht werden, dass die Laufbahn, auf die man sich begeben will, nicht klar definiert ist, dass es u. U. sogar mehrere »Fahrpläne« gibt und dass man es mit einer ganzen

Reihe von Bezugspersonen zu tun haben wird, mit denen man sich irgendwie arrangieren muss. Nehmen Sie nur die schlichte Entscheidung „berufstätig". Welcher Beruf würde mir Spaß machen? Welche zeitlichen Anforderungen bringt er mit sich? Was mache ich, wenn wir Kinder kriegen und meine Frau darauf besteht, dass sie ihren Beruf weiter ausübt? Was tue ich, wenn mein Arbeitsplatz in eine andere Stadt verlagert wird? Welche Qualifizierungschancen habe ich in meinem Beruf? Und so weiter. Die „Werkstatt", in der solche Lebensplanungen manchmal explizit, meistens eher beiläufig erstellt und modifiziert werden, ist der private Bereich von Ehe und Familie.

Wie tangiert das die Identität? Berger u. a. sehen es so, dass bei den Entwürfen des Lebens nicht geplant wird, was man tun wird (will), sondern auch, wer man sein wird (will). „Im Falle von Menschen, die füreinander von großer persönlicher Wichtigkeit sind, überlagern sich diese Projekte, sowohl hinsichtlich der geplanten Karrieren, als auch hinsichtlich der geplanten Identitäten. Der eine ist ein Teil der Projekte des anderen und umgekehrt." (Berger u. a. 1973, S. 68) Bedenkt man dann noch, dass sich mit jeder Entscheidung des einen nicht nur neue soziale Konstellationen für diesen, sondern auch für den anderen ergeben, dann kann man sich die Komplexität vorstellen, in der Identität behauptet und in Frage gestellt wird oder gar neu erfunden werden muss.

Vor diesem Hintergrund, dass der Mensch seine Zukunft mit einem Plan in den Griff zu bekommen sucht, was natürlich nicht heißt, dass er das immer bewusst und strategisch anlegt, stellen sich Berger, Berger und Kellner die Frage, welche Implikationen das für die Identität in der modernen Gesellschaft hat. Dabei meinen sie mit Identität „die tatsächliche Erfahrung des Ich in einer bestimmten sozialen Situation. Mit anderen Worten, wir meinen mit »Identität« die Art und Weise, in der der Einzelne sich selber definiert" (Berger u. a. 1973, S. 69). Der Lebensplan ist „eine Quelle der Identität", und umgekehrt kann man auch „die Identität in der modernen Gesellschaft als einen Plan definieren" (S. 70). Damit ist klar, dass Identität nicht Identität an sich oder eine abstrakte Idee ist, sondern eine *Konstruktion*, die das Individuum vornimmt. Diese *individuelle* Konstruktion ist allerdings davon abhängig, wie in der modernen Gesellschaft Identität typischerweise konstruiert wird. Da jeder Teil einer *sozialen Wirklichkeit* ist, die ihn sozialisiert, ist auch die Art und Weise, in der er sich seine Identität vorstellt und wie er sie präsentiert, durch „die gesellschaftliche Konstruktion der Wirklichkeit" bestimmt. Unter dieser Prämisse heben Berger, Berger und Kellner vier Aspekte der modernen Identität hervor.

8.4.1 Offen – und immer auf der Höhe der Zeit

In einer Zeit, in der sich die sozialen Verhältnisse so rasch ändern, wo die Anforderungen an das Individuum immer zahlreicher und komplexer werden, wo aber auch Chancen entstehen, eigene Wege durchs Leben zu gehen, kann die Identität nicht starr sein. Das Individuum muss sich umstellen können, um neuen Herausforderungen gerecht zu werden, es muss aber auch Optionen als solche wahrnehmen, um vielleicht bessere Formen der Befriedigung zu finden. Und in der Tat scheint sich in der Moderne eine neue Form der Identität herausgebildet zu haben. Berger, Berger und Kellner bezeichnen sie als *besonders offen*.

In einer Fußnote betonen sie, dass sie Offenheit im Sinne der von DAVID RIESMAN (1950) beschriebenen Außenleitung verstehen. Identität impliziert, sich offen zu halten für das, was der Zeitgeist bietet und gebietet. Der moderne Mensch ist ständig auf Empfang für die Signale, von denen es heißt, dass sie wichtig sind. Berger, Berger und Kellner fahren fort: „Wenn es auch zweifellos gewisse Züge des Individuums gibt, die beim Abschluss der primären Sozialisation mehr oder weniger dauerhaft stabilisiert sind, ist der moderne Mensch trotzdem »unfertig«, wenn er in das Erwachsenenleben eintritt. Nicht nur ist offenbar eine große objektive Fähigkeit zu Transformationen der Identität im späteren Leben vorhanden, es ist auch eine subjektive Kenntnis und sogar Bereitschaft für solche Transformationen da. Der moderne Mensch ist nicht nur besonders »bekehrungsanfällig«; er weiß das auch und ist oft darauf stolz." (Berger u. a. 1973, S. 70)

Der moderne Mensch hält seine Identität auf der Höhe der Zeit. Wirklich ist die Identität, die gerade geboten oder möglich ist; zurück wird die biographische Wirklichkeit schwächer, nach vorne hält man ganz neue Facetten für möglich. „Der Lebenslauf wird begriffen als eine Wanderung durch verschiedene soziale Welten und als stufenweise Verwirklichung einer Reihe von möglichen Identitäten. Der einzelne denkt nicht nur »gewitzt« über die Welten und Identitäten anderer, sondern auch über sich selbst. Diese Eigenschaft der Unabgeschlossenheit der modernen Identität erzeugt psychische Belastungen und macht den Einzelnen besonders verwundbar dafür, dass andere ihn immer wieder anders definieren." (Berger u. a. 1973, S. 70)

Für die These der immer anderen Definition durch andere verweisen Berger, Berger und Kellner ausdrücklich auf die Identitätstheorie von George Herbert Mead, die sie so verstehen, „dass in einer sehr grundsätzlichen Weise die Menschen in allen *Gesellschaften* stets »außengeleitet« und deshalb »unentschieden« (»open-ended«) gewesen sind." (1973, S. 70, Fußnote 34) Ich denke, dass sie hier den Prozess der fortlaufenden Kommunikation, der wechselseitigen Interpretation und Reaktion und der immer neuen gegenseitigen *Rollenübernahme*, in der erst sich das Individuum seiner selbst gewiss wird, vor Augen haben. Jedenfalls meinen sie, das Besondere an der modernen Identität sei der Grad, in dem das erfolgt. Gedacht ist hier wohl an die Pluralisierung der Wirklichkeit, die zahlreichen Optionen, die möglich, und die vielen Rollen, die gleichzeitig zu spielen sind.

8.4.2 Differenziert – und überall etwas fremd

„Wegen der Pluralität der sozialen Welten in der modernen Gesellschaft werden die Strukturen jeder einzelnen Welt als relativ labil und unverlässlich erlebt." (Berger u. a. 1973, S. 70) Während in der vormodernen Gesellschaft das Individuum in einer einheitlichen Welt lebte, die feste Orientierungen bot, sieht es sich heute mit einer Pluralität von Welten konfrontiert, die jede für sich Sinn haben. Dadurch wird aber jede einzelne von ihnen relativiert. Die institutionelle Ordnung erfährt gewissermaßen einen *Wirklichkeitsverlust*. „Der »Wirklichkeitsakzent« verlagert sich von der objektiven Ordnung der Institutionen in das

Reich der Subjektivität. Anders ausgedrückt: Für das Individuum wird die Selbsterfahrung realer als seine Erfahrung der objektiven sozialen Welt. Es sucht deshalb seinen »Halt« in der Wirklichkeit mehr in sich selbst als außerhalb seiner selbst. Das hat unter anderem zur Folge, dass die subjektive Wirklichkeit des Einzelnen (...) für ihn zunehmend differenzierter, komplexer und »interessanter« wird. Die Subjektivität erlangt bislang ungeahnte »Tiefen«." (Berger u. a. 1973, S. 71) Die Identität ist also *besonders differenziert.*

WERNER HELSPER gewinnt der These von der Differenziertheit der modernen Identität noch einen anderen Aspekt ab: „*Besonders differenziert* ist das moderne Selbst, weil es nicht mehr in umfassende, homogene Lebenszusammenhänge eingebettet ist, sondern in einer Komponenten-Welt agiert, in der sich soziale und kulturelle Wirklichkeit ausdifferenziert. In den sozialen Teilsystemen mit ihrer je eigenen Handlungsgrammatik werden unterschiedliche Erwartungen an das Subjekt herangetragen, das somit in den zeitlichen und räumlichen Komponenten seines Lebens höchst Unterschiedliches zu erbringen hat. Es ist selbst komponentiell, woraus sich für das moderne Selbst die Problematik von Integration und Desintegration ergibt (*Integrationskrise*). Da das Selbst in keiner der teilsystemspezifischen Komponenten seines Lebens mehr »ganz« involviert ist, werden die Teilsysteme relativiert und »fremd«: Wirklichkeitserfahrung wird somit ein Akt der Selbsterfahrung. Zugleich wird aber Fremdheit auch zu einem konstitutiven Bestandteil der Selbst-Erfahrung: Denn in keinem der Lebenssegmente ist das Selbst mehr ganz zu Hause, in jedem ist es immer auch »ein partieller Fremder«." (Helsper 1997, S. 176f.)

Mit dieser letzten These bezieht sich Helsper auf Zygmunt Bauman, der in seiner kritischen Analyse der Ambivalenz[5] der Moderne sagt, dass die Erfahrung, fremd zu sein, zu den Grunderfahrungen des Menschen in einer Welt gehört, die ihre Eindeutigkeit verloren hat. In der „zeitgenössischen Gesellschaft mit ihrer extremen Arbeitsteilung und der Trennung funktional getrennter Sphären" (Bauman 1991, S. 123) ist im Prinzip jeder irgendwo fremd. „Ein Fremder zu sein bedeutet zuerst

---

5   Vgl. oben Kap. 8.2 „Das Ende der Eindeutigkeit".

und vor allem, dass nichts *natürlich* ist; nichts wird von Rechts wegen gegeben, nichts geschieht gleichsam von selbst." (Bauman 1991, S. 99) Diese existentielle Herausforderung gilt für den, der total fremd ist in einer völlig neuen Gesellschaft. In abgeschwächtem Maße gilt dies auch für uns in unserer vertrauten Gesellschaft. Sie ist eben aufgrund ihrer Differenzierung längst nicht mehr vertraut. Jeder befindet sich immer irgendwo und irgendwie „in der Position der Ambivalenz (...), die er nicht gewählt und über die er keine Kontrolle hat" (S. 98).

Nimmt man die *Offenheit* und *Differenziertheit* der modernen Identität zusammen, so ist die „Krise der modernen Identität offenkundig. Auf der einen Seite ist (sie) unabgeschlossen, transitorisch, fortlaufendem Wandel ausgesetzt. Auf der anderen Seite ist ein subjektives Reich der Identität der hauptsächliche Halt des Individuums in der Wirklichkeit. Etwas sich fortwährend Wandelndes soll das ens realissimum[6] sein." (Berger u. a. 1973, S. 71) Von daher ist es nicht überraschend, „dass der moderne Mensch an einer *permanenten Identitätskrise* leidet, ein Zustand, der zu starker Nervosität führt." (ebd.)

So hatte es schon GEORG SIMMEL in seinem Aufsatz über die Großstädte und das Geistesleben (1903) gesagt!

8.4.3 Reflexiv – und metaphysisch heimatlos

Aus der Tatsache, dass die moderne Identität angesichts der Relativität der vielen sozialen Welten immer differenzierter wird, folgt ein drittes Kennzeichen der modernen Identität: Sie ist *besonders reflexiv.* „Wenn man in einer integrierten und intakten Welt lebt, kann man mit einem Minimum an Reflexionen auskommen. In solchen Fällen werden die Grundvoraussetzungen der sozialen Welt für selbstverständlich genommen und bleiben das in der Regel auch innerhalb des Lebenslaufes des einzelnen, jedenfalls der »normalen« Individuen. Dieser Zustand des unreflektierten »Zuhauseseins« in der sozialen Welt ist in Edmund

---

6 Lat., wörtlich „das allerwirklichste Sein"; in der aristotelischen Lehre von der Vollkommenheit gleichbedeutend mit dem absoluten, dem reinen Sein.

Burkes[7] berühmtem Bild vom friedlich weidenden englischen Vieh in klassischer Weise eingefangen – von Burke in geschickter Weise als Gegenbild benützt zu der ruhelos fragenden und frenetisch nach Neuerung jagenden Aktivität der französischen Revolutionäre. Die moderne Gesellschaft ist solch ländlicher Geruhsamkeit besonders feindlich. Sie konfrontiert den einzelnen mit einem fortwährend wechselnden Kaleidoskop sozialer Erfahrungen und Bedeutungen, sie zwingt ihn, Entscheidungen zu treffen und Pläne zu schmieden." (Berger u. a. 1973, S. 71)

Um es platt auszudrücken: Die Zukunft kommt nicht mehr so, wie sie früher immer gekommen ist, sondern ist in jeder Hinsicht möglich, im günstigsten Fall nur wahrscheinlich. Deshalb schmiedet man am besten nicht nur einen Plan, sondern mehrere Pläne für den Fall der Fälle. Pläne müssen auch nicht zu Ende gedacht sein, da man nicht weiß, wie die Umstände sein werden. Auf keinen Fall dürfen sie starr sein. Manche halten Planen überhaupt für vertane Zeit, weil man den Lauf der Dinge ohnehin nicht aufhalten könne; wieder andere wollen nur im Hier und Jetzt leben, das sei überschaubar. Dadurch verschiebt sich auch das Interesse an der komplexen gesellschaftlichen Welt und der subjektiven Welt. Angesichts der Pluralität und Relativität der Wirklichkeit draußen richtet sich die Reflexion mehr und mehr „auf die Subjektivität des Individuums, besonders auf seine Identität, (...) das Ich wird zum Gegenstand bewusster Aufmerksamkeit und manchmal angstvollen Forschens" (Berger u. a. 1973, S. 72). Identität, so könnte man diesen Gedanken fortführen, besteht in der permanenten Beobachtung des Ichs in der permanenten Umstellung auf die Außenwelt.

---

7 Gemeint ist der englische Staatsmann, der seit 1789 in einer besorgten Korrespondenz mit einem „very young gentleman in Paris" stand und seine Befürchtungen und Warnungen schließlich in seinen „Reflections on the Revolution in France" (1790) niederlegte. Von Burke weiß die „Allgemeine deutsche Real-Encyklopädie für die gebildeten Stände" aus dem Jahr 1851 zu berichten, man habe ihm im Alter „die blinde Wuth" vorgeworfen, „mit der er (..) alles, was aus Frankreich hervorging, anfeindete, und jeder Neuerung und Besserung widerstrebte, weil sie mit den franz. Principien verwandt sein konnte." Behalten Sie diesen Satz schon einmal im Hinterkopf. Er hilft, wenn wir später Vorurteile auch als Widerstand gegen die Moderne interpretieren!

Das Individuum lebt in seiner innersten subjektiven Wirklichkeit in der ständigen Angst, in der Vielzahl der Optionen und Anforderungen keinen Ort mehr zu haben, wo es wirklich zu Hause ist. Das paart sich mit dem vagen Gefühl eines Verlustes transzendentaler Sicherheiten. Transzendenz heißt die vordergründige Welt mit ihren Sachzwängen mit Blick auf einen dahinter liegenden Sinn des Lebens überschreiten. Die Gewissheit, dem Leben einen Sinn verleihen zu können, der aus eigenen Überzeugungen lebt und eben nicht von fremder, sachzwanghafter Funktionalität bestimmt ist, gehört zur conditio humana. Angst heißt, dieser Gewissheit nicht mehr sicher zu sein. Diese Angst ist der Preis für die Säkularisierung des Lebens.

Wohlgemerkt: Ich meine nicht den Verlust der religiösen Überzeugungen, sondern die Rationalisierung des Lebens generell, die Bindungen und Freiheiten, Chancen und Verpflichtungen nur nach sachlicher Vernunft regelt und insofern kollektive Gerechtigkeit suggeriert. Aber ein Ort, an dem das Ich sich bei sich, sogar gegen die Rationalitäten der vielen Teilsysteme, oder eins mit einer sein Leben transzendierenden, kollektiven Überzeugung fühlen könnte, ist strukturell nicht mehr gegeben.

Deshalb sprechen Berger, Berger und Kellner auch von einem „metaphysischen »Heimatverlust«" (1973, S. 74), unter dem der moderne Mensch leidet.

8.4.4 Individuiert – der enge Rahmen der Autonomie

Berger, Berger und Kellner kommen zu einem vierten Merkmal der modernen Identität: Sie ist *besonders individuiert*. „Das Individuum, Träger der Identität als des *ens realissimum*, erlangt logischerweise einen sehr wichtigen Platz in der Hierarchie der Werte. Individuelle Freiheit, individuelle Autonomie und individuelle Rechte werden als moralische Imperative von fundamentaler Bedeutung für selbstverständlich genommen, und das oberste dieser individuellen Rechte ist das Recht, sein Leben so frei wie möglich zu planen und zu gestalten. Dieses Grundrecht wird von einer Vielzahl moderner Ideologien ausführlich legitimiert." (Berger u. a. 1973, S. 72) Dieses Recht nimmt sich das Individuum heutzutage, wo immer das möglich ist.

Die Tatsache, dass Individualität als unbedingter Anspruch vertreten wird, darf nicht darüber hinweg täuschen, dass die gesellschaftlichen Verhältnisse immer komplexer werden und dem Individuum so viele Optionen eröffnen, aber auch so viele Entscheidungen abverlangen, dass dieser Anspruch letztlich ins Leere läuft. Die sozialen Beziehungen werden immer mehr rationalisiert und standardisiert, immer unbegreiflicher und anonymer, und damit sinken die Chancen, sich ganz anders, ganz autonom zu verhalten. Auch die Tatsache, dass dem Individuum in der Moderne immer mehr Optionen zugespielt werden, schafft nicht wirklich Freiheit: Das offene, besonders individuierte Individuum hat „zu viele Bälle gleichzeitig in der Luft" (Berger u. a. 1973, S. 158).

In dieser Situation versuchen die einen, ein alternatives Leben gegen die Gesellschaft zu führen (das Buch erschien in der Hochzeit der Diskussion über Gegenkultur in den USA!) und sich ganz selbst zu verwirklichen. Andere arrangieren sich mit den Verhältnissen, indem sie das Öffentliche und das Private trennen und hoffen, in diesem das „eigentliche" Leben zu führen. Die Dritten schließlich führen ihr Leben so weiter, wie es die sich wandelnden Verhältnisse jeweils verlangen. Sie erheben nicht „wirklich" den Anspruch, unter diesen Verhältnissen ganz anders und einzigartig zu sein. Ich relativiere bewusst: nicht „wirklich" – aber als gelegentliche gute Meinung von sich schon.

Identität heute ist also besonders offen, das heißt offen für alle Einflüsse von außen. Genau das war, ich deutete es schon an, auch die These von David Riesman, dass der Mensch der Industriegesellschaft außengeleitet ist. (Riesman 1950, S. 38) Wenn man diese Thesen weiter denkt, dann kann man ganz ernsthaft ins Grübeln geraten, ob eine sichere Identität denn überhaupt erlangt werden kann, wie man umgekehrt aber auch fragen kann, ob der „Abschied von der Identität"

(Abels 1993) nicht eigentlich die vernünftigste Lösung angesichts der Erfordernisse in dieser Moderne ist.[8]

Kehren wir zu der These von Berger und Luckmann über die Relativität aller Welten und die vielen Rollen zurück. An ihr wird ja nicht nur deutlich, warum *uns* Identität zum Problem wird, sondern warum uns Identität *vor anderen* und *für andere* zum Problem wird: Handeln erfordert nicht die ganze Person, aber es erfordert, dass wir uns mit ziemlich vielen Erwartungen der Anderen und parallelen Rollenbeziehungen gleichzeitig auseinandersetzen. Ironisch halten es die Autoren durchaus für möglich, dass wir auch den zu spielen haben, für den man uns *nicht* hält. (vgl. Berger u. Luckmann 1966, S. 184)

An den Thesen über die moderne Identität sollte deutlich geworden sein, dass die subjektive Wirklichkeit immer in einer sozialen Situation existiert, die wir mit anderen teilen. Und bei der Diskussion über Offenheit der Identität, auf die wir ja manchmal sogar richtig stolz sind, sollte auch deutlich geworden sein, dass wir unser Bild von uns zu einem erheblichen Teil davon abhängt, wie wir uns im Verhältnis zu den Anderen sehen. Wir sind ständig in Interaktionen mit ihnen eingebunden, und aus ihren Reaktionen ziehen wir Schlüsse, wer wir sind und wer wir sein sollen.

Auf diese Beziehung zwischen uns und den Anderen gehe ich im nächsten Kapitel ein und zeige, dass die soziale Kommunikation eine Quelle des Bewusstseins von uns selbst ist und dass die Gruppe eine Quelle des Urteils über Andere ist. Daran schließt sich die Diskussion über die gesellschaftliche und die individuelle Organisation unseres Wissens von den Anderen an.

---

8 Die These hat seinerzeit einigen Wirbel ausgelöst, weshalb ich sie später noch einmal genau erläutert habe. (vgl. Abels 2006, Kap. 30.4 „Bewegliches Denken", S. 442, Anm. 6)

9 Das Wissen über uns und die Anderen

Wir haben oben festgestellt, dass wir über die gesellschaftliche Wirklichkeit nur in Ausschnitten und dort oft auch nur ziemlich vage Bescheid wissen. Nur „die Wirklichkeit der Alltagswelt", die „um das »Hier« meines Körpers und das »Jetzt« meiner Gegenwart herum angeordnet" ist (Berger u. Luckmann 1966, S. 25), ist uns vertraut. Hier ist unser Wissen „detailliert, klar, bestimmt und widerspruchsfrei" (Luckmann u. Luckmann 1983, S. 27). Je weiter weg die Bereiche um diesen Kern herum liegen, umso diffuser und allgemeiner ist es. Und über die entferntesten Bereiche wissen wir so gut wie gar nichts.

Folgen wir diesem Modell konzentrischer Gewissheit des Wissens über uns und die Anderen.

Wir erkennen uns als Individuen erst in der Kommunikation mit Anderen. Aus ihren Reaktionen schließen wir auf das Bild, das sie sich von uns machen. Dass wir uns in dieser Hinsicht wechselseitig verstehen, setzt voraus, dass die sozialen Bedeutungen, die wir einander und den Umständen der Kommunikation beimessen, ähnlich sind. Das ist in Gruppen mit eingelebten kulturellen Orientierungen zu erwarten. Doch sicher ist es nicht. Und dennoch funktionieren die Interaktionen normalerweise.

Mehr Sicherheit kommt in die Interaktionen mit Anderen, weil wir die Rollen kennen, die in unserer Gesellschaft für den Normalfall gelten. Schon in diesem Normalfall, mehr aber noch in einem fremden Fall helfen wir unserem Wissen über Andere auf die Sprünge, indem wir das noch nicht Bekannte nach bekannten Mustern konstruieren.

Ich beginne mit der Frage, wie wir ein Bewusstsein von uns selbst bekommen und welche Rolle die Gruppe dabei und bei dem ersten Urteil über Andere spielt.

9.1 Die soziale Kommunikation als Quelle des Bewusstseins von uns selbst und die Gruppe als Quelle des Urteils über Andere

Ein Bewusstsein von uns selbst bekommen wir nur, indem wir uns aus der Sicht der Anderen sehen. Das ist eine der Grundannahmen von GEORGE HERBERT MEAD (vgl. 1934, S. 113 und S. 300) gewesen. Danach übernehmen wir in der Kommunikation mit Anderen deren Rolle (»taking the role of the other«), beobachten aus dieser Position unser Handeln und führen es in Gedanken weiter. Wechselseitig werden wir uns bewusst, was unser Handeln antreibt und wer wir also sind.

Ich sage „bewusst", doch in Wirklichkeit ist es ein unmerklicher Prozess, in dem sich ein bestimmtes Bild von uns ergibt. Uns in jeder Situation genau zu analysieren, ist nicht unsere Sache, und allenfalls in einer kritischen Situation, wenn wir uns z. B. missverstehen oder uns selbst zum Rätsel geworden sind, weht uns die Frage an, wer wir eigentlich sind. Die Antwort auf die ebenfalls selten hochkommende Frage, auf wen wir uns denn in unserer sozialen Orientierung beziehen, liegt allerdings parat: Das sind die, die wir kennen und die uns kennen. Wir würden uns, wenn wir zusammenkämen, umstandslos als „wir" bezeichnen, und jeder ließe diese stumme Vereinnahmung auch zu. Warum eigentlich?

Eine Erklärung ist, dass wir uns nicht aus eigenen Stücken definieren, sondern immer in einem *sozialen* Bezugsrahmen. Damit hängt die zweite Erklärung zusammen: Indem wir „wir" sagen, haben wir uns auch schon als individuellen Teil dieses „wir" identifiziert – und nehmen natürlich auch an, dass die Anderen das ebenso tun. Diese beiden Erklärungen schließen an die These von Mead an, dass sich der Einzelne „aus der besonderen Sicht anderer Mitglieder der gleichen gesellschaftlichen Gruppe" (1934, S. 180; vgl. auch Merton 1957b, S. 230) erfährt. In ihr Verhalten ist er durch seine eigenen Reaktionen und durch die Antizipation ihrer Reaktionen involviert. Auch wenn ihm das nicht bewusst er, in diesem Prozess spielt er die Rollen des Anderen durch und stellt ununterbrochen fest, wer er selbst ist, der da handelt.

Diesen Gedanken, dass wir auf dem Umweg über einen konkreten Anderen in einer konkreten Kommunikation ein Bewusstsein von uns selbst bekommen, will ich etwas allgemeiner fassen: Grundsätzlich *spiegeln*[1] wir uns in den Reaktionen der Anderen, und je enger die Beziehungen sind, in denen wir mit ihnen stehen, und je länger sie dauern, umso mehr gehen ihre Erwartungen und Anerkennungen in unser Bild von uns selbst ein. Wie wir denken und handeln und wie wir über beides denken, das hängt auch von den *Bezugsgruppen* ab, mit denen wir uns identifizieren. Ohne dass sie das bewusst intendieren, liefern sie uns Orientierungen in vielerlei Hinsicht: Sie versorgen uns mit ihrem Wissen über richtiges und falsches Verhalten in dieser Gesellschaft und leiten damit unsere Einstellungen in eine bestimmte Richtung. Dadurch, dass sie unser Denken und Handeln in einer bestimmten Weise kontrollieren, definieren sie auch den Rahmen, in dem wir unser Bild von uns selbst finden sollen. In diesem Rahmen erfahren wir, wer wir sind.

9.2   Interaktion zwischen Halbwissenden

Da es in der Soziologie nicht um die subjektive Wirklichkeit allein, sondern vor allem um die objektive Wirklichkeit, die wir *mit Anderen* teilen, geht, müssen wir fragen, wie es denn mit dem Wissen über die Anderen aussieht, ob uns die Gesellschaft dafür vielleicht Vorgaben macht oder ob wir es uns selbst zurechtlegen. Eine erste Antwort haben wir schon im Kapitel über „Symbolische Ordnung" gehört: Das gesellschaftliche Wissen ist in Institutionen festgestellt und wird über vielfältige Legitimationen kontinuierlich gestützt. Wir haben aber auch schon gehört, dass die symbolische Wirklichkeit pluralisiert ist. Dies alles

---

1   Zur Relevanz dieser These von Anselm Strauss für eine Theorie der Identität vgl. Abels 2006, Kap. 24.2 „Strauss: Die Einbettung der Identität in die soziale Organisation des Lebens".

tangiert unser Wissen über uns und die Rahmung des Wissens generell in der Gesellschaft. Jetzt müssen wir etwas genauer fragen, wie denn angesichts der gesellschaftlichen Feststellungen und der gleichzeitigen Offenheit des Wissens *soziale Interaktionen* funktionieren. Die beiden Antworten, die ich gleich gebe, leiten deshalb zu der Frage über, wie das *Wissen über Andere* zustande kommt.

Beginnen wir also mit der Frage, wie soziale Interaktionen überhaupt funktionieren. Darauf gibt es aus wissenssoziologischer Sicht mehrere Antworten.

Die erste Antwort berücksichtigt die Tatsache, dass um uns herum die vielen anderen Menschen vorkommen, in deren Köpfe wir natürlich alle nicht hineinsehen können. Was sie wissen, wissen wir nicht wirklich, aber wir *meinen* es zu wissen. Die Erklärung haben wir gerade gehört, als die Funktion der Sprache beschrieben wurde. Damit liegt auch die erste Antwort auf die gestellte Frage auf der Hand:

- Es gibt ein allgemein verbindliches *Jedermannswissen* über die als selbstverständlich hingenommene Wirklichkeit der Alltagswelt, in der ich gemeinsam mit Anderen lebe.

Manches Wissen, das ich habe, erweist sich bei genauerem Hinsehen allerdings nur als eine *spezifische* Ausprägung des Jedermannswissens, die bei Anderen ganz anders aussieht. Wenn ich z. B. weiß, wie „man" in Deutschland seine Kinder erzieht, dann ist das ein Wissen, das in meiner Sozialschicht, in meinem Milieu und bei Leuten meines Alters gilt, aber in einem anderen Milieu verfügen die Leute über ein anderes Wissen. Das gesellschaftliche Wissen ist also differenziert. Doch selbst wenn uns manchmal völlig unverständlich ist, was die Anderen wissen, denken und folglich tun, unterstellen wir unbewusst doch, dass sie Mitglieder unserer gemeinsamen Gesellschaft sind und dass die Unterschiede des Wissens deshalb auch nur gradueller und nicht struktureller Art sind. Die zweite Antwort lautet denn auch:

- Im Großen und Ganzen gehen wir davon aus, dass es einen *typischen Rahmen* dessen gibt, was die einzelnen in dieser Gesellschaft wissen.

Weil wir unterstellen, dass die Anderen wie wir über ein allgemeines Jedermannswissen verfügen, machen wir uns über ihr Wissen nicht viele Gedanken. Zu diesem Jedermannswissen oder, wie wir Alfred Schütz schon zitiert haben, »stock of knowledge«, gehören nämlich auch die *Typisierungen*, die für die Hauptroutinen des Alltags notwendig sind. Dann weiß man z. B. – und man weiß, dass die Anderen das auch wissen! –, wie eine Finanzinspektorin typischerweise denkt und was jemandem durch den Kopf geht, dem wir versehentlich auf den Fuß getreten sind. Dass zum Wissen der ersteren gehört, dass wir alle potentielle Steuersünder sind, nehmen wir von vornherein an, und dass der zweite weiß, wieviele ungeschickte Trampeltiere heutzutage in der U-Bahn rumtreten, wissen wir. Wir wären überrascht, wenn die Inspektorin uns auf Abschreibungsmöglichkeiten hinwiese oder der Betretene uns milde anlächelt. Bis dahin aber gehen wir, wie schon zitiert, davon aus, „dass es eine fortwährende Korrespondenz meiner und ihrer Auffassungen von und in dieser Welt gibt, dass wir eine gemeinsame Auffassung von ihrer Wirklichkeit haben". Das ist „das wichtigste, was ich weiß" (Berger u. Luckmann 1966, S. 26) ! Die dritte Antwort lautet also:

- Wir schließen von unseren Vorannahmen auf die *Reziprozität des Wissens* der Anderen.

Aus den genannten Beispielen wird ersichtlich, dass der gesellschaftliche Wissensvorrat differenziert und *sozial verteilt* ist. „Die gesellschaftliche Distribution von Wissen beginnt (...) bei der schlichten Tatsache, dass ich nicht alles weiß, was meine Mitmenschen wissen, und sie kumuliert in höchst komplizierten und geheimnisvollen Zusammenhängen der Expertenschaft." (Berger u. Luckmann 1966, S. 47) Aufgrund der gesellschaftlichen Arbeitsteilung gibt es *Spezialwissen*, das nur für spezifische Rollen und Aufgaben relevant ist, wie handwerkliches, religiöses oder wissenschaftliches Wissen. (vgl. S. 81 und 149) Manches Wissen wird von Experten verwaltet, die mir z. B. nicht verraten, wie sie das mit der schwebenden Jungfrau hinkriegen. Um an anderes Wissen heranzukommen, muss ich institutionelle Wege gehen, indem ich z. B. lerne, wie man einen Zahn zieht. Wenigstens die grobe

Information, wie das Wissen in der Gesellschaft verteilt ist, gehört e-
benfalls zu unserem Alltagswissen. Man weiß, wer weiß, wie man ein
Auto repariert, man weiß, dass Theologen wissen, wie man ein gottge-
fälliges Leben führt, und man weiß, dass Soziologen wissen, wie eine
Gesellschaft funktioniert. Kurz: Ein kompetentes, erwachsenes Mitglied der Gesellschaft weiß, an wen es sich im Notfall wenden muss,
um an relevantes Wissen heranzukommen. Die vierte Antwort, wieso
trotz vagen oder gar fehlenden Wissens die Interaktion zwischen den
Individuen funktioniert, ergibt sich also aus der Sozialisation, in der wir
mit dem Strukturzusammenhang des kollektiven Wissensvorrates vertraut gemacht wurden:

- Zu einer erfolgreichen Sozialisation gehört, über die Verteilung von
  Wissen Bescheid zu wissen.

Am gesellschaftlichen Wissensvorrat partizipieren wir nur in Ausschnitten und in individueller Weise, und deshalb weiß man auch nicht
alles, was die Anderen wissen. Doch das braucht uns nicht weiter zu
bekümmern, solange wir uns im Besitz des Jedermannswissens für die
Routine des Alltags wähnen und wissen, an wen wir uns wenden müssen, wenn uns in Ausnahmesituationen bestimmtes Wissen nicht zur
Verfügung steht. Gesellschaft als System von Wissen funktioniert, weil
ihre Mitglieder wechselseitig unterstellen, über ein gleiches Alltagswissen zu verfügen, und darauf *vertrauen*, dass diejenigen, die über Sonderwissen verfügen, dieses Wissen nach sozialen Regeln zur Verfügung
stellen. Die fünfte Antwort auf die oben gestellte Frage lautet also:

- In das gesellschaftliche Wissen ist das Vertrauen in die sinnvolle,
  soziale Verknüpfung des Wissens eingewoben.

Ich fasse zusammen: Was wir über die Anderen wissen, ist bestenfalls
ein Halbwissen. Es speist sich zu einem gehörigen Teil aus der Vermutung, dass sie in das gleiche gesellschaftliche Wissen eingebunden sind
wie wir. Daraus leiten wir die Erwartung ab, dass sie in einer konkreten
Interaktion auch als typische Vertreter dieses Wissens angesehen werden können.

9.3 Das Wissen von den Rollen

Gerade habe ich die Frage ventiliert, wieso die Interaktion zwischen *Halbwissenden* gelingt. Diese letzte Einschränkung, die natürlich nicht wertend gemeint war, will ich nun weglassen und fragen, wieso Interaktion zwischen den Mitgliedern einer gemeinsamen Gesellschaft gelingt. Die Antwort knüpft an die gerade referierten Erklärungen der Interaktion zwischen Halbwissenden und an die Ausführungen über die normative Kraft der Gesellschaft bei der Bestimmung relevanten Wissens an.

Was ich bisher beschrieben habe, zeigt, dass es in dieser Gesellschaft Muster des Denkens und Handelns gibt, mit denen wir uns im Alltag zurechtfinden, und sollte schon angedeutet haben, dass wir dabei ständig in einer wechselseitigen Beziehung zu den Anderen stehen. GEORG SIMMEL hat diese Beziehung treffend als *Wechselwirkung* bezeichnet. Mit diesem Begriff ist das Prinzip einer *Ordnung im Prozess* benannt, und Simmel greift in der Begründung dieses Prinzips weit in die Metaphysik aus: „Als regulatives Weltprinzip müssen wir annehmen, dass Alles mit Allem in irgend einer Wechselwirkung steht, dass zwischen jedem Punkte der Welt und jedem andern Kräfte und hin- und hergehende Beziehungen bestehen." (Simmel 1890, S. 129 und 130) Gesellschaft entsteht, indem sich Individuen wechselseitig beeinflussen, also aufeinander *einwirken*. Sie „*vergesellschaften*" (Simmel 1908, S. 23) sich; Wechselwirkung ist nur ein anderes Wort für Vergesellschaftung. (vgl. Simmel 1894, S. 54)

Indem sich die Individuen wechselseitig beeinflussen, schaffen sie Bedingungen, die ihr weiteres Verhalten als jetzt „vergesellschaftete Individuen" bestimmen. Sie werden also *bewirkt*. Auf diese Wechselwirkung zielt auch der schon zitierte Satz von Berger und Luckmann, dass Institutionalisierung stattfindet, „sobald habitualisierte Handlungen durch Typen von Handelnden reziprok typisiert werden" (1966, S. 58).

Vor diesem Hintergrund muss nun die These, dass Wissen Erfassung und Produktion von Wirklichkeit ist, übertragen werden auf die typische Situation des sozialen Handelns *zwischen* Individuen. Ich will also die Frage nach der Institutionalisierung des »normalen« Verhaltens in einer Gesellschaft stellen.

Nach Berger und Luckmann liegt „der Ursprung jeder institutionalen Ordnung in der Typisierung eigener und fremder Verrichtungen" (1966, S. 76, ähnlich S. 58). Handeln, das sich in bestimmten Situationen wiederholt, wird als solches wiedererkannt und in ähnlichen Situationen wieder *erwartet*. Es kommt zur Erwartung *typischen*, d. h. »richtigen« Verhaltens. Das hat Auswirkungen auf die Einschätzung der Handelnden selbst: „Das handelnde Selbst und der handelnde Andere werden (...) nicht als einzigartig, sondern als Typen empfunden. Diese Typen sind per definitionem austauschbar." (S. 78) Das heißt, dass auch die Individuen, die so handeln, wie es erwartet werden kann, typisiert werden.

Typische soziale Verhaltenserwartungen werden als *Rollen* bezeichnet. Sie sind im kollektiven Wissen objektiv vorhanden und gewissermaßen festgestellt, „institutionalisiert". Das heißt nicht, dass irgendwo schriftlich fixiert sein muss, wie „man" sich in bestimmten Situationen zu verhalten hat, sondern Institutionalisierung bedeutet, dass sich Verhaltenserwartungen generalisiert und „festgestellt" haben und dass darüber ein mehr oder weniger klarer gesellschaftlicher Konsens besteht. In den Rollen kommt das kollektive Wissen über generalisierte Erwartungen zum Ausdruck.

Die Gesellschaft wacht über die institutionalisierten Verhaltenserwartungen, indem sie typisches Handeln belohnt, zumindest nicht bestraft, und untypisches Handeln sanktioniert. Rollen haben also auch eine *normierende* und *kontrollierende* Funktion.

Doch man darf auch nicht die *entlastende* Funktion der Rollen übersehen. In Rollen kommt denn auch nicht nur die „ärgerliche Tatsache der Gesellschaft" zum Ausdruck, die den Menschen „in Bahnen und Formen zwingt, die er sich nicht selbst gewählt oder geschaffen hat", wie es RALF DAHRENDORF (1958, S. 18 und 42) einmal gesagt hat, sondern sie stützen auch und geben ihm Sicherheit. Es ist nämlich nicht nur so, dass wir zu bequem sind, alles immer von Grund auf neu zu bedenken, wir sollten es auch nicht immer wollen, weil uns das überfordern würde. Ganz nebenbei würden wir auch höchst unsichere Partner für die Anderen sein, weil sie nie wüssten, was uns als nächstes durch den Kopf geht. Rollen machen Handeln wechselseitig kalkulierbar, denn die „Bahnen und Formen" gelten für alle. Das kollektive Wissen von den Rollen ist die Voraussetzung dafür, Handeln zu vereinheitlichen, es somit regelmäßig, berechenbar und vorhersehbar zu machen!

Das Wissen von den Rollen ist so etwas wie das „ungeschriebene Textbuch eines Dramas" (Berger u. Luckmann 1966, S. 79), an dem alle Mitglieder der Gesellschaft beteiligt sind. In ihrer sprachlichen Vergegenständlichung sind die Rollen „ein wesentlicher Bestandteil der objektiv fassbaren Welt einer jeden Gesellschaft. Als Träger einer Rolle – oder einiger Rollen – hat der Einzelne Anteil an einer gesellschaftlichen Welt, die subjektiv dadurch für ihn wirklich wird, dass er seine Rollen internalisiert." (S. 78) Durch die Übernahme der Rollen werden „Institutionen der individuellen Erfahrung einverleibt." (ebd.) Das ist die Erklärung, warum Berger und Luckmann ja von der *gesellschaftlichen Konstruktion* der Wirklichkeit sprechen.

9.4 Schablonen und Stereotype

Bisher ging es um allgemeines Wissen, das z. B. Fakten, Dinge, gesellschaftliche Zusammenhänge oder Prozesse betrifft. Und es ging auch schon um das Wissen über das Verhalten von Personen in den Interaktionen. Jetzt geht es genauer um das Wissen über die Anderen. Wie nehmen wir sie wahr, und was wissen wir schließlich über sie?

Wissen, haben wir oben gelesen, baut sich auf über die Generalisierung individueller Erfahrungen und im Prozess der Sozialisation, in dem uns typische Erklärungen für typische Situationen beigebracht werden. Beide Prozesse führen zu generellen Erwartungen an die Anderen und ihr Verhalten in konkreten Situationen. Deshalb meinen wir, im Alltag auch meistens Bescheid zu wissen. Da sich unsere Sicht der Dinge auch bewährt zu haben scheint – immerhin haben wir den Eindruck, dass die Anderen die Dinge genau so sehen wie wir –, greifen wir auch dann zum Mittel des vertrauten Wissens, wenn etwas Neues passiert oder uns Personen unterkommen, die „anders" sind. Wir deuten das Neue und das Andere in das Vertraute um und passen es an unsere Erfahrungen an.

Wie wir oben gesehen haben, schützt uns dieser unbewusste Prozess der Konstruktion der Wirklichkeit vor der Gefahr, in den Überraschungen einer komplexen Welt unterzugehen. Dabei dürfen wir aber etwas Anderes nicht übersehen, das diese leichtfertige Nachlässigkeit des Denkens zur Folge hat: Auch *der Andere* wird nicht in seiner Individualität gesehen, sondern auf einen Typus reduziert. Oder anders: Der Blick auf den Anderen ist gebrochen durch bestimmte Erwartungen an „Menschen seines Schlages".

Wir sind beim Thema *Stereotype* und der Frage, wie wir zu unserem Wissen von den Anderen kommen.

Eine erste Antwort lautet: Es unterscheidet sich je nach der sozialen Beziehung, in der ich zu ihnen stehe.

Je seltener und lockerer soziale Beziehungen sind, desto diffuser die Typisierungen, mit denen ich die Anderen erfasse. Von meinem besten Freund weiß ich, dass er mit nichts und niemandem zu vergleichen ist, der Rest der Deutschen, mit denen ich alle vier Jahre um den Einzug „unserer Mannschaft" ins Finale bange, und die Schweizer, die jeden Samstag zu uns nach Deutschland kommen, um hier billig einzukaufen, sind nur noch Zeitgenossen, die ich nach einem pauschalen Typus betrachte. Ich nehme sie nicht als einzelne Individuen wahr und schenke ihnen nur eine pauschale Aufmerksamkeit.

Anderen, die flüchtig in mein Leben treten, z. B. der Frau mit den roten Krücken im Aufzug, schenke ich kurze Zeit meine Aufmerksamkeit und denke über sie einige Zeit mit meinem Wissen von Menschen „dieser Art" nach, aber schließlich sinkt dieses Wissen wieder unter die Schwelle meines wachen Bewusstseins. Von wieder Anderen weiß ich vielleicht nur aus zweiter oder dritter Hand, also vom Hörensagen. Einigen könnte ich irgendwann begegnen (z. B. der Prüferin, von der Freunde von Freunden Schreckliches zu berichten wissen), anderen eher nicht (z. B. leider der Königin von England, über die mich die bunten Blätter so gut informieren und mit der ich seit langem mitleide).

Mein Wissen über alle diese Personen ist gestaffelt nach Aktualität, Relevanz und sozialer Nähe.

Am unmittelbarsten erfahre ich den Anderen in der Vis-à-vis-Situation. In ihr fallen mein und sein „Hier und Jetzt" zusammen. Indem ich den Anderen unmittelbar und kontinuierlich wahrnehme, ist er völlig wirklich für mich. Das kann man im Sinne der »Wechselwirkung« verstehen, in der sich nach Georg Simmel die Handlungen der Individuen in einer konkreten Situation verschränken und bedingen. Durch den ständigen Austausch von Ausdrücken erkenne ich ihn als Subjekt, und als solches vermittelt er mir einen gewissen Eindruck.

Doch eigentlich erkenne ich den Anderen zunächst nicht als individuelles Subjekt, sondern nach *meiner* typischen Erwartung in einer typischen Situation. Diese Erwartung ist wiederum gesellschaftlich vorstrukturiert, denn in dieser Gesellschaft bin ich groß geworden und habe die *normalen* Erwartungen an das Verhalten von Menschen in *solchen* Situationen internalisiert. Diesen Prozess der Vorstrukturierung unseres Wissens von den Anderen habe ich gerade als Abfolge von Typisierung von Erfahrungen, Typisierung der Anderen in wiederholten konkreten Situationen und schließlich typischen Erwartungen, die in dieser Gesellschaft in Rollen festgestellt sind, beschrieben.

Der Blick auf den Anderen als eines individuellen Subjektes wird also durch die Linse allgemeiner Erwartungen gebündelt. Das helle Licht der Aufmerksamkeit streut, je ferner uns die Anderen stehen. Berger und Luckmann drücken es so aus: „Die gesellschaftliche Wirklichkeit der Alltagswelt wird (...) als ein kohärentes und dynamisches Gebilde von Typisierungen wahrgenommen, welche umso anonymer werden, je mehr sie sich vom »jetzt und Hier« der Vis-à-vis-Situation entfernen. An einem Pol dieses Gebildes befinden sich diejenigen Anderen, mit denen ich häufige und enge Kontakte pflege, mein »innerer Kreis« sozusagen. Am anderen Pol stehen höchst anonyme »Abstraktionen«, die ihrem Wesen nach niemals für Vis-à-vis-Interaktionen erreichbar sind." (Berger u. Luckmann 1966, S. 36)

Unser Wissen von den Anderen bildet „sich in einer biographischen, von subjektiven Relevanzen bestimmten Abfolge von Erfahrungen aus. Die Erfahrungen sind räumlich, zeitlich und sozial gegliedert, wobei hier insbesondere die soziale Gliederung nach verschiedenen Graden der Unmittelbarkeit und der Anonymität von Bedeutung ist. Problematische Situationen verschiedenster Art werden durch typische Lösungen bewältigt. Je mehr einzigartige Aspekte eines Problems, einer Erfahrung, eines Gegenstands vernachlässigt werden, um so schematischer ist die Lösung des Problems" (Luckmann u. Luckmann 1983, S. 32), umso allgemeiner wird also der Typus, unter den wir das Problem subsumieren. Es ist wie eine Art Schablone, nach der wir die Dinge wahrnehmen und behandeln.

Der englische Philosoph FRANCIS BACON (1561-1626), der die klassische Methode der Spekulation durch Empirie und Induktion ablösen wollte, hat die trügerische Annahme der reinen, unvoreingenommenen Erfahrung und die Folgen so beschrieben: „Hat der menschliche Verstand einmal an Etwas Gefallen gefunden (...), so zieht er alles Übrige mit Gewalt hinein, damit zusammenzustimmen. Und wenn auch für das Gegentheil weit bessere Beweise sich anbieten, so übersieht er sie oder verkennt ihren Werth, oder schafft sie durch Spitzfindigkeiten bei Seite, nicht ohne die größten, schädlichsten Vorurtheile; Alles, um nur die Autorität seiner ersten Annahme ungeschmälert zu erhalten." (Bacon 1620, Aphorismus I, 46) Für den Spötter FRIEDRICH NIETZSCHE war unser Denken ohnehin im Wesentlichen Einordnen neuen Materials in alte Schemata (»Prokrustesbett«)! (vgl. Nietzsche 1901, 499)

Man könnte diese Art, sich die Wirklichkeit nach satter Gewissheit zu ordnen, hinnehmen, wenn es nur um unser Denken im Kopf geht. Da wir aber unausweichlich mit Anderen zusammen leben und soziologisch Denken der Beginn von Handeln ist, müssen wir die sozialen Konsequenzen des Vorwissens betrachten.

Im Prinzip ist jede neue Situation und jede Begegnung mit einem Anderen ein Problem, und es muss sich erst erweisen, dass unsere bisherigen Erfahrungen ausreichen, es zu lösen, dass die Schablone wirklich funktioniert. Doch vor dieser geistigen Anstrengung im Einzelfall setzt ein anderer Mechanismus ein, den ich schon unter dem Thema *Typisierung* angesprochen habe.[2] Rufen wir uns noch einmal in Erinne-

---

2   Siehe oben Kap. 3.3.1 „Typisierungen".

rung, was dazu gesagt wurde: Wir müssen unsere Erfahrungen in eine gewisse Ordnung bringen, um nicht in der Komplexität der vielen und immer anderen Erfahrungen zu ertrinken. Das tun wir, indem wir sie zu typischen Erfahrungen *verallgemeinern*. Wenn diese Typisierung erstarrt und automatisch jede neue Erfahrung in die Schublade des schon immer Gekannten einordnet, sprechen wir von einem *Stereotyp*.

Diesen Begriff, der ursprünglich aus der Fachsprache des Druckers stammt, hat der amerikanische Politologe WALTER LIPPMANN in seinem Buch „Public Opinion" (1922) benutzt, um die „Vorstellungsbilder (»pictures in our head«), die wir von Angehörigen sozialer, insbesondere ethnischer Gruppen haben" (Luckmann u. Luckmann 1983, S. 55), zu charakterisieren. Stereotype sind generalisierende Vorstellungen von Personen, Gruppen oder Zusammenhängen. Sie berücksichtigen nur relativ wenige, oberflächliche Merkmale, schließen von denen aber sofort auf das Ganze und auf alle anderen Fälle. Vor allem aber: Stereotype sind Vorabwissen, das unsere Wahrnehmung strukturiert: „Meistens schauen wir nicht zuerst und definieren dann, wir definieren erst und schauen dann." (Lippmann 1922, S. 63)

Lippmann berichtet von einem interessanten Experiment, das auf einem Psychologenkongress, also vor den Augen erfahrener Beobachter durchgeführt wurde: „Unweit der Halle, in der der Kongress abgehalten wurde, fand ein Volksfest mit Maskenball statt. Plötzlich wurde die Saaltür aufgerissen, und ein Clown stürzte herein. Ihn verfolgte wie ein Irrer ein Neger, der einen Revolver in der Hand hielt. In der Mitte des Raumes kam es zum Kampf zwischen den beiden; der Clown fiel zu Boden, der Neger sprang auf ihn, schoss, und beide stürzten dann wieder aus der Halle davon. Der ganze Vorfall dauerte keine zwanzig Sekunden." (Lippmann 1922, S. 63) Sie können sich denken, was die Auswertung der schriftlichen Berichte, die die versammelten Psychologen abfassen sollten, ergab: Nur ganz wenige Berichte hätten als exaktes Beweismaterial ausgereicht.

Wie kommt das? Lippmann hat mehrere Erklärungen. Eine lautet, dass unsere Wahrnehmung von den Mustern abhängt, die wir in der Gesellschaft gelernt haben. (vgl. Lippmann 1922, S. 63) Das kennen wir auch aus der Kunstgeschichte, dass unsere ästhetischen Vorstellungen und überhaupt die Identifizierung des Dargestellten von dem Zeitgeist abhängen, der uns „richtig" zu sehen lehrt. Der Kunstunterricht in jeder Gesellschaft hat nichts anderes zum Ziel als Heranwachsenden beizubringen, was z. B. ein klassisches Schönheitsideal ist oder was die Maler mit der Erfindung der Zentralperspektive beim Betrachter auslösen wollten.

Die zweite Erklärung hängt mit der Komplexität des Neuen und dem Zeitdruck zusammen, unter dem wir es ordnen müssen: „Der Versuch, alle Dinge frisch und im Detail zu sehen statt als Typen und Verallgemeinerungen, erschöpft." (Lippmann 1922, S. 67) Unsere Denkökonomie greift auf unser Vorwissen zurück, das ja typische Erfahrungen bereithält. Da wir keine Zeit für eine eingehende Betrachtung haben, nehmen wir am Anderen einen bestimmten Zug wahr, „der einen wohlbekannten Typ kennzeichnet, und schon füllen wir den Rest des Bildes mit den Stereotypen, die wir in unseren Köpfen herumtragen" (S. 68).

Etwas drastischer klingt diese Überlagerung (oder gar Verhinderung!) neuer Erfahrung durch unser stereotypes Wissen bei Friedrich Nietzsche: „Der Mensch findet in den Dingen nichts, als was er selbst in sie hineingesteckt hat." (1901, 606) Nietzsche meint mit dem Wiederfinden zwar die Wissenschaft, und für das Hineinstecken nennt er Kunst, Religion, Liebe, Stolz, doch wenn Sie zum Wiederfinden noch „Wahrnehmung und Erfahrung" nehmen und zum Hineinstecken „Wissen und Interesse", dann passt der Satz ganz gut zu dem, was Lippmann schreibt: Wir sehen an den Gegenständen und den Anderen „hauptsächlich das, wovon unser Kopf bereits voll ist" (1922, S. 67).

Unser Vorabwissen, haben wir gesehen, ist auch durch die Bilder bestimmt, die wir in dieser Gesellschaft verinnerlicht haben. Wir sind „über die Welt bereits unterrichtet, bevor wir sie sehen", und wir stellen uns die meisten Dinge schon vor, „bevor wir unsere Erfahrungen damit machen" (Lippmann 1922, S. 68).

Stereotype stoßen überhaupt nicht auf die individuelle Besonderheit, sondern ordnen die Wirklichkeit rasch und entschieden nach hochgerechneten Einzelerfahrungen. Die wiederum können höchst eng sein, indem sie z. B. nur ein einziges auffälliges Merkmal an einer Person wahrnehmen und von diesem Merkmal auf die ganze Person schließen.

In der Sozialpsychologie nennt man das einen *halo*-Effekt. „Halo" ist die englische Bezeichnung für den Heiligenschein, der auf frommen Bildern die Aufmerksamkeit der Betrachter auf das „Wesentliche" konzentrierte und alles andere überstrahlte. Egal was die Heilige tat, sie tat es als Heilige, und mit dem Heiligenschein war schon alles gesagt. Auch in der Interaktion schließen wir unbewusst aus *einem* sozialen Merkmal, z. B. einem bestimmten Beruf, auf andere potentielle Merkmale, z. B. Bildungsinteressen. (vgl. Hofstätter 1963, S. 370) Wer die Straße fegt, liest kein gutes Buch, und wer einen Doktortitel hat, liest nur gute Bücher. Oder? Wer Totengräber im Dorf ist, wird ganz sicher nicht Karnevalsprinz werden wollen. Noch einmal: Oder? Wo solche komplementären Erwartungen in Teilen oder gelegentlich erfüllt werden, scheint für den Beobachter der gesamte soziale Status konsistent zu sein. In Wirklichkeit nimmt er nur das wahr, was in sein „Vor-Wissen" passt.[3]

Stereotype übertreiben die Bedeutung einzelner Merkmale und verallgemeinern einzelne Fälle. Stereotype schließen aus Phänomenen ohne viel nachzudenken auf eine vermeintliche Struktur. Wenn man aber genau hinsieht, dann existiert diese Struktur schon als Vor-Wissen in unserem Kopf, und in diesem Rahmen ordnen wir die Phänomene und verleihen ihnen *Sinn für uns.*

Damit kommen wir zu einer dritten Erklärung der Organisation unserer Erfahrungen durch unser Vorabwissen. Lippmann bezeichnet „Stereotype als Verteidigungsmittel" (1922, S. 71) für die Welt, wie wir sie uns denken, und für unsere Stellung in ihr. Stereotype sind das Bild einer Welt, auf die wir uns in den Interaktionen mit Anderen eingestellt haben. „In dieser Welt haben Menschen und Dinge ihren wohlbekannten Platz und verhalten sich so, wie man es erwartet. Dort fühlen wir uns zu Hause. Dort passen wir hin. Wir gehören dazu. Dort wissen wir Bescheid. Dort finden wir den Zauber des Vertrauten, Normalen,

---

3 Dass diese Vor-Urteile sich bei Menschen, die in irgendeiner Weise nicht den Normalitätsvorstellungen entsprechen, negativ auswirken, liegt auf der Hand. Ich habe dies unter dem Aspekt der Definitionsmacht über ein Stigma an anderer Stelle (Abels 2006, Kap. 25 „Goffman: Beschädigungen und mögliche Gefährdungen der sozialen Identität") dargestellt.

Verlässlichen. (…) Es ist daher kein Wunder, dass jede Störung der
Stereotypen uns wie ein Angriff auf die Grundfesten (Korrektur H. A.)
des Universums vorkommt." (Lippmann 1922, S. 71f.) Kritisch muss
man einräumen, dass es nicht *das* Universum, sondern *unser* Universum ist, aber, heißt es weiter, „Wo große Dinge auf dem Spiel stehen,
geben wir nicht gerne zu, dass es einen Unterschied zwischen *unserem*
und *dem* Universum gibt." (S. 72)

Stereotype sind nicht neutral, sondern sie *bewerten*. Sie bewerten
nämlich vorab unsere eigene Welt und das sie konstituierende Wissen
als *richtig* und *normal*. Das Stereotyp ist nicht nur eine Methode, „der
Wirklichkeit eine Ordnung unterzuschieben", und es ist „nicht nur ein
Kurzschluss", sondern es ist noch mehr: „Es ist die Garantie unserer
Selbstachtung; es ist die Projektion unseres eigenen Wertbewusstseins,
unserer eigenen Stellung und unserer eigenen Rechte auf die Welt. Die
Stereotypen sind daher in hohem Grade mit den Gefühlen belastet, die
ihnen zugehören. Sie sind die Festung unserer Tradition." (Lippmann
1922, S. 72)

Weil hinter Stereotypen Gefühle stehen, sehen sie sich auch so oft
bestätigt. Wer weiß, dass *alle* Rheinländer fröhlich sind, wird ganz vielen dieser glücklichen Exemplare begegnen, und wer weiß, dass *alle*
Verkäuferinnen in Russland unfreundlich sind, wird auch das immer
wieder erlebt haben. Die Erklärung hängt mit der vorgefassten Meinung zusammen, die nur das wahrnimmt, was sie bestätigt. Dazu AR-
THUR SCHOPENHAUER: „Eine gefasste Hypothese gibt uns Luchsaugen
für alles sie Bestätigende und macht uns blind für alles ihr Widersprechende." (Schopenhauer 1844, Kap. 19, S. 252f.)[4]

Natürlich kommen wir nicht auf alle Klischees über Andere selbst,
sondern viele übernehmen wir. Sie gehören zur öffentlichen Meinung
und werden in der ganz banalen Kommunikation im Alltag und den
ständigen Fluss der Informationen in den Medien weitergetragen. Sie
halten sich zäh, weil erstens normalerweise nicht über sie reflektiert

---

4 Auf die emotionale Fundierung dieser Hypothesen über andere Menschen und die
   Erklärung, warum wir an Vorurteilen festhalten, komme ich noch zu sprechen
   (vgl. Kap. 12.3 „Vorurteile sind emotional fundiert und resistent gegen Widerle-
   gungen").

wird und zweitens sich immer einer findet, der genau so denkt wie wir. Wahrscheinlich verkehren wir ohnehin nur in solchen Kreisen, wo „jeder" so denkt wie wir. Und je enger und dichter diese Kreise sind, umso rascher identifiziert die öffentliche Meinung den „einen" als „alle". In unserem Denken neigen wir leicht zu absoluten Aussagen wie „hundertprozentig, allerorts und immer" (Lippmann 1922, S. 114). Dies kommt vor allem bei der bewertenden Typisierung als Gut oder Böse zum Ausdruck. Da haben wir es nicht gern mit differenzierenden Adverbien zu tun, wie Lippmann aus Freuds Überlegungen über den Absolutismus in Träumen referiert.[5] Stereotype sind Verallgemeinerungen über andere Personen und implizite Bewertungen.

Mit Bezug auf den sozialen Kontext, in dem sie entstehen, und den sozialen Kontext, den sie *wertend* konstituieren, kann man Stereotype durchaus als „die von einer Gruppe geteilten impliziten Persönlichkeitstheorien hinsichtlich dieser oder einer anderen Gruppe" (Stroebe 1980, S. 97) bezeichnen.

Deshalb will ich noch anfügen: Stereotype sind keineswegs rein technische Konstruktionen unseres Denkens über die Wirklichkeit, sondern Bewertungen des Einzelfalls. Von ihm ziehen wir die Aufmerksamkeit ab und entindividualisieren ihn somit. Stereotype stehen im Urteil über andere Menschen jenseits der Alltagsweisheit, dass es solche und solche gibt: Stereotype funktionieren nach der einfachen Logik, dass „solche" entweder die „wie bekannt" oder die Ausnahmen von der Regel sind. Das Stereotyp wird also doppelt betätigt. Sozialpsychologisch kann man das mit den Attributionen, also den Vermutungen über Verhaltensursachen, erklären: „Verhalten, das das Stereotyp betätigt, wird im allgemeinen dispositional attribuiert, das heißt, es wird ein stabiles Persönlichkeitsmerkmal dafür verantwortlich gemacht. Was dem Stereotyp widerspricht, wird situational attribuiert." (Schmid 1991, S. 157[6])

---

5 Unter Bezug auf S. Freud 1900: Die Traumdeutung, Kap. VI.
6 Unter Bezug auf D. H. Hamilton 1979: A Cognitive-Attributional Analysis of Stereotyping. In: Berkowitz (ed.): Advances in Experimental Social Psychology, New York: Academic Press.

Stereotypen kann man nur schwer etwas entgegen setzen. Für Freunde der Arbeit am individuellen Denken und an der öffentlichen Meinung will ich aber wenigstens zitieren, was Gotthold Ephraim Lessing auf dem Höhepunkt der Aufklärung einen selbst Denkenden gegen jemanden, der sich als großer Kenner der Physiognomie gerade über Juden verbreitet hatte, anführen ließ: „Ich bin kein Freund allgemeiner Urteile über ganze Völker. (…) Ich sollte glauben, dass es unter[7] allen Nationen gute und böse Seelen geben könne." (Lessing 1754: Die Juden, 6. Auftritt)

Den Stellenwert von Typisierungen und Stereotypen bei der Organisation unseres Wissens kann man so zusammenfassen: „Typisierungen enthalten Elemente von Stereotypen, insofern natürlich auch sie Details und Einzigartigkeiten der Natur- und Sozialwelt vernachlässigen und verallgemeinern. Je weiter entfernt vom alltäglichen, routinisierten Gebrauchswissen, umso ungenauer ist im allgemeinen das Wissen, umso stereotyper. Aber auch stereotypes Wissen ist brauchbar und nützlich zur Identifizierung des wenig Bekannten, des Fremden. Stereotype unterscheiden sich von Typisierungen, insofern sie sich auch gegen massive Evidenz widersprüchlicher Einzelheiten aufrechterhalten." (Luckmann u. Luckmann 1983, S. 63)

Ich greife etwas vor: Eine klare Abgrenzung des Stereotyps zum Vorurteil ist schwierig. Wenn man auf die *instrumentelle* Funktion des Stereotyps für die sozialen Beziehungen zu anderen Individuen abhebt, dann ist der Begriff des Stereotyps mit dem Begriff des Vorurteils so gut wie verschmolzen. Vielleicht kann man es so unterscheiden:

- Während „beim Stereotyp die kognitive Dimension und damit die Orientierungsfunktion in den Vordergrund" tritt, wird „bei Vorurteilen die affektiv-emotionale Dimension betont" (Peuckert 2006, S. 343).

---

7 Hier natürlich im Sinne „unterhalb einer jeden Nation" gemeint! Lesen Sie vielleicht auch einmal die Ringparabel in Lessings „Nathan der Weise", wo die Frage nach der individuellen guten resp. bösen Seele in den Kontext der Wahrheit ihrer Sinnwelt gestellt wird.

- Das Vorurteil zeichnet sich „durch *besondere* (Hervorhebung H. A.) Änderungsresistenz" aus und enthält „überwiegend negative Zuschreibungen" (Schmid 1991, S. 152).

Bevor ich auf das Thema Vorurteil genauer eingehe, will ich den Aspekt, dass unser Wissens von den Anderen *sozial* bedingt ist, noch etwas vertiefen und zeigen, dass auch die *Gruppe*, auf die wir uns beziehen, unser Urteil von den Anderen bestimmt. Über sie lernen wir, wer wir sind und was wir von „den Anderen" zu halten haben.

Es ist ein Grundzug der Kultur, dass ein Mensch dem außerhalb
seines eigenen Kreises lebenden Menschen aufs tiefste misstraut,
also dass nicht nur ein Germane einen Juden,
sondern auch ein Fußballspieler einen Klavierspieler
für ein unbegreifliches und minderwertiges Wesen hält.
Robert Musil [1]

10 Wir und „die" Anderen: Über Ethnozentrismus, Insider und Outsider

Bei der ersten Erklärung, wie das Wissen über uns und die Anderen funktioniert, wurde gesagt, dass die Kommunikation dann wohl gelingt, wenn die sozialen Bedeutungen, die wir einander und den Umständen der Kommunikation beimessen, ähnlich sind. Das, so wurde weiter gefolgert, dürfte in Gruppen mit eingelebten kulturellen Orientierungen

---

1 Musil (1930): Der Mann ohne Eigenschaften, S. 26

der Fall sein. Jetzt müssen wir aber genauer hinsehen, was diese Gruppen denn genauer für dieses wechselseitige Wissen bedeuten.

Ich beginne mit der These, dass zu den kulturellen Orientierungen in einer Gruppe auch bestimmte soziale Vorstellungen gehören, wie „man" zu sein hat, wenn man zu einer bestimmten Gruppe *gehören will* oder *gehört*. Die erste Betonung spielt auf das individuelle Bedürfnis nach Zugehörigkeit zu einer Gruppe an, die zweite auf die stereotype Definition eines Individuums aus der Mitgliedschaft zu einer Gruppe. Das Bedürfnis nach sozialer Nähe und Bestätigung in einer Gruppe hat zur Folge, dass wir uns an beide Vorstellungen mehr oder weniger genau anpassen.

In unserer Bezugsgruppe gibt es aber auch soziale Vorstellungen, wie die sind, die *nicht* zu der Gruppe gehören. Und auch diesen Vorstellungen können wir uns nicht leicht entziehen. Manchmal wollen wir uns ihnen auch gar nicht entziehen, weil sie Ordnung in die Welt bringen, die ohnehin kompliziert genug und unüberschaubar ist. Wenn wir uns mit diesem ordnenden kollektiven Wissen im Einklang wähnen, stehen wir zumindest nicht allein.

Das leichte Wohlgefühl des „richtigen" Denkens über die, die wir nicht kennen, steigert sich, wenn wir sie nicht nur als anders wahrnehmen, sondern den Eindruck haben, dass sie schlechter sind als wir. Dem Eindruck kann man sogar nachhelfen.

10.1 Wir sind uns mit der Gruppe einig, dass Andere nicht dazugehören

Nach der These von George Herbert Mead, die oben referiert wurde, erfahren wir uns selbst auf dem Weg über die Rolle der Anderen uns gegenüber. Diese Rolle wird zwar in der konkreten Interaktion aktualisiert und durch die Bedeutungen, die wir ihr beimessen, gestaltet, aber sie ist vorgeformt durch gesellschaftliche Erwartungen im Allgemeinen und die Normen, die in der Gruppe gelten, der wir uns verbunden fühlen. Deshalb können wir schlussfolgern: Die Selbsteinschätzung hängt von den Standards der Gruppe ab, und „das Gefühl des »Einsseins mit sich selbst«, das ein Individuum haben kann, ist oft nur das Ergebnis des »Einsseins« mit den Standards einer Gruppe, der es affektiv verbunden ist" (Merton 1957a, S. 314). Und mit diesem Rahmen bekommen wir eine erste Vorstellung von etwas, was wir nicht sind bzw. was schlicht außerhalb existiert. Schließlich: Da soziale Nähe gut tut, verstärken alle Mitglieder einer Gruppe ihre Gefühle füreinander. Sie schwingen sich in eine *gemeinsame* Sicht der Welt ein.

Doch es ist nicht *die* Welt, sondern *ihre* Welt. Sie nehmen einen Ausschnitt der gesellschaftlichen Wirklichkeit in den Blick, und in diesem Ausschnitt definieren sie, wer die Mitglieder der Gruppe sind und wie sie deshalb zu denken und zu handeln haben und wer sie nicht sind. Letzteres erfordert, Grenzen zu ziehen. Mit Blick auf das Wissen, das wir von uns und von den Anderen haben, die latenten Stereotype, die dabei mitspielen, und die Erwartungen, die wir an das Verhalten Anderer richten, kann man dann von einer sozialen Gruppe sprechen, „wenn mehrere Personen sich darüber einig sind, dass sie ein bestimmtes, sie von anderen unterscheidendes Merkmal besitzen und wenn diese Gemeinsamkeit ihr gegenseitiges Verhalten sowie auch ihr Verhalten gegenüber Nicht-Merkmalsträgern bestimmt" (Schmid 1991, S. 148). Und in der Tat können wir beobachten, dass soziale Gruppen zwischen „innen" und „außen", „wir" und „Andere" unterscheiden. Wieder mit Blick auf das Bedürfnis nach sozialer Nähe: Um dazuzugehören, übernehmen wir diese Urteile.

Die Anpassung an die Meinung der Gruppe ist Teil des Ringens um die soziale Identität. Darunter kann man das Bild von uns verstehen, das wir aus den Reaktionen unserer Bezugsgruppe gewonnen haben. Ist es ein positives, versuchen wir es auch dadurch zu erhalten, dass wir denen, die uns beurteilen, auch in ihrem Urteil über *Andere* folgen; ist es ein negatives, suchen wir es genau auf dem gleichen Wege aufzubessern. Ein wesentliches Mittel zur Aufwertung der eigenen sozialen Identität besteht für den Sozialpsychologen HENRI TAJFEL darin, sich im Einklang mit der eigenen Gruppe positiv von einer Fremdgruppe zu unterscheiden. (vgl. Tajfel 1978) Einen anerkannten Platz in der Gruppe zu erreichen, heißt auch, ihre Urteile über sich selbst und „die" Anderen zu übernehmen.

10.2 In-group und out-group – über Ethnozentrismus und die Abwertung der Anderen

WILLIAM G. SUMNER (1840-1910), einer der Gründungsväter der Soziologie in den USA, nennt als eines der Motive des Menschen zu handeln die Eitelkeit, worunter man im weitesten Sinne das Bedürfnis nach sozialer Anerkennung verstehen kann. (Sumner 1906, sec. 22) Jedem Handeln liegt ein bestimmtes Interesse zugrunde, und was der Mensch tut, erfolgt nach dem Prinzip von Versuch und Irrtum (»trial and failure«). Die Richtung der Anstrengungen ist dadurch bestimmt, ob sie Lust (»pleasure«) und Befriedigung oder Unlust (»pain«) bereiten. Was sich als zweckmäßiges Handeln erweist, wird zur Gewohnheit (»habit«) und als Muster beibehalten.

Diese Erklärung des menschlichen Handelns entwickelt Sumner vor dem Hintergrund einer Entwicklungsgeschichte der Gesellschaft. Die frühen sozialen Assoziationen bezeichnet er als „primitive Gesellschaften". In ihnen wird die Einbindung des Menschen in die Gruppe besonders deutlich. Sumner schreibt: „Der Kampf um's Überleben (»struggle to maintain existence«) wurde nicht individuell, sondern in der Gruppe geführt." (Sumner 1906, sec. 1) Da alle unter den gleichen Bedingungen lebten, „gab es eine Konkurrenz um die zweckmäßigsten Lösungen" und „ein jeder profitierte von der Erfahrung des anderen. (...) Zum Schluss verhielten sich alle in der gleichen Weise für den gleichen Zweck; die Praktiken wandelten sich zu Gewohnheiten (»customs«) und wurden zu einem kollektiven Phänomen. (...) Auf diese Weise entstehen die folkways" (ebd.).

Folkways sind die kollektiven Vorstellungen, wie Dinge üblicherweise zu regeln sind. Insofern kann man sie auch als das kollektive Wissen über richtiges Verhalten bezeichnen. Folkways stellen sich im Laufe der Zeit fest und werden zu einem sozialen Zwang (»imperative«, »societal force«) (vgl. Sumner 1906, sec. 1f.).

Neben diese Erklärung des sozialen Zusammenhalts durch kollektive Vorstellungen des richtigen Verhaltens stellt Sumner noch eine zweite: Die Gruppe stabilisiert sich nach innen, indem sie sich von anderen

Gruppen *abgrenzt*. Die Menschen unterscheiden genau zwischen „ihrer" Gruppe und der der „Anderen".

Sumner hat die eigene Gruppe als »in-group« und die Fremdgruppe als »out-group« bezeichnet. (Sumner 1906, sec. 13f.)

Diese Differenzierung erfolgt in wertender Absicht, und die entsprechenden sozialen Einstellungen innerhalb der „Wir-Gruppe" und zu der „Anderen-Gruppe" bedingen einander: „*Die Beziehung von Kameradschaft und Frieden in der Wir-Gruppe und die von Feindseligkeit und Krieg zu den Anderen-Gruppen bedingen einander wechselseitig.* (...) Loyalität und Opferbereitschaft *für die Gruppe*, Hass und Verachtung für die Außenseiter, Brüderlichkeit innen, kriegsähnliche Zustände außen – all das wächst gemeinsam." (Sumner 1906, sec. 13f., zit. nach Merton 1957a, S. 284)[2]

Die Eigengruppe wird aufgewertet, die Fremdgruppe abgewertet. Diese – oft – unbewusste Einstellung hat Sumner *Ethnozentrismus* genannt: Die eigene Gruppe gilt als der Nabel der Welt und als Maßstab des richtigen Verhaltens. Man „rühmt sich seiner Überlegenheit, übertreibt die eigenen Vorzüge und blickt mit Verachtung auf Außenstehende herab" (Sumner 1906, sec. 15).

Solche ethnozentrischen Vorstellungen finden wir in vielen drastischen Bezeichnungen, die die Völker füreinander haben. Das Mindeste ist, sie als »Barbaren« zu bezeichnen, wie die Griechen den Rest der Welt bezeichneten, der eben keine richtige Sprache hatte, sondern nur »brabbelte«.[3]

Ethnozentrismus zeigt sich vor allem in archaischen Schöpfungsmythen. Der Kulturanthropologe MELVILLE J. HERSKOVITS hat von einem

---

2 Auf Mertons Kritik an dieser These komme ich gleich zu sprechen.

3 Eingeborene in Südwestafrika, die sich in ihrer eigenen Sprache als „die Menschen" bezeichneten, wurden im 17. Jahrhundert von Holländern als „Hottentotten" bezeichnet, was so viel wie „Stotterer" heißt. Noch 1832 war Charles Darwin der Meinung, die Feuerland-Indianer hätten keine richtige Sprache und sähen auch nicht wie Menschen aus. (vgl. Lang 1965, S. 292) Als Jahrhunderte vorher die völlige Ausrottung der Indianer drohte, hatte es einer päpstlichen Bulle bedurft, die die Indianer zu „richtigen Menschen" erklärt. (vgl. S. 289)

schönen Mythos gehört, mit dem sich angeblich[4] die Cherokee-Indianer, die ursprünglich in Tennessee wohnten, ihre »natürliche« Überlegenheit erklären. Er geht so:

> *Der Schöpfer der Welt krönte sein Werk, indem er den Menschen schuf. Das tat er, indem er einen Teig anrührte und einen Backofen anheizte. Dann formte er drei menschliche Figuren und schob sie in den Ofen. Ungeduldig, wie er war, schaute er nach kurzer Zeit nach, was aus den Figuren geworden war. Als er die erste herauszog, war er ganz enttäuscht, denn sie war noch nicht ganz gar und ziemlich bleich. Doch sie war nun einmal so, wie sie war, und so entstanden die Bleichgesichter. Wieder nach einer Weile zog er die zweite Figur heraus, und die war wunderschön. Sie hatte eine kräftige braune Farbe, und der Schöpfer konnte sich gar nicht satt genug sehen an ihr. Darüber vergaß er die dritte Figur. Als er sich mit Schrecken daran erinnerte, war sie schon ganz verkohlt. (vgl. Herskovits 1947, S. 68f.)*

Von wem die Cherokee sich selbst ableiten, bedarf keiner Frage.

SIGMUND FREUD hat einige weniger krasse Differenzierungen vor Augen: „Jedesmal, wenn sich zwei Familien durch Eheschließung verbinden, hält sich jede von ihnen für die bessere oder vornehmere auf Kosten der anderen. Von zwei benachbarten Städten wird jede zur missgünstigen Konkurrentin der anderen; jedes Kantönli sieht geringschätzig auf das andere herab. Nächstverwandte Völkerstämme stoßen

---

4   Ich formuliere bewusst vorsichtig, um vor einem typischen Fehler im Vorhof der Wissenschaft zu warnen, der mir passiert ist. Diesen Mythos habe ich schon am Anfang meines Studiums bei dem Nestor der deutschen Sozialpsychologie, Peter R. Hofstätter (1963, S. 381f.), gelesen und ohne Bedenken immer wieder referiert. Als dann irgendwann Ingrid Woll-Schumacher ihre Zweifel anmeldete, habe ich bei Herskovits nachgeschaut. Und siehe da, es waren nicht die Irokesen, die sich mit diesem Mythos rühmten, sondern die Cherokee. Außerdem hatte Herskovits angemerkt, dass ein belgischer Kulturanthropologe ihm diesen Mythos erzählt habe. Ich verlasse mich jetzt auf Herskovits, und wenn es diesen Mythos doch nicht geben sollte, ist er zumindest gut erfunden.

einander ab." (Freud 1921, S. 95) Später hat Freud diesem letzteren Phänomen, „dass gerade benachbarte und einander auch sonst nahe stehende Gemeinschaften sich gegenseitig befehden und verspotten, so Spanier und Portugiesen, Nord- und Süddeutsche, Engländer und Schotten", den Namen »Narzissmus der kleinen Differenzen« gegeben. (Freud 1930, S. 104) Er sieht „darin eine bequeme und relativ harmlose Befriedigung der Aggressionsneigung[5], durch die den Mitgliedern der Gemeinschaft das Zusammenhalten erleichtert wird." Und er fügt sarkastisch hinzu: „Das überallhin versprengte Volk der Juden hat sich in dieser Weise anerkennenswerte Verdienste um die Kulturen seiner Wirtsvölker erworben." (ebd.)

Kehren wir zu Sumners Unterscheidung zwischen in-group und out-group zurück und betrachten das Muster des Ethnozentrismus genauer. Der Begriff Ethnozentrismus bezeichnet nämlich zum einen den Fokus des Denkens, und von diesem Zentrum aus erfolgt die Unterscheidung zwischen in-group und out-group in wertender Absicht. Die Beispiele über die Einstellungen der Völker haben das zur Genüge belegt. Zum anderen steht der Begriff auch für eine „erhöhte Solidarität mit der eigenen Gruppe" (Schmid 1991, S. 149). Wenn wir dann Solidarität im Sinne EMILE DURKHEIMs[6] (1893) als Gefühl der gemeinsamen Verbundenheit im Denken und Handeln verstehen, dann impliziert Ethnozentrismus die Bereitschaft, nach den Urteilen der Gruppe ggf. auch zu *handeln*. Ein berühmtes Experiment hat diesen Zusammenhang eindrucksvoll bestätigt. Zwei andere werden zeigen, dass wir unter dem Druck der Gruppenmeinung unsere Urteile revidieren.

---

5 Auf Freuds diesbezügliche Anthropologie kann ich hier nicht eingehen. Nur so viel: In einer Gemeinschaft zu leben, bedeutet auch, der dem Menschen angeborenen Aggressionsneigung gegen jeden anderen Menschen Einhalt zu gebieten. Das ist für Freud die Funktion und Leistung der Kultur. (vgl. Abels 2007, Bd. 2, Kap. 2.2 „Freud: Über-Ich und Einschränkung der Triebbedürfnisse".) Die Energie, die auf diese Weise unterdrückt wird, muss sich auf andere Weise Luft verschaffen, indem man seine Aggressionsneigung nach außen, auf Andere, lenkt.

6 Vgl. zu dieser Erklärung sozialer Ordnung Abels 2007, Bd. 1, Kap. 3.6 „Durkheim: Mechanische und organische Solidarität".

10.3 Gelernte Wir-Gefühle und die Revision unseres Urteils unter dem Druck der Gruppe

Der Sozialpsychologe MUZAFER SHERIF hat Anfang der 1950er Jahre ein berühmtes Experiment durchgeführt, bei dem herauskam, dass Einstellungen in erheblichem Maße mit der Zugehörigkeit zu einer Gruppe variieren. Sherif lud 24 Jungen im Alter von 12 Jahren, die sich bis dahin nicht gekannt hatten und alle einen ähnlichen sozialen und Bildungshintergrund aufwiesen, in ein Ferienlager ein:

- In der ersten Phase kam es zu spontanen Zusammenschlüssen, Freundschaften und Abneigungen, die in einem soziometrischen Test festgestellt wurden.

- In der zweiten Phase wurden zwei Gruppen gebildet, wobei versucht wurde, möglichst Jungen zusammenzubringen, die einander nicht besonders gut leiden konnten. Das tat man unter der Annahme, dass das eine schwierige Voraussetzung für eine Gruppenbildung ist. Jede Gruppe lebte in den nächsten 5 Tagen für sich. In dieser Zeit entwickelte sich eine deutliche Struktur (Führer, Rollenverteilung). Jede Gruppe entwickelte einen esprit de corps, d. h. ein Wir-Gefühl. Der soziometrische Test ergab, dass nunmehr 90% der positiven Wahlen auf Mitglieder der eigenen Gruppe entfielen.

- Die dritte Phase wurde ausgelöst durch einen spontanen Wunsch nach einem Wettkampf. Deshalb wurden in den nächsten fünf Tagen mehrere Veranstaltungen durchgeführt. Dabei zeigten sich ein starker Gruppenzusammenhalt und eine auffällige Feindseligkeit gegen die andere Gruppe.

- In der vierten Phase versuchten die Leiter des Experiments, die beiden Gruppen wieder zu reintegrieren, indem sie eine Notsituation konstruierten, die beide betraf. Die Wasserzufuhr zum Ferienlager ging kaputt und konnte nur repariert werden, indem alle anpackten. Außerdem setzten sie einen Wettkampf mit einer Gruppe aus dem Dorf an. Nach beiden Aktionen zeigte der soziometrische Test, dass die zwischenzeitliche Unterscheidung zwischen Eigen- und Fremdgruppe fast völlig verschwunden war.

An diesem Experiment wird deutlich, dass unsere Einstellung zu anderen ganz wesentlich von der Gruppe abhängt, der wir uns gerade selbst zurechnen. Eine Gruppe, auf die wir uns in einer bestimmten Situation in unserem Denken und Handeln wissentlich oder unwissentlich beziehen, wird als *Bezugsgruppe* bezeichnet. Bevor ich auf ihre Bedeutung für die Organisation unserer Einstellungen *zu anderen* eingehe, will ich kurz auf ein anderes auffälliges Phänomen eingehen, das Phänomen nämlich, dass wir in unserem sicheren Urteil schwankend werden, wenn es nicht mit dem Urteil der Gruppe übereinstimmt.

Die soziale Beeinflussung durch die Gruppe ist in einer ganzen Reihe von Experimenten nachgewiesen worden. In einem der bekanntesten ging es um den sog. *autokinetischen Effekt.* Diesen Effekt der *scheinbaren Selbstbewegung* können wir wahrnehmen, wenn wir einen einsamen Stern betrachten. Da unsere Augenachsen nie ganz ruhig stehen, scheint sich der Stern zu bewegen. Dieser Eindruck entsteht vor allem dann, wenn es keinen festen Bezugspunkt gibt, an dem wir uns orientieren könnten. Diesen Effekt hat der schon erwähnte Psychologe MUZAFER SHERIF für ein Gruppenexperiment genutzt. Er zeigte Versuchspersonen in einem dunklen Raum für kurze Zeit einen kleinen intensitätsschwachen Lichtpunkt. Als sie einzeln befragt wurden, ob und, wenn ja, wie weit sich der Lichtpunkt bewegt habe, streuten die Schätzungen beträchtlich. Als in einem zweiten Versuch alle ihre Schätzungen laut in der Gruppe nennen sollten, konvergierten die Schätzungen. Die Versuchspersonen beeinflussten sich also gegenseitig.

Ein anderes Experiment hat SALOMON E. ASCH (1955) durchgeführt. Er zeigte einer Gruppe eine Karte mit einem senkrechten Strich und eine zweite Karte mit drei senkrechten Strichen. Jeder sollte sagen, welcher der drei Striche der zweiten Karte gleich lang wie der Strich auf der ersten Karte sei. Solange jeder für sich antwortete, waren die Ergebnisse einheitlich. Als aber Asch in mehreren Experimenten jeweils alle bis auf einen instruierte, ein objektiv falsches Urteil ab-

zugeben, wurden viele derjenigen, die mit ihrem Urteil allein dastan-
den, unsicher und schlossen sich letztlich dem Urteil der Gruppe an.[7]
Was wird an diesen Experimenten deutlich? Deutlich wird, dass wir
unter dem Einfluss der Gruppe in unserem Urteil schwankend werden
und schließlich bereit sind, es zu revidieren.

Verlassen wir die experimentelle Situation und fragen, warum Menschen dazu neigen, sich dem Urteil einer Gruppe anzupassen, und welche Konsequenzen das für ihr weiteres Denken und Handeln haben
kann. Ich will drei allgemeine Antworten geben.

- Erstens neigt der Mensch dazu, sein Verhalten der Mehrheit anzupassen, um nachher nicht als der Einzige dazustehen, der falsch ge-
legen hat. So wundert man sich, wie viele Leute nach einem überra-
schenden Wahlausgang sagen, dass sie selbstverständlich die Mehr-
heitspartei gewählt hätten. (Der andere Fall, dass man einen falschen
Sieger selbstverständlich nicht gewählt habe, bestätigt diesen
Wunsch, dazuzugehören: Es ist nur eine andere Bezugsgruppe!)
- Zweitens: Der Mensch hat das Bedürfnis, die Dinge unter Kontrolle
zu wissen. Wo ihm die Situation über den Kopf wächst, gerät er in
Angst und unterschätzt seine eigenen Kontrollmöglichkeiten. Eine
komplementäre soziale Reaktion kann darin bestehen, bei den Ande-
ren die Kontrollkompetenz zu vermuten und ein eigenes Urteil in der
Sache so lange zurück zu halten, bis die Gruppe eine Entscheidung
getroffen hat. Wenn er umgekehrt das Gefühl hat, dass auch die
Gruppe die Dinge nicht im Griff hat, vermeidet er, durch ein eigenes
Urteil eine Richtung vorzugeben.
- Drittens schließlich neigt der Mensch im Alltag nicht dazu, Dinge
unnötig zu problematisieren. Gibt einem die Gruppe vor, wie er sie
zu betrachten hat, fühlt er sich beruhigt, tut sie nichts, fühlt er sich
nicht gestört.

Alles in allem: Der Mensch möchte so sein, wie die Anderen in seiner
Bezugsgruppe offensichtlich sind, zumindest möchte er nicht völlig

---

7 Wem die experimentelle Situation zu konstruiert erscheint, kann einmal beobachten, was in der Kantine passiert, wenn einer, der in der Runde etwas gilt, sagt, das
Fleisch habe einen leichten Beigeschmack!

anders sein. Weil er ohne soziale Anerkennung und das Gefühl, dazuzugehören, nicht leben kann, lässt er sich durch die Gruppe beeinflussen. Unter wissenssoziologischem Aspekt sind Bezugsgruppen *normativ*. Sie liefern uns nämlich Maßstäbe, wie wir „richtig" denken und
handeln. Sie definieren soziale Wirklichkeit.

10.4 Bezugsgruppen, law of fashion, Außenleitung

Kommen wir nun zu der Frage, was Bezugsgruppen sind und welche
Bedeutung sie für unsere Orientierung in unserer Welt im Allgemeinen
und für die Einstellung zu Anderen haben. Der Begriff der *Bezugsgruppe* (»reference group«) kam Anfang der 1940er Jahre zuerst in der
Psychologie auf und meinte die Selbstverortung von Personen in einem
sozialen Bezugssystem. (Hyman 1942) In der Soziologie wurde er dann
besonders von ROBERT K. MERTON (1957a) aufgegriffen, der unter »reference groups« Gruppen verstand, deren Zustimmung oder Ablehnung
dem Individuum sehr wichtig sind und in deren kollektives Wissen es
sich eingebunden fühlt. Dabei denkt Merton nicht nur an eine konkrete
Gruppe, an deren Erwartungen und Einstellungen sich das Individuum
in seinem Handeln und Denken orientiert, sondern auch an die Schicht
oder die Subkultur und auch einen Betrieb oder eine Organisation, mit
denen es sich identifiziert.

Der Grad der Identifikation bestimmt, was wir über unsere gemeinsame Welt im Allgemeinen, über uns und Andere „wissen" und wie wir
deshalb handeln.

Eine Erklärung für die Anpassung an die Meinung von Bezugsgruppen sehe ich im so genannten »law of fashion«, mit dem JOHN LOCKE,
der englische Staatsphilosoph des 17. Jahrhunderts, unser Handeln erklärt hat.[8] Wir denken und handeln so, wie es Mode ist, weil wir so die
größte Achtung durch die anderen erfahren. Diesem „law of opinion or
reputation" bzw. „law of fashion" (Locke 1690, II, Kap. 28, §10 und
§12) gehorchen wir mehr als dem göttlichen oder staatlichen Gesetz.

---

8 Vgl. Abels 2007, Bd. 1, Kap. 3.3 „Schottische Moralphilosophie: Erfahrungen und
   Gewohnheiten".

Was die anderen von uns sagen, ist uns wichtig! Und es sind nicht die Obrigkeit oder ganz entfernte Andere, die wir vor Augen haben, sondern die, mit denen wir tagtäglich umgehen – face-to-face oder auch „symbolisch"!

Das »law of fashion«, das unser Denken und Handeln bestimmt, taucht in einer soziologischen Erklärung des Verhaltens in der Moderne wieder auf, die oben im Zusammenhang mit der Offenheit der Identität schon angesprochen wurde: in DAVID RIESMANs (1950) These von der *Außenleitung*. Danach hat sich die innere Steuerung des Menschen aufgelöst, die ihn durch feste moralische Prinzipien oder religiöse Überzeugungen auf Kurs hielt. Der Grund hängt mit der Pluralisierung der symbolischen Ordnung der Welt und der Differenzierung der Gesellschaft zusammen. Die Rollen, die sich aus letzterem ergaben, wurden zahlreicher und differenzierter. Politische Entwicklungen garantierten größere individuelle Freiheiten, diese Rollen wahrzunehmen und zu gestalten. Mit der Anerkennung unterschiedlicher Interessen ließen sich auch für die unterschiedlichsten Verhaltensformen gute Gründe anführen. Die geschlossenen Weltbilder wurden entzaubert oder lösten sich auf, und es kam zu einer Vielfalt von Überzeugungen und Einstellungen. Für die gleichen Situationen stehen heute konkurrierende Muster des Verhaltens zur Verfügung. Die Menschen geraten mit immer mehr fremden Kulturen in Kontakt, was bedeutet, dass sie permanent mit Neuem und Anderem konfrontiert werden. Und sie sehen, dass das Neue und das Andere *auch* Sinn macht und insofern sogar eine realistische Alternative zum eingelebten Verhalten sein könnte. Die Massenmedien tun ein Übriges, die Alternativen bekannt zu machen, und sie zeigen, dass die Alternativen auch gelebt werden können.

Die Fülle des möglichen Lebens ist nun gewiss nicht nur Segen, sondern kann auch verunsichern. Schon im Vorfeld der Überforderung durch die Pluralität beginnt der Mensch nach einem Halt zu suchen. Da ein verbindliches inneres Steuerungszentrum, das einen sicher auf Kurs hielte, nicht mehr vorhanden ist oder nur noch schwach funktioniert, hält er sich an die Anderen, von denen er auf den ersten Blick annehmen muss, dass sie ihren Weg durch das Leben schon gefunden haben. Diese Orientierung nennt Riesman, wie gesagt, *Außenleitung*. „Das gemeinsame Merkmal der *außengeleiteten* Menschen besteht darin, dass das Verhalten des Einzelnen durch die Zeitgenossen gesteuert wird; entweder von denjenigen, die er persönlich kennt, oder von jenen anderen, mit denen er indirekt durch Freunde oder durch die Massenunterhaltungsmittel bekannt ist. Diese Steuerungsquelle ist selbstverständlich auch hier »verinnerlicht«, und zwar insofern, als das Abhängigkeitsgefühl von dieser dem Kind frühzeitig eingepflanzt wird. Die von den außengeleiteten Menschen angestrebten Ziele verändern sich jeweils mit der sich verändernden Steuerung durch die von außen empfangenen Signale. Unverändert bleibt lediglich diese Einstellung selbst und die genaue Beobachtung, die den von den anderen abgegebenen Signalen gezollt wird." (Riesman 1950, S. 38)

Der außengeleitete Mensch geht im Grunde keinen *eigenen* Weg durch das Leben, sondern widmet all seine Aufmerksamkeit seinen Bezugsgruppen, „um sich nach ihren Verhaltensweisen und Werturteilen zu richten" (Riesman 1950, S. 150). Welche Auswirkungen das auf die Identität in der Moderne hat, habe ich oben in den Worten von Berger, Berger und Kellner wiedergegeben.[9] In dem hier zu diskutierenden Kontext muss sich die soziologische Aufmerksamkeit aber auf etwas anderes richten, auf die Beziehung des Individuums zu *seiner* Gruppe.

Dafür knüpfe ich an den Gedanken an, dass Solidarität heißt, seine Verbundenheit mit dem Geist der eigenen Gruppe durch gleiches Denken zum Ausdruck zu bringen. Ich werde zunächst zeigen, dass diese Bereitschaft von der Bewertung der Beobachtung abhängt, der das Individuum in einer Gruppe ausgesetzt ist. Danach greife ich den schon angesprochenen Gedanken auf, dass das Individuum seine soziale Identität dadurch aufzuwerten sucht, dass es sich im Einklang mit seiner Gruppe von einer anderen absetzt. Das Bewusstsein „Wir" stabilisiert sich über das Wissen, wer zu uns gehört, und das Bewusstsein, dass es „Die" gibt, die nicht zu uns gehören. Auf dieses Wissen über soziale Grenzen zielt die Unterscheidung zwischen Insidern und Outsidern. Wir werden gleich sehen, dass diese Feststellung mit Bewertungen und Gefühlen einhergeht.

---

9   Vgl. oben Kap. 8.4.1 „Offen – und immer auf der Höhe der Zeit".

10.5 Relative Orientierung, soziale Kontrolle, soziale Sichtbarkeit

Der amerikanische Soziologe ROBERT K. MERTON hat sich in seinem berühmten Aufsatz über die „Weiterentwicklungen der Theorie der Bezugsgruppe und Sozialstruktur" (1957a) mit Sumners These, „jede tiefere Bindung an die (eigene, Ergänzung H. A.) Gruppe erzeuge Antipathie (…) gegenüber den anderen Gruppen", kritisch auseinandergesetzt. Zwar hielten Generationen von Soziologen es für selbstverständlich, „dass die Solidarität in der Gruppe die Feindseligkeit gegenüber den Außenstehenden schürt", und die Geschichte lehre auch, dass gesteigerter Nationalismus in der einen Gesellschaft typische Feindseligkeiten gegenüber einer anderen befördere, was wiederum dort den inneren Zusammenhalt stärke usw. usw., aber die empirische Forschung zeige, dass diese Art der Gruppenbeziehungen nur eine von vielen anderen ist. (Merton 1957a, S. 284f.) Es sei auch überhaupt nicht ausgemacht, dass sich die Mitglieder einer Gruppe als Mitglieder einer „Eigengruppe" verstehen bzw. in jeder Beziehung total nur mit dieser Gruppe identifizieren. Kurz: eine Gruppe ist nie die einzige Gruppe, auf die sich das Individuum bezieht, keine Gruppe deckt alle möglichen Orientierungen ihrer Mitglieder ab, jede Gruppe ist in sich hoch differenziert, und deshalb sind die Beziehungen der Mitglieder zu ihr und zu allen anderen Gruppen höchst unterschiedlich.

Konkret gegen Sumners apodiktische These, freundschaftliche Verbindungen in der in-group förderten zwangsläufig feindliche Gefühle gegenüber out-groups, gewandt heißt das: So kann es sein, so muss es aber nicht sein. Deshalb vertritt Merton die Ansicht, die Identifizierung mit einer Gruppe ist „tendenziell von Mustern bedingt, die vom strukturellen Umfeld der bestehenden Sozialbeziehungen und von den herrschenden kulturellen Definitionen vorgegeben werden" (Merton 1957a, S. 289). Näher zum Thema Vorurteil gegenüber Menschen, die nicht zu unserer Gruppe gehören: Bestimmte strukturelle Bedingungen innerhalb einer Gruppe können sie durchaus fördern!

Natürlich beeinflussen die Gruppen, in denen wir am häufigsten und dauerhaft face-to-face auftreten, unser Verhalten auch am stärksten. Doch wichtig ist auch die Struktur der Gruppe, ob sie z. B. wider-

sprüchlich oder egalitär, hermetisch oder offen für Kontakte mit Außenstehenden ist, Konformität mit spezifischen Normen verlangt oder
z. B. alternative Formen des Denkens und Handelns zulässt, ob sie
Prestige in der Gruppe nach Leistung bemisst, hierarchisch organisiert
ist oder sich von anderen Gruppen abgelehnt fühlt usw. All diese strukturellen Besonderheiten bedingen, wie sich das Individuum auf die je-
weilige Gruppe bezieht, wie es mit ihren Orientierungen umgeht und
natürlich auch, wie es sich selbst im Vergleich zu den Anderen sieht,
die nicht zu *dieser* Bezugsgruppe gehören.

Bis hierher ging es nur um *eine* Bezugsgruppe, die das Individuum
als „signifikanten Kontext" (Merton 1957a, S. 310) wählt. Nach dem,
was ich schon angedeutet habe, liegt aber nahe, von mehreren Gruppen
auszugehen, auf die sich das Individuum nacheinander oder gleichzeitig
bezieht. Das leitet über zu der These von Merton, dass es „unterschiedliche Bezugsgruppen für unterschiedliche Werte und Normen gibt" und
„dass Bezugsgruppen, wenn schon nicht immer ausdrücklich, so doch
unausdrücklich erst in bestimmten Zusammenhängen des *Bewertens*
und *Verhaltens* zu solchen gemacht werden" (S. 311, Hervorhebung H.
A.).

Ich habe die Prozesse des „Bewertens" und „Verhaltens" deshalb betont, weil Merton fragt, wie soziale Strukturen denn nun konkret dazu
beitragen, dass ein Bewusstsein der in einer Gruppe geltenden Normen
zustande kommt. (Merton 1957a, S. 333) Eine zentrale Erklärung sieht
er in der *Sichtbarkeit* (»visibility«) der Normen und des entsprechenden
Verhaltens der Mitglieder einer Gruppe. Das kann man sich so vorstellen: Wer sieht, wie bestimmte Normen typischerweise im Verhalten der
anderen Mitglieder seiner Gruppe zum Ausdruck kommen, wird die
Normen für selbstverständlich und richtig halten und sie internalisieren.
Wer ein bestimmtes Verhalten nicht sieht, wird auch nicht über orien-
tierende Normen nachdenken. Schließlich: Wer ein bestimmtes Verhalten sieht, das nicht mit den Normen übereinstimmt, die er für richtig
hält, wird dieses Verhalten als falsch bezeichnen. Auch das führt zu
einer Stärkung des Gruppenzusammenhalts.

Ich will einen Schritt weiter gehen und das Strukturmerkmal „Sichtbarkeit" in dem zweiten Sinn, der Sichtbarkeit des Verhaltens, und mit

Bezug auf das Verhalten des *Individuums* selbst interpretieren.[10] Mir geht es um *soziale Sichtbarkeit*. Wer etwas öffentlich sagt oder tut, wird wahrgenommen und nach den Werten und Normen bewertet, die in der konkreten Situation gelten. Insofern ist die soziale Wahrnehmung immer auch eine Form der *sozialen Kontrolle*. Das empfinden wir vielleicht nicht gleich so, aber wenn wir soziologisch analysieren würden, welche Reaktionen auf unser Denken und Handeln erfolgt sind und wie wir auf diese Reaktionen selbst wieder reagiert haben, dann würde uns schon klar werden, dass jede soziale Interaktion auch Kontrolle ist – und zwar wechselseitig.[11] Wem es egal ist, was die Anderen, mit denen er es gerade zu tun hat, oder irgendeine Bezugsgruppe im Lande von ihm denken, der wird sich in seinem Denken freier bewegen; wem es wichtig ist, was sie von ihm sagen, wird sich vielleicht ängstlich an das halten, was alle sagen, und um ein „richtiges" Verhalten bemühen. Soziale Sichtbarkeit meint also zweierlei: dass man tatsächlich beobachtet wird und dass man diese Beobachtung beobachtet und bewertet.

10.6 „Insider" und „Outsider" – Grenzen des Wissens oder Differenz der Gefühle?

Von dieser Erklärung lässt sich ein Bogen zu den Begriffen »Insider« und »Outsider« schlagen, die Merton in verschiedenen theoretischen Kontexten benutzt. Insider sind die, die über das Wissen, das in einer bestimmten Gruppe existiert, verfügen, outsider die, die dieses Wissen

---

10 Dies liegt ganz auf der Linie Mertons, der in dem Zusammenhang auch die Figur des Konvertiten beschreibt: Er sieht sich unter der Beobachtung einer neuen Bezugsgruppe und kommt der sozialen Kontrolle durch sichtbare Demonstration des richtigen, neuen Verhaltens nach. (vgl. Merton 1957a, S. 334f.; vgl. auch oben Kap. 7.2 „Verwandlungen".)
11 Zum theoretischen Hintergrund dieser These, dem Symbolischen Interaktionismus, vgl. oben Kap. 2.8 „Blumer: Die Bedeutung der Dinge erwächst aus den Interaktionen der Individuen".

204 10 Über Ethnozentrismus, Insider und Outsider

eben nicht besitzen.[12] Das ist die eigentliche Grenze zwischen Insidern und Outsidern.

Man kann diese neutrale Feststellung aber aus Mertons Theorie durchaus auch in einem wertenden Sinne und als Erklärung sozialer Beziehungen innerhalb einer sozialen Gruppe und nach außen, zu anderen Gruppen, lesen. Das tun z. B. BENITA und THOMAS LUCKMANN, für die „das Begriffspaar »Insider« – »Outsider« (...) auf die Grenzen, die Identifizierung, die Loyalitätsansprüche und -gefühle von sozialen Gruppen" (abhebt): »Insider« sind diejenigen, die zur Gruppe gehören, sich mit ihr identifizieren und ihr gegenüber Loyalitätsgefühle haben. Sie sprechen die gleiche Sprache, und sie verfügen über das gruppenspezifische Wissen." (Luckmann u. Luckmann 1983, S. 31) Insider sind z. B. die Kollegen, die wissen, was gemeint ist, wenn wir sagen, dass „wir" im Fußball gewonnen haben: Insider sind die in unserem Dorf und die, die seit Monaten zum Stammpublikum der Disko 2007 gehören. „Diejenigen, die nicht zur Gruppe gehören, sind »Outsider«." (ebd.) Sie fragen z. B. nach, wer denn eigentlich gespielt hat, wissen nicht, was „jeder" im Dorf weiß, dass nämlich Peter mal was mit Karin „gehabt" hat, und haben keine Ahnung, was in der Szene abgeht.

Doch, wie gesagt, die Grenze zwischen Insidern und Outsidern kann man auch über soziale *Gefühle* definieren, und dann haben wir es z. B. mit Sauertöpfen zu tun, die mitten in unserer Fußballbegeisterung fragen, wer eigentlich mit „wir" gemeint ist, die aus dem Dorf kommen, wo man so einen komischen Dialekt spricht, oder die mit ihrem Musikgeschmack in der Disko 2000 stecken geblieben sind.

---

12 Merton hat diese Unterscheidung zwischen Insidern und Outsidern erst in einem methodologischen Streit der Soziologie scharf herausgearbeitet. (Merton 1972) Dort ging es um die Frage, ob man als Sozialforscher über das innere Wissen der Gruppe verfügen müsse, die man untersucht. In diesem Streit wurde z. B. die Position vertreten, dass Frauen nur von Frauen oder Schwarze nur von Schwarzen verstanden werden könnten. Der kämpferisch-weise Merton hielt es mit Schütz und Simmel, die dem Fremden, der „Inkarnation des Outsiders" (Merton 1972, S. 32), attestierten, dass gerade aus der Distanz, aus dem Nicht-Vertrautsein und dem Nicht-Eingebundensein in das spezifische Denken einer Gruppe objektive Erkenntnisse erwachsen.

Die Beispiele klingen harmlos. Aber man darf nicht übersehen, dass die Begriffe „Insider" und „Outsider" keine neutralen Feststellungen, wer wo mit wem zusammen in einem sozialen Raum verortet ist, sind, sondern *Wertungen*. Die Insider werten sich auf, die Outsider werden abgewertet. Die Begriffe sagen etwas aus über soziale Bindungen und Trennungen, über Inklusion und Exklusion, über Wissen und Nicht-Wissen, über eine „richtige" und eine „falsche" Wirklichkeit.

Die Begriffe »Insider« und »Outsider« stehen aber auch für die *Macht* bzw. Ohnmacht der Individuen, ihren Status und den Anderer zu definieren. Die Insider haben eine *doppelte Definitionsmacht*: Sie bestimmen, dass sie Insider sind, und wer Outsider ist. Outsider müssen die Definition durch die Anderen zunächst einmal hinnehmen. Dann aber können sie durchaus ein Zusammengehörigkeitsgefühl entwickeln, wenn es nicht schon vorher bestand, das den Unterschied zu denen, die sie zu Outsidern erklärt haben, betont. Jetzt werden sie zu Insidern, und die Anderen sind Outsider. Die Begriffe Insider und Outsider sagen also etwas aus über kollektive Gefühle und Blickrichtungen. In ihnen drücken sich Machtverhältnisse aus. Sie sagen auch etwas über die Vorstellungen vom „richtigen" Denken und Handeln aus. Und auch das hängt mit dem jeweiligen Standpunkt zusammen, von dem aus man die Grenze zwischen innen – »wir« – und außen – »die« – zieht. Die Grenzziehung ist implizit eine Bewertung der anderen; man unterstellt ihnen, dass sie sich nicht „richtig" verhalten wollen oder es schlicht nicht können. Mit dieser Erklärung bleibt man unter sich. Und deshalb sind für alle ordentlichen Bürger in Hagen „die" vom Volksgarten, die dort „nur herumlungern", Außenseiter, und für Jugendliche sind es „die" Erwachsenen, die „sowieso nichts mehr mitkriegen" auch. Auf Mehrheitsverhältnisse kommt es nicht an!

Immer scheint die Grenze zwischen Insidern und Outsidern etwas mit dem Wissen der sozialen Welt zu tun zu haben, das sich in einer bestimmten Sprache artikuliert. Die Sprache definiert den Horizont und die Grenzen der jeweiligen Welt. Das Wissen, das sich die Insider wechselseitig unterstellen, ist zum einen Teil des allgemeinen Wissensvorrates dieser Gesellschaft, zum anderen aber ist es ein Sonderwissen, das für die Gruppe typisch ist.

Man kann das gesellschaftliche Wissen grundsätzlich als Spielregel sozialer Interaktionen verstehen, an die sich die Individuen halten. Diesen Charakter hat das Sonderwissen der Insider auch. Es ist allerdings differenzierter und wird bei bestimmten Gelegenheiten explizit gemacht. Das hat zwei Konsequenzen: Mit der Demonstration, dass man das Wissen der Gruppe beherrscht, wird die soziale Bindung fester, und gleichzeitig grenzt man sich ab von denen, die dieses Wissen nicht haben.

Wir, die Insider, kennen unser Spiel und wir vertrauen unseren Mitspielern. Kommt jemand neu in das Spiel, dann erwarten wir, dass er die Regeln lernt und sich daran hält. Vor diesem Problem steht die Gesellschaft als die größte Insider-Gruppe im Wechsel der Generationen ständig. Sie löst es, wie gehört, kontinuierlich und nachhaltig mittels Sozialisation. Sozialisation dient der Schließung der Gruppe der Insider und der Stabilisierung der Innensicht auf die Wirklichkeit.

Es gibt allerdings noch einen anderen Mechanismus der Konsolidierung der sozialen Wirklichkeit: Die Insider schließen sich gegen Neue, Fremde, kurz Andere, ab. Sie halten sie außerhalb des Spielfeldes. Das kann aus purer Trägheit, aufgrund von diffusen Vorurteilen oder aus gezieltem Interesse erfolgen. Die einen haben es gern bequem in einer vertrauten Welt und finden jede Störung des gewohnten Denkens lästig. Im Dorf vor den Toren der Stadt rückt man dann enger zusammen und pflegt die Vorbehalte gegen die neu Hinzugezogenen. Die Anderen wissen genau, was die Öffnung der Gruppe für Konsequenzen hätte: Die Fremden würden an den Selbstverständlichkeiten rütteln, und die Einheimischen würden möglicherweise vom Geist der Veränderung angesteckt. Als Beispiele solcher gezielten Ausgrenzungen nenne ich die Glaubensstreite aller Couleur oder die Kontaktverbote zwischen Völkern und Ethnien.

Ich habe gerade die Machtverhältnisse zwischen Insidern und Outsidern angesprochen. Die folgende Studie zeigt, worauf sich solche Macht schon gründen kann und welche Konsequenzen sie hat.

10.7 Etablierte und Außenseiter: Machtdifferentiale der wechselseitigen Definition

In einer Studie über Nachbarschaftsbeziehungen in einer „Winston Parva" genannten kleinen englischen Vorortgemeinde haben NORBERT ELIAS und JOHN L. SCOTSON gezeigt, dass dieser Mechanismus der Aufwertung der eigenen und Abwertung der anderen Gruppe sich in einem Prozess entwickelt. Sie untersuchten die Beziehungen zwischen Ansässigen und neu Zugezogenen. Dabei stellten sie fest, „dass die mächtigere Gruppe sich selbst als die »besseren« Menschen ansieht, ausgestattet mit einem Gruppencharisma, einem spezifischen Wert, an dem ihre sämtlichen Mitglieder teilhaben und der den Anderen abgeht. Und mehr noch: In all diesen Fällen können die Machtstärkeren die Machtschwächeren selbst immer wieder zu der Überzeugung bringen, dass ihnen die Begnadung fehle – dass sie schimpfliche, minderwertige Menschen seien." (Elias u. Scotson 1965, S. 8) Dazu muss man wissen, „es gab zwischen ihnen keine Differenzen der Nationalität, der ethnischen Herkunft, der »Hautfarbe« oder »Rasse«; ebenso wenig unterschieden sie sich in Beruf, Einkommenshöhe oder Bildung – mit einem Wort, in ihrer sozialen Klasse. Beide Wohngebiete waren Arbeiterviertel." (S. 10) Die einzige Differenz war die Wohndauer, in der Tat eine kleine Differenz, um es mit Freud zu sagen.

Die Frage ist, warum dieser kleine Unterschied zu einem solchen „Machtdifferential" zwischen den beiden Gruppe führen konnte. Elias und Scotson erklären es so: die Machtüberlegenheit „beruhte auf dem starken Zusammenhalt zwischen Familien, die einander seit zwei oder drei Generationen kannten – im Gegensatz zu den Zuwanderern, die nicht nur für die Alteingesessenen, sondern auch füreinander Fremde waren" (Elias u. Scotson 1965, S. 11). Die Einheimischen hatten ohnehin schon alle wichtigen sozialen Positionen besetzt, aber sie wussten auch, was man gemeinsam tun musste, um die Anderen erst gar nicht zum Zuge kommen zu lassen! Eine Strategie, die Macht zu erhalten, war die *Stigmatisierung der Außenseiter*, was in einem latenten oder offenen Sprachchauvinismus zum Ausdruck kam. Annäherungsversuche der „Außenseiter" wurden abgewehrt, was deren Aggressivität und demonstrative Verletzung der Normen der Etablierten provozierte. Das wiederum wurde von den Etablierten als Beweis für die Minderwertigkeit dieser Anderen gewertet.[13]

Am Beispiel Winston Parva wird deutlich, dass „Außenseiter" zu sein, nicht etwas ist, was in der Natur der Sache, z. B. in den Genen der Betroffenen, liegt, sondern was von einer Gruppe so bezeichnet wird. Wenn die Etablierten von sich annehmen, dass sie sich richtig verhalten, weil sie auch die richtigen Werte haben, dann kann man davon ausgehen, dass die „Außenseiter" das von sich genauso annehmen. Nun könnte man sagen „so what?", mag doch jeder sich für das halten, was er will. Doch Soziologen fragen nicht nur, wie etwas kommt, sondern auch, was daraus folgt. Dann sieht man schnell, dass Gruppen unterschiedliche Macht haben, jemanden als Außenseiter zu definieren, dass es bestimmte Gruppen gibt, die eher als Außenseiter etikettiert werden als andere, und dass durch die Definition des Verhaltens der Anderen als Abweichung von der Normalität der Handlungsrahmen der so Etikettierten so zementiert wird, dass sie kaum eine Chance haben, sich anders zu verhalten.

10.8 Die Etikettierung des Außenseiters und die Definition seiner Karriere

Was ich hier gerade angesprochen habe, ist die These, die der amerikanische Soziologe HOWARD S. BECKER in seinem Buch „Außenseiter" (1963) vertritt. Danach stellen alle gesellschaftlichen Gruppen Verhaltensregeln auf und versuchen sie durchzusetzen. Diese Regeln „definieren Situationen und die ihnen angemessenen Verhaltensweisen, indem sie einige Handlungen als »richtig« bezeichnen, andere als »falsch« verbieten" (Becker 1963, S. 1). Gruppen, die sich im Einklang mit den

---

13 Wem Winston Parva zu weit weg liegt, beobachte nur einmal Kontakte zwischen deutschen Mädchen und türkischen Jungen. Man kann aber auch Bourdieus Überlegungen über „Die feinen Unterschiede" (1979) weiterdenken, indem man sich z. B. vorstellt, wie wohl jemand reagiert, der sich in der Einkommensdisziplin ganz nach oben gearbeitet hat und schon zum dritten Mal nicht zum Presseball eingeladen wurde.

herrschenden Werten wähnen, haben größere Macht, ihre Definitionen durchzusetzen. Das sind, so die Annahme Beckers, in der Regel die Gruppen, die sich zur breiten Mittelschicht rechnen. Umgekehrt gibt es Personen und Gruppen, die eher als andere als abweichend und somit Außenseiter etikettiert werden und darunter auch zu leiden haben. So zeigen Studien über jugendliche Delinquenz, dass schwarze Jugendliche eher von der Polizei aufgegriffen werden als weiße, eher zur Wache gebracht und häufiger verurteilt werden. Dahinter kann man vermuten, dass eine in group Abweichung eher bei der out group wahrnimmt, sie dort weniger toleriert und am entschiedensten sanktioniert.

Diesen Mechanismus der Definition eines „typischen", erwarteten Verhaltens hat man als Etikettierung oder labeling approach bezeichnet. Später hat Becker der »Etikettierungstheorie« einen neuen Namen gegeben, indem er von einer „Interaktionstheorie abweichenden Verhaltens" (Becker 1971, S. 163) sprach. Damit wollte er sagen, dass die Definitionen und Reaktionen in ständiger Wechselwirkung miteinander stehen.

Die höchst farbige Arbeit von Becker hat noch etwas anderes gezeigt, nämlich, dass es sozusagen Karrieren abweichenden Verhaltens gibt und dass das abweichende Verhalten entscheidend von der Kultur der abweichenden Gruppe geprägt wird. Mit dem Ersteren ist gemeint, dass oft eine Gruppe im Hintergrund steht, aus der heraus jemand sich von der gesellschaftlichen Normalität entfernt. Sie stützt und ermutigt ihn. Daraus folgt das Zweite: Die Gruppe liefert ihm auch die Ideologie zur Begründung seines Handelns. (vgl. Becker 1963, S. 35)

Mit diesem letzten Gedanken ist auch noch einmal die Ausgangsthese der *soziologischen* Diskussion über „Wir" und „Andere" angesprochen: Wir werden in einer konkreten Gesellschaft sozialisiert und sind in Interaktionen mit anderen Individuen eingebunden. Manche nehmen wir nur flüchtig wahr, anderen begegnen wir ständig, wieder anderen fühlen wir uns verbunden. Diese Qualität der sozialen Beziehungen bestimmt auch den Rahmen unseres Denkens und Handelns. Wenn wir „die Anderen" sehen, tun wir das mit eigenen Augen, aber vor allem tun wir es mit den Augen unserer Bezugsgruppe!

Diese Strukturbedingung der Erfahrung der Welt müssen wir im Hinterkopf behalten, wenn wir auf eine Situation zu sprechen kommen, die vom Grundsatz unserer festen Gewissheit, Insider der wirklichen und richtigen sozialen Wirklichkeit zu sein, widerspricht: die Erfahrung des *Fremden*, der von außen gekommen ist und sich innen etabliert. Wissenssoziologisch kann man es so sehen: Er stört die kulturelle Ordnung, und „Wir", die Insider und Etablierten, auf jeden Fall aber die „Sich-ihrer-sozialen-Wirklichkeit-bisher-Gewissen", müssen darauf reagieren.

An den *soziologischen* Erklärungen, warum uns der Fremde stört, sollte deutlich werden, dass die Erfahrung des Fremden ein *Beispiel* für die ständige, freilich meist unbewusste Erfahrung ist, dass die soziale Wirklichkeit im Fluss ist und wir permanent gefordert sind, sie und uns in ihr neu zu definieren.

11 Störung der kulturellen Ordnung: Die Erfahrung des Fremden im eigenen Land

Soziologen interessieren sich für gesellschaftliche Strukturen und Prozesse. Sie fragen, wie Gesellschaft funktioniert, welche Funktion die einzelnen Teile haben und wie sich die Gesellschaft wandelt. Und natürlich interessieren sie sich für das Verhältnis von Individuum und Gesellschaft. Eine besondere Frage ist, wie Individuen miteinander umgehen, und diese Frage behandele ich unter der Perspektive, wie sie dabei Wirklichkeit für sich und für die Anderen konstruieren. Wie an anderer Stelle gezeigt wurde, dienen diese Konstruktionen der Wirklichkeit dazu, gewohnte Erfahrungen zu berechtigten Erwartungen an das Denken und Handeln der anderen zu verallgemeinern. Das erfolgt kontinuierlich, und so entsteht eine „selbstverständliche", gemeinsame Wirklichkeit. Sozialisationsprozesse stellen sicher, dass „normale" Erwartungen „normales" Denken und Handeln nach sich ziehen. Was passiert aber, wenn jemand diese normale Sozialisation nicht durchlaufen hat oder aus irgendeinem Grund die sozialen Spielregeln nicht beherrscht oder gar nicht akzeptieren will?

Der typische Fall ist der *Fremde* in unserem Land. Seine dauerhafte Anwesenheit in unserer Gesellschaft stellt eine Herausforderung für die

Annahme einer selbstverständlichen symbolischen Ordnung dar. UL-
RICH BECK, der die *politische* Konstruktion des Fremden in der reflexiven Moderne nachgezeichnet hat, versteht die Kategorie des Fremden
als „Gegenbegriff (oder Querbegriff) zu allen Begriffen der sozialen
Ordnung" (Beck 1995, S. 140). In dem Augenblick, in dem wir etwas
und jemanden als „fremd" wahrnehmen, müsste in unseren Köpfen
auch die Überlegung einsetzen, dass unsere vertraute Welt auch anders
sein könnte. Ich sage „müsste", denn erstens ist, wie gezeigt, unser
Denken im Alltag faul, zweitens rasch mit Korrekturen und Interpretationen bei der Hand, damit „das Andere" dann doch wieder in die normale Ordnung passt, und drittens funktioniert der Mechanismus des
Denkens oft leider genau anders: Wir halten uns das Fremde – das ja im
Prinzip etwas Neues ist! – lieber vom Hals.

Wenn im Folgenden die Rolle des Fremden soziologisch reflektiert
wird, dann geht es *nicht* um eine Soziologie des Fremden, sondern tatsächlich um einen paradigmatischen „Querbegriff" zu Begriffen der
sozialen und vor allem der kulturellen Ordnung und damit zur „selbstverständlichen" Wirklichkeit. Meine These ist, dass unsere kulturelle
Ordnung bei weitem nicht so fest gefügt ist, wie wir das gerne annehm-
men, dass uns das z. B. im Umgang mit dem Fremden bewusst werden
kann und dass wir auf Störungen der kulturellen Ordnung in typischer
Weise – wieder am Beispiel der Herausforderung durch den Fremden –
reagieren. Das Vorurteil, um das es im nächsten Kapitel geht, ist nur
eine besondere Form der Abwehr von Zweifeln an der Selbstverständlichkeit der gesellschaftlichen Wirklichkeit. Der Fremde ist ein Beispiel
für etwas, das diese Zweifel auslösen kann.

11.1 Definitionen aus dem Vertrauten, Orte und Dauer der Be-
gegnung

Kein Mensch ist von Natur aus ein Fremder. Das wird er erst, wenn er
von Anderen so *definiert* wird. Als Fremder wird er auch nicht in einer
Gemeinschaft angesehen, die ihm vertraut ist und die ihm traut, sondern immer erst aus einer anderen Gruppe heraus, der er nicht vertraut

ist. Die Definitionen „innen und bekannt" oder „außen und fremd" hängen vom Standpunkt ab und sind komplementär. Solange die Definitionen nicht zu sozialen Beziehungen – symbolischer oder konkreter Art – führen, sind sie unproblematisch. Jeder kann vom Anderen denken, was er will, solange er nicht danach zu handeln gedenkt.

Die Konstruktion des Fremden hängt außerdem vom Ort der Begegnung und der Dauer des Kontaktes ab. Orte definieren den Status und die Rolle einer Person und zugleich die normalen Interaktionen. Der notorische Querdenker Karl Valentin hat das einmal so ausgedrückt: „Fremd ist der Fremde nur in der Fremde." (Valentin o. J., S. 230) ARMIN NASSEHI hat diesen Satz soziologisch so abgewandelt: „Fremd ist der Fremde nicht in der Fremde, sondern im Vertrauten." (1995, S. 452) Der Fremde der Moderne ist der „Ausländer im Inland" (Hahn 1994, S. 163). Und das ist ein relativ neues Problem.

In den kleinräumigen Gemeinschaften der Vormoderne überschritten die Menschen selten die Grenzen ihres Territoriums, und wenn jemand von außen kam, konnte man relativ rasch erkennen, ob er ein Feind oder ein Fremder mit einer bestimmten ungefährlichen Absicht, z. B. als Flüchtling oder als Händler, war. In der Moderne werden uns die Bilder vom Fremden über die Medien ins Haus geliefert, und was wir von ihnen halten, ist ebenfalls unerheblich, solange wir ihnen gegenüber nicht in einer bestimmten Weise zu handeln beabsichtigen. Anders ist es schon bei den flüchtigen Begegnungen in der Fremde. Hier entscheidet sich, ob wir dem Fremden die Würde des Eigenen lassen, ihn also als fremd und gerade deshalb auch gleichberechtigt ansehen, oder ob wir ihm die Würde gleichberechtigter Fremdheit nehmen, indem wir ihn nach unseren kulturellen Maßstäben beurteilen. Beide Konstruktionen haben natürlich Konsequenzen für den Fremden in seinem eigenen Land, aber es sind im Prinzip nur Konstruktionen auf Zeit und für eher oberflächliche Kontakte.

Das ist natürlich anders, wenn Fremde zu uns kommen und hier bleiben. Dann werden Orte und Anlässe der Interaktion zur alltäglichen Erfahrung, und damit stoßen wir unausweichlich auf die Frage, ob sie „zu uns passen". Bevor ich auf den Rahmen zu sprechen komme, der die Antwort bestimmt, will ich noch einmal Karl Valentin zitieren, der erklärt, wann der Fremde in der Fremde im Prinzip kein Fremder mehr ist: Er ist nur so lange ein Fremder, „bis er alles kennt und gesehen hat, denn dann ist ihm nichts mehr fremd" (Valentin o. J., S. 230).

Ihnen ist sicher aufgefallen, dass die andere Seite der sozialen Verortung gar nicht angesprochen wird, die Einheimischen. Für die ist es überhaupt nicht zwingend, den Fremden, der alles kennt – z. B. unsere kulturellen Selbstverständlichkeiten – auch nicht mehr als Fremden zu betrachten. Auch das hat Valentin schon beobachtet, der auf die Frage, was denn Einheimische sind, so geantwortet hat: „Dem Einheimischen sind eigentlich die fremdesten Fremden nicht fremd. Der Einheimische kennt zwar den Fremden nicht, kennt aber am ersten Blick, dass es sich um einen Fremden handelt." (S. 231) Soziologisch heißt das, dass entweder die erste Erfahrung des Fremden auch die letzte und letztlich dauerhafte ist oder dass ein soziales Stereotyp sich nicht beirren lässt.

Kommen wir deshalb noch einmal auf die Frage der Einheimischen zurück, ob die Fremden, die hier offensichtlich bleiben, auch zu ihnen „passen". Bei der unbewussten Antwort auf diese Frage wie auch bei der ebenfalls nicht reflektierten Definition des Fremden von unserem Standpunkt aus spielen die *kulturellen Orientierungen* eine entscheidende Rolle, mit denen wir groß geworden sind und die unsere kollektive Identität als Gemeinschaft auszeichnen. Über diese Orientierungen schließen sich Gruppen. Ein kurzer Blick auf die Konstruktion kollektiver Identität zeigt, wie kulturelle Inklusion fast zwangsläufig zur Exklusion des Fremden führt.

11.2 Kulturelle Inklusion

Mit der Entstehung der modernen Gesellschaften lernten sie sich wechselseitig in einer bestimmten Weise zu beobachten; Teil des Prozesses der wechselseitigen Beobachtung ist die Konstruktion des Fremden, und in *politischer* Perspektive ist die Konstruktion des Fremden das Ergebnis einer nationalen Inklusion. Das ist die These von ZYGMUNT BAUMAN, für den das Problem des Fremden mit der „staatlich erzwungenen Uniformierung großer Räume" (1990, S. 32) zusammenhängt.

Damit meint er folgendes: Mit der Konstitution der modernen Staaten wurde erstmals für ein Territorium definiert, wie sich diejenigen, die dort lebten, von andern unterschieden und wie sie sich folglich selbst zu sehen hatten. Zwar beriefen sich die Staaten auf allgemeine Menschenrechte, aber mit der Definition als Nation unterschieden sie zwischen Bürgern und Nichtbürgern.

Die bulgarische Kulturphilosophin und Psychoanalytikerin JULIA KRISTEVA (*1940), die 1965 nach Paris emigrierte, hat gezeigt, wie diese Strategie der Differenzierung gleich am Beginn der modernen Gesellschaft in Gang gesetzt wurde, indem schon in der Erklärung der Menschen- und Bürgerrechte nach der französischen Revolution von 1789 von Rechten die Rede war, die für *alle* Menschen zu gelten haben, dann aber schon gleich eingeschränkt wurde, dass der Ursprung aller Souveränität von der Nation ausgeht. (Kristeva 1988, S. 163ff.) Damit wurde unterschieden zwischen Staatsbürgern, definiert über eine bestimmt Nation und für eine festes Territorium, und Anderen, die nicht dazugehörten. Kristeva hat diesen Widerspruch so beschrieben: „Zwischen dem Menschen und dem Bürger klafft eine Wunde: der Fremde. Ist er ein voller Mensch, wenn er kein Bürger ist?" (S. 106) Nicht nur in Europa wurde über diesen Widerspruch zum einen kollektive Identität gestiftet und zum anderen soziale Abgrenzung legitimiert. Die nationale Inklusion lebte immer auch von dem Kontrast des Fremden, gegenüber dem man sich seiner eigenen Identität umso sicherer wurde!

Das Gefühl der nationalen Identität stellte sich für die Bewohner eines so definierten Territoriums allerdings nicht von selbst ein, weshalb z. B. Rousseau seinerzeit dem polnischen König riet, den Seelen seiner Untertanen durch Erziehung eine nationale Form zu geben. Aus dem gleichen Geist hat der deutsche Philosoph JOHANN GOTTLIEB FICHTE angesichts der napoleonischen Besatzung seine „Reden an die Deutsche Nation" (1807/1808) gerichtet, in denen er zeigte, wie der Einzelne durch eine neue Erziehung auf die Nation verpflichtet werden müsse. Es sei ein „Irrtum der bisherigen Erziehung" gewesen, der Zögling werde sich aus freien Stücken für das Richtige und Gute – im Sinn einer transzendentalen Idee – entscheiden. Stattdessen forderte Fichte eine neue Erziehung, die „die Freiheit des Willens gänzlich" vernichtet und dagegen „strenge Notwendigkeit der Entschließungen", „das Gute" stets und bereitwillig „zu wollen" (Fichte 1808, Zweite Rede, S. 28), hervorbringt. Diese Verpflichtung auf eine verbindliche Ethik, die jedem Mitglied der Gesellschaft die gleiche Verantwortung für alle anderen abverlangt, soll die Gesellschaft nach innen schließen.[1] Wer einer natürlichen Solidarität des Individuums nicht traut, wird dieser Forderung einiges abgewinnen, und die Erklärungen sozialer Ordnung, wie sie z. B. Emile Durkheim oder Talcott Parsons abgegeben haben, zeigen, dass dieses idealistische Denken Spuren hinterlassen hat.[2]

Problematischer – und hier kommt der Blick auf den Fremden ins Spiel –, ist eine Art Auftrag, den Fichte der sich gerade erst zur deutschen Nation entwickelnden Gesellschaft erteilte. Der Philosoph des sittlichen Idealismus behauptete nämlich, „dass zu allernächst den Deutschen es anzumuten sei, die neue Zeit, vorangehend und vorbildend für die übrigen, zu beginnen" (1808, Dritte Rede, S. 53). Er begründet diesen Vorbildanspruch unter anderem damit, dass die Deutschen als einziger germanischer Stamm in ihrem ursprünglichen Gebiet verblieben seien und ihre Sprache rein und lebendig gehalten hätten. Was daraus folgt, will ich Ihnen ungekürzt zu Gemüte führen:

Die Deutschen haben zum Geist noch Gemüt

„1) Beim Volke der lebendigen Sprache greift die Geistesbildung ein ins Leben; beim Gegenteile geht geistige Bildung, und Leben jedes seinen Gang für sich fort.

2) Aus demselben Grunde ist es einem Volke der ersten Art mit aller Geistesbildung rechter eigentlicher Ernst, und es will, daß dieselbe ins Leben eingreife; dagegen einem von der letztern Art diese vielmehr ein genialisches Spiel ist, mit dem sie nichts weiter wollen. Die letzteren haben Geist; die erstern haben zum Geiste auch noch Gemüt.

---

1 Es soll nicht verschwiegen werden, dass Fichte auch eine komplementäre Vorstellung vom Ich entwickelt hat: Es vervollkommnet sich durch Pflichterfüllung.

2 Zu Durkheims Erklärung, wie Gesellschaft möglich ist, vgl. Abels 2007, Bd. 1 Kap. 3.6 „Durkheim: Mechanische und organische Solidarität", und zu der von Parsons Kap. 3.9 „Parsons: Normative Integration".

3) Was aus dem zweiten folgt; die erstern haben redlichen Fleiß und Ernst in allen Dingen, und sind mühsam, dagegen die letztern sich im Geleite ihrer glücklichen Natur gehen lassen.
4) Was aus allem zusammen folgt: in einer Nation von der ersten Art ist das große Volk bildsam, und die Bildner einer solchen erproben ihre Entdeckungen an dem Volke, und wollen auf dieses einfließen; dagegen in einer Nation von der zweiten Art die gebildeten Stände vom Volke sich scheiden, und des letztern nicht weiter, denn als eines blinden Werkzeugs ihrer Pläne achten. "
(Fichte 1808, Vierte Redean die Deutsche Nation, S. 74)

Diese Botschaft hat ganz sicher Spuren im Verhältnis der Deutschen zu den Fremden hinterlassen! In anderen Gesellschaften im 19. Jahrhundert sah es nicht anders aus, und was sich seitdem im Verhältnis zwischen den zur Nation gedachten Gesellschaften und den Fremden abspielte, hat immer etwas mit *kultureller* Abgrenzung zu tun. Denn interessanterweise ist das die erste und eingängige Erklärung, was die eigene Nation ausmacht. Als ein Beispiel für diese Erklärung zitiere ich den Ökonomen Friedrich Julius Neumann, der Ende des 19. Jahrhunderts zur Definition der Nation über ihre Kultur beigetragen hat. Er schrieb: „Nation ist eine größere Bevölkerung, die infolge hoher eigenartiger Kulturleistungen, insbesondere in Literatur, Kunst oder in politischer Beziehung, ein eigenartiges gemeinsames Wesen gewonnen hat, (...) das sich vorzugsweise in gemeinsamer Kultursprache, gemeinsamen Charakterzügen, gemeinsamen Anschauungen, Sitten und Gebräuchen sowie im lebhaft entwickelten Gefühl der Zusammengehörigkeit zu äußern pflegt." (1888, S. 74; zitiert nach Estel 1993, KE 2, S. 68)

Das Zusammenspiel des Bewusstseins einer kulturellen Eigenart und der Abgrenzung gegenüber einer anderen spielt auch für den in Warschau geborenen israelischen Soziologen SHMUEL N. EISENSTADT (*1923) die zentrale Rolle bei der Konstruktion *kollektiver Identität* im modernen Nationalstaat. Diese Konstruktion, die er für einen „Grundtatbestand des sozialen Lebens" (Eisenstadt 1999, S. 193) hält, operiert mit „unwiderlegbaren Annahmen über die Beschaffenheit der (sozialen) Wirklichkeit, über die zentralen Symbole, die Einschätzung der

Arenen menschlicher Aktivität und den Ort unterschiedlicher symbolischer (»kultureller«) Aktivitäten" einerseits und die „Definition von »Ähnlichkeit« unter den Mitgliedern vis-à-vis der Fremdheit und den Unterschieden gegenüber (...) den Anderen" (Eisenstadt 1999, S. 194).

„Eine solche Ähnlichkeit wird oft durch die Betonung einiger besonderer, häufig scheinbar trivialer Verhaltensmuster symbolisiert" (Eisenstadt 1999, S. 195), die im kollektiven Bewusstsein[3] das Ethos des *Zusammenlebens* charakterisieren. Damit scheint die unbewusste *Theoriearbeit* hinter der Konstruktion kollektiver Identität auf: Sie ist von „besonderen Codes oder Schemata beeinflusst und geformt", die die „Konzeptionen sozialer Ordnung", die Formen und Inhalte der Interaktionen und die „Präferenzstrukturen" (S. 195f.) betreffen. Max Weber, referiert Eisenstadt, stellte sich solche Codes „als unterschiedliche Ausdrücke der symbolischen Orientierung menschlicher Wesen hinsichtlich der Grundtatsachen ihrer Existenz im Allgemeinen und der Probleme sozialer Interaktion im Besonderen vor" (S. 196 Anm. 6). Code meint also den typischen Modus einer kulturellen oder ethischen Orientierung einer Gesellschaft.

In Anlehnung an verschiedene Kulturtheoretiker, unter anderen EDWARD SHILS, CLIFFORD GEERTZ und FRIEDRICH H. TENBRUCK, unterscheidet Eisenstadt zwischen einem primordialen, d. h. ursprünglich seienden, einem zivilen und einem geistlichen oder transzendenten Code: „Der primordiale Code konzentriert sich bei der Konstruktion und Durchsetzung der Grenze zwischen innen und außen auf Faktoren wie Geschlecht und Generation, Verwandtschaft, Territorium, Sprache, Rasse und ähnliches. Obwohl diese Grenzen konstruiert sind, werden sie als natürlich gegeben wahrgenommen. Der zivile Code wird auf der Grundlage der Vertrautheit mit impliziten oder expliziten Verhaltensregeln, Traditionen und sozialen Gewohnheiten konstruiert, die die Grenze der Gruppe definieren und festlegen. Diese Regeln werden als der Kern der kollektiven Identität der Gemeinschaft angesehen. Der dritte Code, der geistliche oder transzendente, verbindet die errichtete Grenze

---

3   Eisenstadt verwendet die Begriffe „kollektive Identität" und „kollektives Bewusstsein" synonym. (vgl. Eisenstadt 1999, S. 194)

zwischen »uns und denen« nicht mit natürlichen Voraussetzungen, sondern mit einer besonderen Beziehung des kollektiven Subjekts zum Reich des Heiligen und Erhabenen, ob es nun als Gott oder Vernunft, Fortschritt oder Rationalität definiert ist." (Eisenstadt 1999, S. 196)

Wie wir gleich bei ALFRED SCHÜTZ lesen werden, ist es diese Nicht-Vertrautheit mit sozialen Gewohnheiten, die den Anderen zum Fremden macht, und bei PETER L. BERGER und THOMAS LUCKMANN werden wir erfahren, wie ein Kollektiv auf eine „falsche" Transzendenz reagiert.

Fassen wir aber zunächst das Zusammenspiel von politischer Durchsetzung nationaler Identität, der Entstehung eines kollektiven, kulturellen Bewusstseins und der Abgrenzung gegenüber Anderen zusammen: Die Definition des Fremden ist auch das Ergebnis der Konsolidierung der Gesellschaften als Nationalstaaten. Sie hatte zur Folge, dass sich die Mitglieder einer Gesellschaft als Bürger ihres Staates sahen und Grenzen gegenüber Menschen zogen, die eben nicht zu diesem Staat gehörten. Ein entscheidendes Merkmal der Zuschreibung zu der eigenen Gesellschaft war die Identifikation mit einer eigenen, unverwechselbaren Kultur. Aus dieser Vorstellung einer kulturellen Identität ziehen die Gesellschaften bis heute die entscheidende Legitimation, sich gegen Fremde abzugrenzen.

Auf kulturelle Inklusion zielt die latente und fortlaufende Konstruktion unserer symbolischen Ordnung. Zur Definition unserer Identität in der Gesellschaft berufen wir uns – natürlich unbewusst! – auf eine einheitliche Kultur und schließen andere, die diese Kultur nicht von Hause aus kennen, aus. Der Fremde wird als jenseits der Grenze unseres selbstverständlichen Wissens stehend wahrgenommen, und damit er nicht zum Störer der kulturellen Ordnung werden kann, halten wir ihn durch verschiedene Konstruktionen auf Abstand.

Das ist die wissenssoziologische Perspektive, unter der ich den Fremden nun behandele.

11.3 Schütz: Dem Fremden fehlt die „richtige" kulturelle Geschichte

Der oben schon erwähnte ALFRED SCHÜTZ emigrierte als Jude im Jahre 1938 in die USA. Vor dem Hintergrund der Erfahrungen in einem fremden Land schrieb er im Jahre 1944 einen kleinen „sozialpsychologischen Versuch" über den Fremden. Darin betrachtete er die typische Situation des Fremden, der eine fremde Kultur interpretieren muss, der also verstehen will, was die Menschen dort als selbstverständlich und verbindlich annehmen. Es geht also nicht um den Fremden, der Urlaub in einem anderen Land macht, sondern um den Fremden, der von einer neuen Gruppe „dauerhaft akzeptiert oder zumindest geduldet werden möchte" (Schütz 1944, S. 53).

Schütz geht es bei seiner Deutung des Fremden auch „nicht um kulturellen Konflkt, sondern um die *Inkommensurabilität*[4] zweier Kulturen", die „als geschlossene Universa ohne angebbare Übersetzungsregeln vorgestellt" (Stichweh 1992, S. 297) werden. Das Problem des Fremden besteht darin, dass ihm die „Zivilisationsmuster des Gruppenlebens" (Schütz 1944, S. 54) der neuen Gesellschaft nicht bekannt sind. Die muss er aber zumindest soweit kennen, dass er richtig handelt. Dazu wird er zunächst einmal das Wissen, das er benötigt, nach Graden der Relevanz ordnen. (vgl. S. 55) Ausgehend sicher von dem Muster, wie man z. B. nach dem Weg fragt, wie man eine Wohnung findet und wo man etwas zu essen bekommt, wird der Fremde allmählich ein Wissen sammeln, das für die lebenswichtigen Bereiche notwendig ist.

Das strukturelle Problem besteht für Schütz nun darin, dass alle die Annahmen, die die Mitglieder einer Gesellschaft über sich und ihren Alltag haben, für den Fremden nicht gelten. Während die Einheimischen guten Grund zu der Annahme haben, dass das Leben so weitergehen wird wie bisher, fängt für die Fremden etwas ganz Neues an. Jene können sich auf ein Wissen verlassen, das ihre Eltern ihnen hinterlassen haben und das von allen auch geteilt wird. Diese haben diesen background der Vergangenheit nicht und müssen Gründe, warum etwas so und nicht anders gesehen wird, selbst herausfinden.

---

4 Unvergleichbarkeit

Da der Fremde sein eigenes selbstverständliches Wissen noch mit sich trägt, aber mit neuen Selbstverständlichkeiten konfrontiert wird, ist sein Zugang zu dem neuen Wissen prinzipiell ein kritischer. So müssen es auch die Einheimischen verstehen, die erstaunt feststellen, dass der Fremde so wenig weiß, was doch eigentlich selbstverständlich ist. Der Fremde ist also „wesentlich der Mensch, der fast alles, das den Mitgliedern der Gruppe, der er sich nähert, unfraglich erscheint, in Frage stellt." (Schütz 1944, S. 59) Die Dinge haben für ihn nicht die Autorität des Selbstverständlichen, weil er nicht an ihrer lebendigen Tradition beteiligt ist. Obwohl er „willens und fähig" ist, „die Gegenwart und die Zukunft mit der Gruppe, welcher er sich nähert, in lebendiger und unmittelbarer Erfahrung zu teilen. Er bleibt jedoch unter allen Umständen von den Erfahrungen ihrer Vergangenheit ausgeschlossen. Vom Standpunkt der Gruppe aus, welcher er sich nähert, ist er ein Mensch ohne Geschichte." (S. 59f.)

Deshalb wird er zunächst versuchen, die Kulturmuster der neuen Gruppe nach den Mustern seiner alten natürlichen Weltanschauung zu verstehen, indem er sie gewissermaßen *übersetzt*: „Was bei uns so und so gemacht wurde, machen sie hier so und so." Solange er unbeteiligter Zuschauer ist oder nur auf Zeit bleibt, reicht diese Übersetzung aus. Sobald er aber auf Dauer bleiben will, werden die neuen Kulturmuster zu seiner relevanten Umwelt, und die muss er von innen her verstehen. Dann reicht es nicht, die neuen Muster nur ungefähr zu kennen, sondern er muss wissen, *warum* sie so sind. Deshalb stellt er Fragen und unterbricht damit nicht nur das „Denken wie üblich" der Einheimischen, sondern fordert gewollt oder ungewollt auch Begründungen an!

Mit der *reflektierten Distanz* des Fremden zum Selbstverständlichen geht oft eine besondere Einstellung zur Gruppe einher, die Schütz *Objektivität* nennt; andererseits kann ihm die Distanz aber auch als *zweifelhafte Loyalität* ausgelegt werden.

• Objektivität entspringt dem Wunsch, sich voll in die Gruppe zu integrieren, indem man ihre Muster des Denkens und Handelns von innen her versteht. Dabei stößt der Fremde auch auf die latenten Widersprüche und Differenzen hinter den Mustern. Der tiefere Grund für diese Objektivität liegt allerdings für Schütz woanders: er liegt in der „bitteren Erfahrung, die ihn lehrte, dass ein Mensch seinen Status, seine leitende Rolle und sogar seine Geschichte verlieren kann" (Schütz 1944, S. 68), dass also die Idealisierung des „und so weiter" plötzlich unterbrochen wird und das „Denken wie üblich" nicht mehr möglich ist. Weil er erfahren hat, wie die Normalität des Lebens abgerissen ist, registriert er viel genauer, wo Normalitätsannahmen brüchig sind. „Deshalb bemerkt der Fremde häufig mit einer schmerzlichen Klarsichtigkeit das Heraufkommen einer Krise" (ebd.), wo die Mitglieder der in-group sich noch vollkommen sicher wähnen. So waren es z. B. Juden, die in Deutschland die Katastrophe kommen sahen, als alle anderen auf dem Vulkan tanzten. Und oft ist es der Gast, der als erster mitbekommt, dass in einer Ehe etwas nicht stimmt!

- Die zweite Einstellung des Fremden gegenüber der neuen Gruppe bezeichnet Schütz als „zweifelhafte Solidarität". Sie wird im Vorurteil der Einheimischen meist damit erklärt, dass er die Muster seiner Herkunft nicht ablegen kann oder ablegen will und insofern ein Risiko darstellt. Die kollektive Hetze gegen Juden wurde genau so organisiert: Von Natur aus sind sie anders, und sie wollen sich auch nicht ändern. Deshalb untersagte man ihnen, Beamte zu sein. Schütz erklärt die unterstellte mangelnde Loyalität aber viel grundsätzlicher: Die Mitglieder der in-group sind einfach erstaunt, dass der Fremde die Kulturmuster, die doch seit Generationen gelten und somit ganz natürlich sind, nicht als die besten Regelungen akzeptiert. Indem er sich Gedanken über ihren Sinn macht, stellt er sie in den Augen der in-group letztlich in Frage. Deshalb ist es auch nicht weit bis zu dem Vorwurf, der Fremde sei undankbar, denn es sind ja genau diese Regelungen, die ihm „Obdach und Schutz garantieren" (Schütz 1944, S. 69). Das erklärt auch, weshalb sich jede Gesellschaft Kritik von Fremden verbittet.

Will man die Überlegungen von Schütz zusammenfassen, dann kann man sagen. Er beschreibt den unfreiwilligen Immigranten in eine neue geordnete Wirklichkeit. Die Deutungssicherheit in *seiner* Gesellschaft hat er verloren, die *neue* Kultur stürzt ihn „in eine tiefe Orientierungskrise (…), die noch dadurch verschärft wird, dass seine zögernden, weil hinreichender Regelkenntnis entbehrenden Schritte in der neuen Kultur von Einheimischen als Mangel an Bereitschaft, sich der neuen Situation anzuvertrauen, gedeutet werden können." (Stichweh 1992, S. 298)

Ein weiteres Problem des Fremden liegt darin, dass er bei seinem Versuch, die Verhältnisse von innen her zu verstehen, auf ihre Widersprüche, zumindest ihre Künstlichkeit stößt. In dieser Situation ist er prinzipiell zur Objektivität des Urteils in der Lage, aber sobald diese Objektivität als Kritik an Mustern verstanden werden kann, die der Gesellschaft seit je Gewissheit verbrieften, wird sein Urteil zurückgewiesen. Ja, mehr noch, dann gilt er als illoyal und potentieller Feind, den man misstrauisch beobachten muss, bzw. als undankbar, dem man deshalb auch keine freundlichen Gefühle entgegenzubringen braucht. Wie wir weiter unten sehen werden, wirkt dieser Mechanismus auch beim Vorurteil gegenüber anderen Menschen: Aus irgendwelchen Gründen gelten sie als aus der gemeinsamen Ordnung Gefallene, denen man das „Versagen" in der „normalen" Ordnung als Schuld anrechnen darf. Ich komme darauf zurück.

11.4 Bauman: Die Unbestimmtheit des Fremden gefährdet die Bequemlichkeit der Ordnung

Der polnisch-britische Soziologe ZYGMUNT BAUMAN (*1925), der nach einigen Wanderungen und Vertreibungen in fremde kulturelle Milieus seit 1971 an der University of Leeds lehrt, beginnt seinen Aufsatz über „Moderne und Ambivalenz" mit den Worten: „Es gibt Freunde und Feinde. Und es gibt *Fremde.*" (Bauman 1990, S. 23)

Freunde und Feinde sind Gegensätze: „Die ersten sind, was die zweiten nicht sind, und umgekehrt." (Bauman 1990, S. 23) Doch diesen Status nehmen sie nicht mit gleichen Chancen ein: „Es sind die Freunde, die die Feinde definieren. Die Freunde kontrollieren die Klassifikation und Zuschreibung. Der Gegensatz ist das Werk und die Selbstbehauptung der Freunde." (S. 23f.) Das Verhältnis von Freunden und Feinden ist also zunächst einmal ein Verhältnis ungleicher Macht. Hin-

zu kommt, dass dadurch auch die Wirklichkeit unterschiedlich und ein-
seitig definiert wird: „Der Gegensatz von Freund und Feind trennt
Wahres von Falschem. (...) Er trennt auch eigen und uneigen, richtig
und falsch. (...) Er macht die Welt lesbar und dadurch instruktiv. Er
zerstreut Zweifel." (Bauman 1990, S. 24)
Dieser Gegensatz ist beim Fremden nicht entschieden. Er könnte
beides sein. Das war solange kein Problem, wie die Menschen in ihrem
angestammten Territorium unter sich blieben. Fremde jenseits des Ho-
rizontes kannten sie nur vom Hörensagen, und was sie über sie „wussten", ergötzte sie oder trieb ihnen Schauer über den Rücken. Andere
Konsequenzen hatte es nicht. Das änderte sich mit den Wanderungsbe-
wegungen in der Moderne. Nun traten massenhaft Träger einer fremden
Kultur auf, die auch nicht auf der Durchreise waren, sondern blieben.

In dieser Eigenschaft, Träger einer fremden Kultur in einer etablierten Kultur zu sein, liegt für Bauman das zentrale Problem des Fremden.
Der Fremde, der hier bleibt, fällt aus der einfachsten Ordnung sozialer
Beziehungen, Freund oder Feind zu sein, heraus. Freund ist er nicht,
weil ihm lange solidarische Kooperationen mit uns fehlen, Feind ist er
aber auch nicht, weil er uns nicht angegriffen hat und auch keinen An-
lass zu Angriffen auf ihn gegeben hat. Der Fremde ist *ambivalent.* Er
fällt aus der dichotomen Welt heraus und kann nicht eingeordnet werden.

Ordnung in seiner Welt und im Umgang mit den anderen zu schaffen ist aber das grundliegende Bedürfnis des Menschen. Er will seine
Wirklichkeit verstehen. Für den österreichischen Philosophen Ludwig
Wittgenstein heißt verstehen, zu wissen, wie es weitergeht. Bei Schütz
haben wir oben gelesen, dass dies sogar als naive *Einstellung* unserem
Umgang mit der Wirklichkeit zugrunde liegt. Er nennt sie die Idealisierung des „und so weiter"; aus ihr ergibt sich konsequent die ebenso
naive Idealisierung des „ich kann immer wieder so handeln". Beides
macht uns im Handeln und Denken nach vorn sicher, auch weil wir uns
im Konsens mit allen wähnen, die diese vertraute Welt seit je mit uns
teilen. „. Der Fremde durchbricht genau diese Gewissheit. Er lässt sich
nicht durch vertraute Regeln klassifizieren. (Bauman 1990, S. 27 und S.
29)

Freunde und Feinde lassen sich rasch einordnen. Fremde sind unbestimmt und stellen diesen Gegensatz, der uns kollektive Identität und klare Abgrenzung gegen Andere erlaubte, in Frage. So wird er zum Problem gleich am Anfang der Vergesellschaftung, weil wir nicht wissen, was er sein wird! Während wir uns aber vor dem Feind mindestens dadurch schützen können, dass wir nicht mit ihm in Kontakt treten, ist der Fremde sichtbar da. Weil er anders ist, bringt er „das Äußere ins Innere", und weil nicht vorab entschieden ist, ob er deswegen freundlich oder feindlich sein wird, vergiftet er „die Bequemlichkeit der Ordnung" (vgl. Bauman 1990, S. 26).

Der Fremde hat sich nicht zurückgehalten wie der Feind, sondern die Grenze zu uns überschritten, und wir wissen nicht, was er nun tun wird. Das macht uns unsicher. Bauman spricht von der „Angst vor dem *Unbestimmten*" (Bauman 1990, S. 26, Hervorhebung H. A.).

Diese Angst vor dem Unbestimmten hat in der Geschichte der Menschheit verschiedene Reaktionen auf den Fremden hervorgerufen.

- Eine war, ihn als *heilig* zu definieren, um so auch seine mögliche, verborgene Macht in Freundlichkeit zu bannen. Aus dem Alten Testament, aus der griechischen Mythologie, aber auch aus vielen Märchen kennen wir die Geschichte, dass ein Fremder, dem man Unterkunft gewährte oder auch nicht, sich im Nachhinein als Gott oder Engel erwies. Um dem Risiko zu entgehen, sich den Zorn eines mächtigen Fremden zuzuziehen, entwickelte sich in vielen Gesellschaften das Gebot der Gastfreundschaft. Die Gesellschaft wollte durch dieses strenge Gebot, das ja in vielen Gesellschaften auch heute noch besteht, sicherstellen, dass kein Mitglied einen Fehler machte, der der Gemeinschaft insgesamt schaden könnte.

Die Geschichte über die Schandtat von Sodom (Genesis 19, 1-11) oder von Gibea (Richter 19,1-20,13) macht dies ganz deutlich. In der Genesis heißt es, Gott wollte Sodom vernichten, weil die Menschen sich versündigt hatten. Als Gott seine Engel zum Strafgericht ausschickt, kommt es zu einer letzten, besonders schlimmen Schandtat:

Die Sünde wider die Gastfreundschaft

„Die beiden Engel kamen am Abend nach Sodom. Lot saß im Stadttor von Sodom. Als er sie sah, erhob er sich, trat auf sie zu, warf sich mit dem Gesicht zur Erde nieder (2) und sagte: Meine Herren, kehrt doch im Haus eures Knechtes ein, bleibt über Nacht, und wascht euch die Füße! Am Morgen könnt ihr euren Weg fortsetzen. Nein, sagten sie, wir wollen im Freien übernachten. (3) Er redete ihnen aber so lange zu, bis sie mitgingen und bei ihm einkehrten. Er bereitete ihnen ein Mahl, ließ ungesäuerte Brote backen, und sie aßen. (4) Sie waren noch nicht schlafen gegangen, da umstellten die Einwohner der Stadt das Haus, die Männer von Sodom, jung und alt, alles Volk von weit und breit. (5) Sie riefen nach Lot und fragten ihn: Wo sind die Männer, die heute Abend zu dir gekommen sind? Heraus mit ihnen, wir wollen mit ihnen verkehren. Da ging Lot zu ihnen hinaus vor die Tür, schloss sie hinter sich zu (7) und sagte: Aber meine Brüder, begeht doch nicht ein solches Verbrechen! (8) Seht, ich habe zwei Töchter, die noch keinen Mann erkannt haben. Ich will sie euch herausbringen. Dann tut mit ihnen, was euch gefällt. Nur jenen Männern tut nichts an; denn deshalb sind sie ja unter den Schutz meines Daches getreten. (9) Sie aber schrieen: mach dich fort! und sagten: Kommt da so ein einzelner Fremder daher und will sich als Richter aufspielen! Nun wollen wir es mit dir noch schlimmer treiben als mit ihnen. Sie setzten Lot arg zu und waren schon dabei, die Tür aufzubrechen. (10) Da streckten jene Männer die Hand aus, zogen Lot zu sich ins Haus und sperrten die Tür zu. (11) Dann schlugen sie die Leute draußen vor dem Haus, groß und klein, mit Blindheit, so dass sie sich vergebens bemühten, den Eingang zu finden."

Wie das Wort schon sagt, heißt Gastfreundschaft den Fremden zum Freund auf Zeit zu machen. Das in vielen Kulturen erwähnte Ritual der zeremoniellen Reinigung des Fremden ist als Prüfung zu verstehen, wem man eine Freundschaft antragen will. Auch der Handschlag, den man gewährt oder annimmt, symbolisiert die Definition einer neuen sozialen Wirklichkeit. Der Fremde soll und will in eine *gemeinsame* Welt eintreten.

- Eine viel häufigere, wohl auch ursprünglichere, Reaktion der Gesellschaft auf den Fremden als die Gastfreundschaft ist allerdings eine andere. Bauman nennt sie „territoriale und funktionale Separierung". (Bauman 1990, S. 29)

Die Weltbilder vormoderner Gesellschaften waren lange ausgesprochen ethnozentrisch, und das hatte Auswirkungen[5] auf die Einstellung zum Fremden. So finden wir auf vielen mittelalterlichen Weltkarten an den Rändern des Universums Bilder von Ungeheuern (denen man besser nicht begegnete!); bei den Römern hießen diese Gegenden außerhalb der bekannten Welt schlicht „terra incognita" oder warnend „ubi leones", „wo also Löwen" und andere wilde Wesen lebten. Eine andere Form der Separierung der Fremden bestand darin, dass man sie nur in ganz speziellen Angelegenheiten und nur auf Zeit in das Land ließ (z. B. als Händler) oder für bestimmte Zwecke vereinnahmte (z. B. als Sklaven). Im Grunde waren die Fremden unbekannt und konnten es auch bleiben, da man nichts mit ihnen zu tun hatte. Das änderte sich, als die Unbekannten von selbst kamen – und blieben! Damit stellte sich das von Bauman so bezeichnete erste Problem für die soziale Ordnung: Sie waren nicht Freunde und nicht Feinde, stellten also den Gesellschaft konstituierenden und kollektive Identität stiftenden Gegensatz „wir – die" in Frage.

Mit dem Auftritt des Fremden erwachsen der Gemeinschaft nach dem Ansatz von Bauman mehrere Probleme, die man so beschreiben kann:

- Da ist erstens die „unverzeihbare grundlegende Sünde des späten Eintritts" (Bauman 1990, S. 29). Der Fremde gehört nicht von Natur aus zu der Gemeinschaft, sondern ist von außen – wie freiwillig oder gezwungenermaßen auch immer – in sie eingedrungen. Er hat eine natürliche Ordnung verlassen und schickt sich an, sich in einer neuen Ordnung einzurichten. Schon diese dem Fremden unterstellte Fä-

---

5 Ich klammere bewusst alle aggressiven Kontakte und neugierigen Interessen aus, denen „die Fremden" als Gemeinschaft kollektiv ausgesetzt waren und bei denen sie meistens verloren haben. Im Sinne des Ansatzes von Bauman spreche ich vom Fremden, der über die Grenze in eine kulturelle Wirklichkeit *kommt*.

higkeit muss die Gemeinschaft als Affront verstehen, die sich die Eingewöhnung in ihre selbstverständliche soziale Wirklichkeit als Leistung anrechnet, die man nicht so mir nichts dir nichts erbringt. Außerdem ist ja nicht auszuschließen, dass jemand, der mit neuen kulturellen Orientierungen so leicht fertig zu werden scheint, den Schritt ein zweites Mal tut, also wieder geht und sich deshalb von vornherein nicht wirklich binden will.

- Da er aber nicht geht, sondern bleibt, verletzt der Fremde die Trennung zwischen „wir" und „die" ein zweites Mal. Im Hintergrund dieser These steht Georg Simmels Charakterisierung des Fremden als eines besonderen Typs des *Wanderers*: Der Fremde ist kein Wanderer, „der heute kommt und morgen geht", sondern einer, „der heute kommt und morgen bleibt – sozusagen der potentiell Wandernde" (1908, S. 764). Wer diese Potentialität des Weiterwanderns nicht realisiert, täuscht gewissermaßen die Heimischen. Er verweigert letztlich die ausgrenzende Definition des „der" und reklamiert durch sein Bleiben den Status des „wir".

- Drittens untergräbt der Fremde die räumliche und moralische Ordnung der Welt. Räumlich ist eine Gemeinschaft allein schon dadurch gekennzeichnet, dass man weiß, hier leben die Freunde, und dort wohnen die Feinde. Es gibt ein Innen und ein Außen. Wo die Freunde leben, gibt es gemeinsame moralische Überzeugungen, wie man selbstverständlich auch gemeinsame Abneigungen gegen die Feinde draußen hat. Der Gegensatz von Drinnen und Draußen wird ebenso durch den Fremden in Frage gestellt wie die feste Unterscheidung zwischen richtig und falsch. „Er ist physisch nah und bleibt geistig weit entfernt." (Bauman 1990, S. 30)

- Die von Simmel so bezeichnete „Einheit von Nähe und Distanz" (Simmel 1908, S. 765) in der Person des Fremden ist somit „inkongruent" und kontradiktorisch: „Seine Nähe (...) suggeriert eine moralische Beziehung, während seine Ferne (...) nur eine kontraktuelle erlaubt." (Bauman 1990, S. 30) Das ist die vierte Gefährdung eines wichtigen Gegensatzes. Die Grenze zwischen Nähe und Ferne ist nicht mehr bestimmbar.

- Diese Unbestimmbarkeit des Fremden wird fünftes dadurch noch bedrohlicher, weil er seinen eigentlich als vorübergehend erwarteten Aufenthalt in „Heimat" transformiert (Bauman 1990, S. 30) und sein ursprüngliches Zuhause als soziale Verortung mehr und mehr auszuscheiden scheint. „Auf der anderen Seite behält er, wenn auch nur theoretisch, die Freiheit zu gehen und kann so lokale Bedingungen mit einem Gleichmut betrachten, den ein Einheimischer kaum aufbringen kann." Das bedeutet umgekehrt: „Dem Engagement, das der Fremde unterstreicht, kann nicht getraut werden, da es mit dem Sicherheitsgurt der leicht möglichen Flucht verbunden ist, den sich die meisten Eingeborenen wünschen, den sie aber nur selten besitzen." (ebd.)[6]

Die These von Bauman kann man so zusammenfassen: Der Fremde, mit dem wir es *hier* zu tun haben, verletzt entscheidende Gegensätze, die für die Herstellung und die Erhaltung einer sozialen Ordnung gebraucht werden. Er verletzt den Gegensatz zwischen Freund und Feind, Innen und Außen, Nähe und Distanz, bleiben und gehen. Der Fremde ist *ambivalent*.

Es bleibt die Frage, warum dieses strukturelle Problem heutzutage so dringlich wird. In Fortführung der Überlegungen von Bauman kann man drei Antworten geben:

- Es ist erstens die große Zahl, die eine kollektive Identität suggeriert. Kulturelle Ähnlichkeit im Einzelfall wird als Ausnahme, kulturelle Andersheit als Versagen oder gar provokante Distanz wahrgenommen. In der ersten Hinsicht gelten die Fremden als unsichere Kantonisten, in der zweiten als potentielle Feinde. In der Bundesrepublik sind es vor allem die Türken, in den Niederlanden, Frankreich oder Großbritannien Einwanderer aus bestimmten Ländern, zu denen historische Beziehungen bestanden, und in den USA längst zur Mehrheit gewordene Minderheiten, die so definiert werden.

---

6 Um es mit einem Thema zu verdeutlichen, das für das Ruhrgebiet höchst wichtig ist: Wem es egal ist, ob Schalke 04 oder Borussia Dortmund gewinnt, ist höchst suspekt, suspekt ist aber auch, wer als Fremder zu sehr über einen der beiden Vereine herzieht!

- Es ist zweitens die Offenheit der Gesellschaft – räumlich wie kulturell –, die immer häufiger Begegnungen und Konkurrenzen mit konkreten Fremden mit sich bringt und die Pluralisierung der kulturellen Orientierungen beschleunigt. Damit wächst die Ungewissheit des Morgen. Fremde, die ihre kulturelle Eigenart nicht aufgeben, werden latent als Feinde identifiziert, die ihre Fremdheit nicht aufgeben wollen. Sie werden zu Sündenböcken gemacht, an denen man eigene Frustrationen abreagieren kann.

- Drittens zeichnet sich die moderne Gesellschaft zumindest im Westen durch eine Rechtsordnung aus, die kulturelle und soziale Ansprüche auch der Fremden legitimiert. Das löst bei den Einheimischen das Gefühl aus, selbst etwas abgeben zu müssen, das eigentlich nur Freunden, keinesfalls aber Feinden zusteht, das man aber Fremden unwillig überlassen muss.

Da der Fremde wegen seiner Unbestimmtheit die Ordnung gefährdet, folgt aus all dem, dass die Einheimischen daran gehen, ihn eindeutig zu bestimmen. Die einen definieren die Fremden nach den Funktionen, die sie hier erfüllen. Erfüllen sie sie gut, z. B. in der italienischen Pizzeria, im türkischen Obsthandel oder in der griechischen Änderungsschneiderei, dann „hat man nichts gegen Ausländer", im Gegenteil, man hält sich Weltoffenheit zugute. Diese funktionale Definition setzt selbstverständlich voraus, dass die soziale und symbolische Ordnung nicht gestört wird. Ist das der Fall, dann verschiebt sich die Einstellung hin zu sozialen Anforderungen, die über denen an die „eigene" Gesellschaft liegen.

Die anderen entscheiden sich von vornherein, den Fremden als Freund zu domestizieren[7], indem sie auf ihn zugehen, seine kulturelle Eigenart anerkennen oder gar als Alternative bewundern und ihm „Fehlverhalten" behutsam und lange nachsehen. Diese Definition als potentielle Freunde zieht oft die Verschärfung der Ablehnung in anderen Teilen der Bevölkerung nach sich. Die dritten versuchen den Fremden durch Erziehung zu kolonisieren Sie führen rationale Gründe an,

---

7 Damit kein falscher Eindruck aufkommt: Im Lateinischen bedeutete „domesticus"
   „Hausfreund".

warum er sich bei aller Würdigung seiner kulturellen Eigenart letztlich doch anstrengen sollte, so zu werden, „wie wir" sind.

Die vierten schließlich sind für klare Verhältnisse und halten den Fremden auf Distanz. Zwar mögen Gewöhnung, Mode und Neugier die negative Einstellung gegenüber bestimmten Gruppen von Fremden und für eine bestimmte Zeit dämpfen, aber in Zeiten individueller oder gesellschaftlicher Unsicherheit springt die latente Ablehnung einer fremden kulturellen Identität auf und schafft sich in der Definition symbolischer oder ganz konkreter Feinde Luft. Wissenssoziologisch ist es der Versuch, in Zeiten der Pluralisierung der kulturellen Orientierungen wenigstens klare soziale Verhältnisse zu schaffen.

In diesem Versuch, klare Verhältnisse zu schaffen, nehmen Vorurteile eine hervorragende Rolle ein. Darauf komme ich noch zu sprechen. Hier will ich nur schon auf das mit einem Vorurteil oft verbundene Misstrauen hindeuten, mit dem die Gesellschaft dem Fremden begegnet. Im Sinne der Baumanschen Unterscheidung wird der Fremde in die Position des potentiellen Feindes verwiesen. Im Grunde wird er durch diese Reaktion auch vertraut gemacht: Man weiß, was man an einem Feind hat.

Ob wir nun den Fremden symbolisch in einen Freund oder in einen Feind verwandeln, immer geht es darum, ihn uns symbolisch vertraut zu machen, was keineswegs bedeuten muss, dass wir ihm vertrauen. Wir wollen einfach wissen, woran wir sind. Die Strategie, die heute die größte soziologische Aufmerksamkeit auf sich zieht, ist zweifellos, den Fremden im wörtlichen Sinne zu „definieren", das heißt ihn einzugrenzen und dadurch eine Grenze zwischen ihm, „der so ist, wie er ist" und deshalb „anders" ist, und uns, die wir nicht anders, sondern „normal" sind, zu ziehen. Wir haben oben gesehen, warum diese Unterscheidung „wir" und „die Anderen" soziologisch geboten ist und warum sie im Prinzip auch Abwehr ist.

Wissenssoziologisch ist noch etwas anderes zu bedenken: Wir wehren die Gefährdung der sozialen Wirklichkeit ab, indem wir den Fremden außerhalb der Grenzen halten oder innerhalb der Grenzen domestizieren, und wir stabilisieren die „selbstverständliche" Wirklichkeit, indem wir uns das Bild des Fremden – hier wie dort – als *Kontrast* erhalten.

Auf diese Konstruktion des „Fremden als Vertrauten" zum Zwecke der Erhaltung individueller und kultureller Gewissheiten hebt auch ARMIN NASSEHI in seinen „soziologischen Beobachtungen zur Konstruktion von Identitäten und Differenzen" ab: „Das Problem des Fremden als Feind ist (...) – gesellschaftstheoretisch gesehen – weniger ein Problem erhöhter Zuwanderungszahlen als vielmehr ein Problem der zunehmenden Destabilisierung gesellschaftlicher, persönlicher und biographischer Zukunftsorientierungen. Dass es ausgerechnet und in erster Linie Zuwanderer und Ausländer sind, die als negative Identifikationsfolie herhalten müssen, ist letztlich nicht zwingend." (Nassehi 1995, S. 460) Dass sie es zumindest in der Bundesrepublik aber dennoch und vor allem sind, führt er „auf den hohen Strukturwert nationalistischer Einstellungsmuster zurück, die sich gewissermaßen historisch kulturell erhalten haben. Womöglich", lenkt Nassehi den Blick auf eine wissenssoziologische Erklärung der Abwehr des Fremden, „lässt sich diese regelmäßige Assoziation als ritualisiertes Verhalten deuten, das »externe Ungewissheiten in einen internen Schematismus« (Luhmann 1984, S. 253) übersetzt und so soziale Stabilität – also: *Vertrautheit* – gegen reflexive Verunsicherung – also: *Fremdheit* – immunisiert." (Nassehi 1995, S. 460)

Nach den Überlegungen über die „Pluralisierung der symbolischen Wirklichkeit" meine ich, dass das Wort „womöglich" entbehrlich ist. Die folgenden Ausführungen über die Typisierung des Fremden werden Luhmanns angesprochene These stützen. Meine weiterführende These lautet: Damit der Fremde die Ordnungsfunktion des *Kontrastes* – natürlich ungefragt – erfüllen kann, muss er symbolisch konstruiert werden, und in der Tat erfolgen die entsprechenden Konstruktionen auf einem Spektrum von harmloser Typisierung des Fremden bis zur Verdinglichung des Fremden, dem letztlich nicht einmal mehr diese soziale Rolle zugestanden wird.

11.5 Typisierung, selektive Wahrnehmung, Verdinglichung

Der Fremde, habe ich gerade gesagt, ist nicht von sich aus fremd, sondern indem wir ihn als einen Fremden ansehen und in einem übertragenen Sinne mit entsprechenden Erwartungen feststellen. Der Schriftsteller MAX FRISCH hat diese symbolische Feststellung so beschrieben: „In gewissem Grade sind wir wirklich das Wesen, das die anderen in uns hineinsehen, Freunde wie Feinde. Und umgekehrt: Auch wir sind die Verfasser der anderen; wir sind auf eine heimliche und unentrinnbare Weise verantwortlich für das Gesicht, das sie uns zeigen, verantwortlich nicht für die Anlage, aber für die Ausschöpfung dieser Anlage. Wir sind es, die dem Freunde, dessen Erstarrtsein uns bemüht, im Wege stehen, und zwar dadurch, dass unsere Meinung, er sei erstarrt, ein weiteres Glied in jener Kette ist, die ihn fesselt und langsam erwürgt. Wir wünschen ihm, dass er sich wandle, o ja, wir wünschen es ganzen Völkern! Aber darum sind wir noch lange nicht bereit, unsere Vorstellung von ihnen aufzugeben. Wir selber sind oft die letzten, die sie verwandeln. Wir halten uns für den Spiegel und ahnen nur selten, wie sehr der andere seinerseits eben der Spiegel unseres erstarrten Menschenbildes ist, unser Erzeugnis, unser Opfer." (Frisch 1985, S. 29)

Das Bildnis, das wir uns vom Anderen machen, ist eine Konstruktion. Sie erfolgt in der schon an anderer[8] Stelle geschilderten Sequenz von Erlebnis einer Situation und wiederholter Erfahrung bis zur Typisierung der Erfahrung und typischen Erwartung.

Typische Erwartungen reduzieren die Aufmerksamkeit für den Einzelfall. In einem vereinfachenden Verfahren denken wir den nächsten Fall als typischen Unterfall des Gewohnten und Selbstverständlichen. Da unsere Welt geordnet, plausibel und mit Routine handhabbar ist, können wir es uns bis zur Überraschung leisten, denkfaul zu sein. Meine These ist, dass wir beim ersten Blick auf den Fremden zwar überrascht sind, dass aber schon beim zweiten Blick Konstruktionen erfolgen, die unsere vertraute Wirklichkeit vor weiteren Überraschungen schützen.

---

8 Siehe oben Kap. 3.5.1 Typisierungen

Die Überraschung, wenn sie überhaupt als solche wahrgenommen wird, wird entweder durch Uminterpretation in unsere geordnete Welt inkorporiert, also unschädlich gemacht, oder nach den gleichen Annahmen von „richtig" und „falsch" im Gegenteil ausgeklammert.

Eine Konstruktion kann so aussehen, dass wir den Fremden als isolierten Einzelfall wahrnehmen, der im Grunde für sich – wie ein erratischer Block – steht und nichts repräsentiert, was z. B. als Kontrast zu unserer vertrauten Sinnwelt verstanden werden könnte.

In einer genau umgekehrten Konstruktion wird der Fremde gerade nicht als Individuum, sondern als Typus wahrgenommen. Das Problem bei dieser Konstruktion ist weniger, dass der konkrete Fremde hinter dem Typus verschwindet, sondern dass er zum objektiven Fall einer bestimmten *strukturellen* Konstellation wird. Deshalb „wissen" wir schon vorab, was wir von ihm erwarten können und was nicht. Dass diese Annahme einer strukturellen Konstellation unbewusst erfolgt, muss nicht eigens betont werden. Sehr wohl muss aber an den Mechanismus erinnert werden, wie diese Annahme funktioniert. Ich habe sie unter dem Stichwort „Stereotyp" schon angesprochen. Deshalb hier in aller Kürze: Die Annahme geht oft von einzelnen Erfahrungen aus, die verallgemeinert werden. Dabei kommt eins zum anderen: Man nimmt nur das wahr, was die erste Erfahrung bestätigt. Eng verbunden mit dieser selektiven Wahrnehmung ist der Halo-Effekt, wonach wir aus einem auffälligen Merkmal auf weitere, noch nicht sichtbare, Merkmale schließen. Und schon wissen wir, wie es weitergeht mit dem Fremden.

Diese strukturelle Stereotypisierung kann soweit gehen, dass schließlich nur ein einzelnes objektives Merkmal ausreicht, den Fremden jeglicher Individualität zu berauben. Das hat Simmel am Beispiel der mittelalterlichen Judensteuer geschildert: Während alle anderen nach dem jeweiligen Stand des Vermögens geschätzt wurden, fiel sie bei den Juden unabhängig vom konkreten Einkommen an. (vgl. Simmel 1908, S. 770) Es zählte nur die Tatsache, dass es sich um Juden handelte.[9] Von dieser Objektivation von Menschen ist es nur ein kleiner Schritt bis zur *Verdinglichung*, an deren Ende im schlimmsten Fall die Vernichtung einer „Sache" steht. So wurden die Juden in der Hitlerdiktatur kollektiv als art-fremd und letztlich als nicht-überlebenswert definiert. Ihre Brandmarkung mit einer Nummer war der vorletzte Schritt der Entpersönlichung.

Eine andere Reaktion auf den Fremden ist, ihn *kulturell* zu überwältigen. Berger und Luckmann beschreiben zwei Formen: die abwehrende *Nihilierung* und die einvernehmende *Uminterpretation* einer fremden symbolischen Sinnwelt.

11.6 Gleiche Rechte für eine falsche Kultur? Über Abwertung und symbolische Überwältigung

Die Typisierung des Fremden hat immer etwas mit der Bewertung der eigenen Kultur und der Fähigkeit, sie selbstbewusst zu reflektieren, zu tun. Wer seine Kultur für die einzig richtige hält, wird nur von oben nach unten schauen; wer nicht darauf kommt, dass es auch andere symbolische Ordnungen gibt, oder wer sich nicht zutraut, Alternativen weiterzudenken, wird Fremde, wenn er mit ihnen in tatsächlichen Kontakt kommt, symbolisch so konstruieren, dass sie seine vertraute Wirklichkeit nicht nachhaltig stören. Eine Strategie ist, die Alternativen zu verleugnen. Wir haben sie oben[10] bei den gesellschaftlichen Kontrollprozessen der objektiven Wirklichkeit unter dem Begriff der *Nihilierung* schon kennengelernt.

Nihilierung, heißt es bei Berger und Luckmann, ist eine Art theoretischer Liquidation einer fremden Sinnwelt. (vgl. Berger u. Luckmann

---

9 Wie stark die Typisierung war, kann man aus der Tatsache ersehen, dass diese Steuer oft genau nicht dem einzelnen Individuum, sondern der Gruppe als ganzer auferlegt wurde. Begründet wurde diese Steuer manchmal mit dem besonderen Schutz, unter den die Herrschaft die Juden zu stellen versprach. Die vielen zusätzlichen Steuern, die man ihnen willkürlich abverlangte, und vor allem die Sonderforderungen, die man von reichen Juden erhob, zeigen, dass hier ein einziges soziales Merkmal alle Einstellungen rechtfertigte.
10 Vgl. oben Kap. 5.4 „Nihilierung".

1966, S. 123) Im Gegensatz zu gesellschaftlichen Korrekturmaßnahmen wie Therapie oder Resozialisation, die sich ja an Individuen *in* der Gesellschaft richten und sie auch *innerhalb* halten sollen, zielt Nihilierung nicht auf Korrekturen einer alternativen Sinnwelt, sondern liefert Begründungen, warum eine solche gar nicht in Erwägung gezogen werden braucht. Die alternative Sinnwelt wird sozusagen jenseits der Grenzen gehalten.

Wir können zwei Strategien der Nihilierung einer fremden Sinnwelt unterscheiden, eine, die sich auf die Personen, die sie repräsentieren, und eine, die sich auf ihre Übersetzbarkeit bezieht. Im ersten Fall wird den Fremden ein negativer ontologischer Status zugewiesen. Sie sind entweder von Natur aus grundsätzlich anders oder aus irgendwelchen Gründen kulturell oder sozial noch nicht so entwickelt wie wir. Deshalb lohnt es auch gar nicht, über das, was sie denken und tun, ernsthaft nachzudenken. Die Gefahr des Fremden wird also dadurch gebannt, dass man es als Defizit hinstellt, über das man selbst längst hinaus ist.

Die zweite Art der Nihilierung einer fremden Sinnwelt besteht darin, dass man listig daran geht, alles Fremde mit Begriffen aus der eigenen Sinnwelt zu ordnen. Man verwandelt es, indem man das Fremde in den „richtigen" Kontext der eigenen vertrauten Sinnwelt übersetzt. (vgl. Berger u. Luckmann 1966, S. 124) Meist wird damit noch der Begriff „eigentlich" verbunden, und dann klingt es z. B. so: „Wenn in diesem Land dort die Verpflichtung besteht, dass alte Menschen in der Familie ihrer Kinder gehalten werden müssen, dann ist das eigentlich ein Zeichen für eine fehlende Sozialpolitik für alte Menschen." Über den Weg der Uminterpretation wird das tatsächlich Fremde in ein Vertrautes umgemünzt und damit unschädlich gemacht.

Uminterpretation heißt Überwältigung. An diese These Friedrich Nietzsches erinnert AXEL HORSTMANN in seinem Aufsatz über „Das Fremde und das Eigene" (1989). Danach „bezeichnet bei Nietzsche »Interpretation« gerade nicht das »Verstehen« als das historisch-philologische Bemühen um die geschichtliche Objektivität und damit um »Wahrheit«; denn sie gibt es hier ebensowenig wie anderswo. Vielmehr steht »Interpretation« als »Form des Willens zur Macht« selbst ganz und gar im Dienste des »Lebens«, ist selbst *das* Mittel der »Aneignung« und »Überwältigung«." (Horstmann 1989, S. 31) So heißt es in den Nachgelassenen Fragmenten: „In Wahrheit ist Interpretation ein Mittel selbst, um Herr über etwas zu werden." (Nietzsche 1885/87, S. 140)

Der Fremde, zumal wenn er hier unter uns lebt, wird symbolisch überwältigt. Durch diese Art der Liquidation seiner Sinnwelt wird er keineswegs zum Freund innerhalb der Gesellschaft gemacht, sondern die Gesellschaft reduziert nur ein Störungspotential.

11.7 Hohe Erwartungen

Solange wir dem Fremden nur in seiner eigenen Kultur begegnen, ist unser Blick auf ihn im besten Fall neugierig und wohlwollend, im schlechten verachtend. Die sozialen Beziehungen sind flüchtig und gehen vorüber. In dem Augenblick aber, wo der Fremde zu uns kommt und dort zu bleiben scheint, ändert sich unser Blick: Er ist nicht mehr interesselos, sondern wird fordernd. Wir fordern vom Fremden, dass er sich auf unsere Wirklichkeit ohne wenn und aber einlässt. Wir meinen, der Fremde sei eine tabula rasa, wenn er kommt, auf der die Gesellschaft alle ihre Werte und Normen eintragen darf, oder müsste wenigstens bereit sein, eine zu werden, wenn er bleiben will. In diesem Fall erwarten wir, dass er seine Vergangenheit vergisst und offen für alles ist, was in dieser Gesellschaft als selbstverständlich gilt. Schon nach kurzer Zeit erwarten wir, dass er sich ernsthaft bemüht, zu verlernen, was ihm selbstverständlich war, aber nicht in unsere Kultur passt, und zu lernen, was „alle" hier für richtig halten.

Je länger er bleibt, umso strenger wird die soziale Kontrolle, denn anders als bei einem kleinen Kind, dem man eine Zeit lang Fehler nachsieht, steigt die Kurve der sozialen Erwartungen von Anfang an. Interessant ist, dass die Maßstäbe immer über den sozialen Erwartungen liegen, die wir an uns selbst und „Unseresgleichen" richten. Wir überfordern der Fremden sozusagen nach der reinen Lehre „richtigen" sozialen Verhaltens! Auch wenn wir selbst unseren Müll überall hinschmeißen, dem Fremden gestatten wir es nicht!

ERVING GOFFMAN hat die soziale Kompetenz der Rollendistanz beschrieben und gesagt, dass sie auf Anfängerniveau am geringsten ist und bei Anfängern in einer bestimmten Rolle auch am wenigsten akzeptiert wird. Erst wenn man sich einigermaßen sicher ist, dass man die sozialen Erwartungen, die an eine bestimmte Rolle gerichtet werden, erfüllt, traut man sich, bestimmte Erwartungen in Frage zu stellen; erst wenn jemand bewiesen hat, dass er sein Metier beherrscht, nimmt man ihm ab, dass sein neues Handeln nichts mit Unfähigkeit zu tun hat. Wir behandeln den Fremden permanent wie einen Anfänger in unserer Kultur. Sein „anderes" Verhalten werten wir nicht als Kompetenz, die in seinem kulturellen Kontext Sinn hat, sondern als nach wie vor vorliegende Inkompetenz in unserem kulturellen Kontext.

Vom Fremden wird erwartet, dass er *alles* richtig macht. Er muss prinzipienfest sein. Wir projizieren unbewusst unsere tägliche Herausforderung durch die Regeln normalen Verhaltens und den heimlichen Wunsch, sie gelegentlich nach individuellen Wünschen umzudeuten, auf den Fremden.

11.8 Misstrauen und Angst

„Hunde bellen an, was sie nicht kennen", das wusste schon der Vorsokratiker Heraklit. (Fragment 97) Nach diesem Prinzip funktioniert manche Ablehnung des Fremden, die sich dann auch in lautem Getöse niederschlägt und sich der Zustimmung aller Borbnierten erfreut. Gefährlicher ist aber ein anderer Mechanismus: der Mechanismus der Angst und der Mechanismus, dass Furcht in Angst umschlägt.

Furcht richtet sich auf ein bestimmtes Objekt. Angst richtet sich auf nichts Bestimmtes, sondern ist diffus. Wie Bauman gezeigt hat, gefährdet der Fremde die Ordnung vor allem deshalb, weil er nicht bestimmt werden kann. Der Blick auf den Fremden ist angstvoll. Im Grunde ist es ein Blick auf einen potentiellen Feind. Da Angst, so der dänische Philosoph Søren Kierkegaard, ein Verhältnis des Subjekts zu sich selbst anzeigt, kann man unterstellen, dass die am wenigsten sicheren Subjekte am ehesten im Fremden einen Feind sehen.

Angst kann aber auch dann entstehen, wenn die Furcht zu viele Objekte hat. Dieser Mechanismus trifft auch Fremde: Sind sie viele und treten an einem Ort geballt auf, entsteht eine *diffuse* Angst. Dann wird praktisch jedes Phänomen, dem wir in unserer Kultur ansonsten keine Aufmerksamkeit schenken, unter dem Blick gesehen, dass es „anders" ist und unsere Vorstellungen von normalen Verhältnissen stört.

Dieser Zusammenhang ist umso interessanter, weil viele Fremde seit langem mitten unter uns leben und im gleichen Horizont (Arbeitsplatz, Nachbarschaft) wirken. Eigentlich müssten wir wissen, woran wir bei ihnen sind. Und dennoch stellt sich erst spät eine ausgesprochen feindliche Haltung ein. So war es bei den Juden seit je, und so ist es z. B. gegenüber Türken oder Albanern heute. Ich erkläre es mir mit dem Umschlag von Furcht in Angst.

In beiden Fällen – Angst und Furcht – funktioniert der feindliche Blick auf den Fremden so: Es wird zunächst unterschieden zwischen Eigenen und Fremden, dann werden die Unterschiede als strukturelle – also nicht zufällige – Unterschiede definiert, die von Natur aus bestehen. Diese Unterschiede sind so tief verwurzelt, dass sie weder durch Therapie, noch durch Appelle an die Vernunft zu ändern sind. Das scheint ja die Erfahrung zu lehren, denn immerhin leben sie schon so lange hier und haben noch immer nicht ihre Religion abgelegt (Juden) oder ziehen sich noch immer anders an (Türken). Die Rationalisierung des Misstrauens geht konsequent weiter und kommt zu dem Schluss, dass die Fremden auch fremd bleiben wollen. Und damit zeigen sie den Einheimischen, was sie von ihren kulturellen und sozialen Selbstverständlichkeiten halten: nichts.

Damit erfährt das Verhältnis zwischen „wir" und „die" eine ganz neue Rechtfertigung: Nicht wir haben etwas gegen jemanden, der noch fremd ist, aber irgendwann zu uns gehören könnte, sondern der Fremde hat etwas gegen uns, ist also de facto ein Feind.

... vielleicht die kürzeste Definition des Vorurteils:
von anderen ohne ausreichende Begründung schlecht denken.[1]

12 Vorurteil

Vorurteile sind Bestandteil gesellschaftlicher und subjektiver Wissensvorräte. Das ist die leitende These, unter der ich einige Erklärungen vorstelle, wie Vorurteile entstehen und welche sozialen Konsequenzen sie haben. In diesem Kapitel werde ich mehr soziologische Erklärungen, im nächsten Kapitel dann einige stärker psychoanalytisch ausgerichtete Erklärungen behandeln. Letztere gehören auch deshalb in eine soziologische Diskussion über Wissen und Vorurteil, weil sie für die Entstehung der Vorurteile auch soziale Bedingungen, z. B. Sozialisation, soziale Lage oder Gruppendifferenzierung, anführen. Da diese Theorien immer auch die Konsequenzen für die sozialen Beziehungen der Individuen untereinander ansprechen, sind sie für die soziologische Analyse des Vorurteils ohnehin unentbehrlich.

Bevor ich auf diese beiden Richtungen der Erklärungen eingehe, will ich einen Blick auf die Geschichte des Begriffs „Vorurteil" werfen.[2]

---

1 Gordon W. Allport zitiert diese Formulierung, die aus einem religiös-philosophischen Kontext stammt. (vgl. Allport 1954b, S. 20 und 29) Ich komme gleich noch einmal darauf zurück.

2 Die folgenden Ausführungen zur Begriffsgeschichte sind wesentlich von den „Kurzen Bemerkungen zur Begriffsgeschichte von Vorurteil" in „Wissen und Vorurteil" von Benita und Thomas Luckmann (1983) geprägt.

12.1 Zur Begriffsgeschichte

„Ursprünglich war »Vorurteil« ein Begriff des mittelalterlichen Rechts-
bereichs: Es war ein gerichtliches Urteil, das einem anderen, z. B. dem
Endurteil oder dem Urteil eines höheren Gerichts vorausgeht." (Luckmann u. Luckmann 1983, S. 12) Daher das lateinische Wort »praei-
udicium« (Plural: »praeiudicia«) „Später wurde es auch als ein
gewisser Missbrauch im Gerichtswesen verstanden, wenn das Vorurteil
als Meinungsäußerung der Richter – ob positiv oder negativ – das spä-
tere Urteil beeinträchtigte. Mit dem Beginn der Neuzeit wandert der
Begriff auch in den außerrechtlichen Bereich, und Ende des 17. Jahrhunderts findet sich schon die Vorstellung, die man auch heute von
einem Vorurteil hat." (ebd.)

So heißt es bei dem deutschen Aufklärer CHRISTIAN THOMASIUS, der
die erste wissenschaftliche Zeitschrift in deutscher Sprache herausgegeben und darin mit seinen Rezensionen das Feuilleton begründet hat,
dass uns Vorurteile „an der Erforschung der Wahrheit hindern" (1691,
S. 24; zit. nach Grimmsches Wörterbuch Bd. 26, Sp. 1856). Interessant
ist in diesem Zusammenhang zu wissen, dass Thomasius die Lehre vom
Naturrecht vertrat, das er auf das „natürliche Licht" der Vernunft gegründet sah, und Philosophie und Wissenschaft von der Vorherrschaft
der Theologie und Scholastik befreien wollte. (vgl. Brockhaus, 20.
Aufl., Bd. 22, 1999, S. 43f.)

Ein kurzer Blick auf die philosophische Diskussion des Vorurteils
hilft, die moderne wissenssoziologische Diskussion zu verstehen. Für
den gerade erwähnten Thomasius sind die „zwey allgemeinen Haupt-
praejudicia" erstens „das Vorurtheil menschlicher autorität" und zweitens „das Vorurtheil der Übereilung" (1691, S. 304f.; zit. nach Reisinger u. Scholz 2001, Sp. 1256). Im ersten Fall macht Thomasius „eine
unvernünftige Liebe zu anderen Menschen" ursächlich verantwortlich
für das Vorurteil. Wir beugen uns also einer fremden Autorität und ü-
bernehmen ohne Bedenken, was *die anderen* sagen. Mit dem Vorurteil
der Übereilung verbindet Thomasius ursächlich eine „unvernünftige
Selbstliebe", d. h. wir machen uns *selbst* aus unterschiedlichen Gründen vorschnell zur *einzigen* Autorität des Urteils.

„Die philosophische Aufklärung geht davon aus, dass alle Menschen von Natur aus mit Vernunft begabt sind" (Luckmann u. Luckmann 1983, S. 13), und verlangt, dass auch ihr Handeln und ihre Werke, sprich: Staat und Gesellschaft, auf der Vernunft gegründet sein müssen. Und weil der Mensch mit Vernunft begabt ist, kann er auch falsches Wissen von falschem unterscheiden – vorausgesetzt, er traut sich zu, sich seines Verstandes zu bedienen. So ist auch IMMANUEL KANTS Definition von Aufklärung zu verstehen: *„Aufklärung ist der Ausgang des Menschen aus seiner selbstverschuldeten Unmündigkeit. Unmündigkeit ist das Unvermögen, sich seines Verstandes ohne Leitung eines anderen zu bedienen. Selbstverschuldet ist diese Unmündigkeit, wenn die Ursache derselben nicht am Mangel des Verstandes, sondern der Entschließung und des Mutes liegt, sich seiner ohne Leitung eines anderen zu bedienen. Sapere aude! Habe Mut, dich deines eigenen Verstandes zu bedienen! ist also der Wahlspruch der Aufklärung."* (1784, S. 53)

Und was ist dazu erforderlich? Eigentlich wenig, denn Kant schreibt: „Zu dieser Aufklärung aber wird nichts erfordert als *Freiheit*; und zwar die unschädlichste unter allem, was nur Freiheit heißen mag, nämlich die: von seiner Vernunft in allen Stücken *öffentlichen* Gebrauch zu machen." (Kant 1784, S. 55) Wegen Kants Betonung „öffentlich" dürfte klar sein, warum ich gerade eingeschränkt habe: „eigentlich". Denn Aufklärung heißt nicht, sich die Dinge im Kopf vernünftig klar zu machen, sondern sie im Umgang mit Anderen und in konkreten gesellschaftlichen Bedingungen auf ihre Vernünftigkeit zu prüfen.

Genau in dieser – ich spezifiziere in aller Bescheidenheit: „soziologischen" – Absicht setzt sich Kant besonders mit dem Vorurteil als Prüfstein praktischer Vernunft auseinander. Er fragt zunächst, was man genau unter Vorurteilen zu verstehen hat, und erklärt dann, wie sie zustande kommen. Kant schreibt: „Vorurteile sind vorläufige Urteile, in so ferne sie als Grundsätze angenommen werden." (Kant 1800, S. 505) Sie sind also nicht zufällig, vorübergehend und ohne inneren Zusammenhang, sondern wirken als Prinzip des weiteren Urteils. Was die Auslöser der Vorurteile angeht, nennt Kant drei Hauptquellen: Nachahmung, Gewohnheit und Neigung.

- „Die Nachahmung hat einen allgemeinen Einfluß auf unsre Urteile; denn es ist ein starker Grund, das für wahr zu halten, was andre dafür ausgegeben haben. Daher das Vorurteil: Was alle Welt tut, ist Recht.
- Was die Vorurteile betrifft, die aus Gewohnheit entsprungen sind, so können sie nur durch die Länge der Zeit ausgerottet werden, indem der Verstand, durch Gegengründe nach und nach im Urteilen aufgehalten und verzögert, dadurch allmählich zu einer entgegengesetzten Denkart gebracht wird. (...)
- Vernunft ist zwar ein tätiges Prinzip, das nichts von bloßer Autorität anderer (...) entlehnen soll. Aber die Trägheit sehr vieler Menschen macht, daß sie lieber in anderer Fußstapfen treten, als ihre eigenen Verstandeskräfte anstrengen. Dergleichen Menschen können immer nur Kopien von andern werden, und wären alle von der Art, so würde die Welt ewig auf einer und derselben Stelle bleiben. Es ist daher höchst nötig und wichtig: die Jugend nicht, wie es gewöhnlich geschieht, zum bloßen Nachahmen anzuhalten." (Kant 1800, S. 506f.)

Die Theoretiker der Aufklärung, das habe ich schon angedeutet, verstanden ihren Kampf gegen Vorurteile als *praktische* Anwendung der Vernunft. In dieser Hinsicht stellte sich Kants Vorurteilskritik auch der Frage, „ob es gut und ratsam sei, Vorurteile stehen zu lassen oder sie wohl gar zu begünstigen" (Kant 1800, S. 511). Eine solche Frage war keinesfalls rhetorisch gemeint, denn der Politiker und Schriftsteller Friedrich Karl Freiherr von Moser, der ansonsten gegen Despotismus und den Sittenverfall bei Hofe zu Felde zog, hatte in seiner Schrift „Beherzigungen" (1761) das Vorurteil gerechtfertigt „als eine Ergänzung der geringen Vernunft der meisten Menschen, welche für den Bestand der bürgerlichen Gesellschaft und Regierung sowie »die glückselige Ruhe und Unwissenheit eines Menschen« unentbehrlich sei. Nicht nur gebe es »nothwendige Vorurtheile«; es sei auch gar nicht wünschenswert, dass alle Menschen freier (»nicht freyer ... als nach den äusern Verhältnissen räthlich und nöthig ist«) und gescheiter werden: »man hat ohnehin Mühe genug, mit ihnen zurecht zu kommen. Etliche Gran allgemeiner menschlicher Klugheit mehr würde uns sehr incommodieren[3]«" (Reisinger u. Scholz 2001, Sp. 1258 unter Bezug auf Moser 1761). Dass die Frage vom Nutzen des Vorurteils nicht nur einen einzelnen Politiker bewegte, mag man aus der Tatsache ersehen, dass Friedrich der Große der Preußischen Akademie der Wissenschaften im Jahr 1777 in einer Kabinettsordre das Thema gab: »Ob es nützlich sein kann, das Volk zu hintergehen« (zit. ebd. Sp. 1254f.).

Das ist der geistige und politische Hintergrund, vor dem Kant die entrüstete Antwort gab: „Es ist zum Erstaunen, daß in unserm Zeitalter dergleichen Fragen, besonders die wegen Begünstigung der Vorurteile, noch können aufgegeben werden. Jemandes Vorurteile begünstigen heißt eben so viel als jemanden in guter Absicht betrügen. – Vorurteile unangetastet lassen ginge noch an; denn wer kann sich damit beschäftigen, eines jeden Vorurteile aufzudecken und wegzuschaffen? Ob es aber nicht ratsam sein sollte, an ihrer Ausrottung mit allen Kräften zu arbeiten? – das ist doch eine andre Frage." (Kant 1800, S. 511) Und ganz konkret wendet er gegen das Argument ein, aus der Ausrottung der Vorurteile würden Nachteile entstehen: „Man lasse diese Nachteile nur immer zu; – in der Folge werden sie desto mehr Gutes bringen." (ebd.)

„Die »Ausrottung der Vorurteile« erhoffte sich Kant übrigens von Erziehung und Bildung. Sie können die Menschheit im Laufe der Zeit dazu bringen, ihr Vertrauen auf überirdische und höhere Gewalten, ihren Aberglauben und ihre Vorurteile aufzugeben. An ihre Stelle wird dann die wissenschaftliche Erkenntnis der universal gültigen Naturgesetze und des moralischen Prinzips treten. Die Anwendung der ersteren wird die Menschen lehren, die Natur zu meistern, die des zweiten wird eine gerechte soziale Ordnung schaffen. An die Stelle der Vorurteile tritt das Wissen, und dessen Fortschritt macht es den Menschen möglich, sich durch eigene Kraft eine bessere Zukunft zu schaffen." (Luckmann u. Luckmann 1983, S. 14)

Kehren wir nach diesem Ausblick auf das kommende Zeitalter der Vernunft und des Wissens noch einmal zum Begriff des Vorurteils zurück, wie er dann im 18. und 19. Jahrhundert verwendet wird. Danach

---

3   Unannehmlichkeiten machen

ist das Vorurteil immer mit „einer irrigen Meinung oder einer Voreingenommenheit gegen etwas" (Grimmsches Wörterbuch, Bd. 26, Sp.
1859) verbunden.

Und eine kluge Bemerkung der österreichischen Schriftstellerin Marie von Ebner-Eschenbach möchte ich Ihnen nicht vorenthalten: Für sie
ist das Vorurteil „der feste Punkt, von dem aus jeder Esel die vernünftige Welt aus ihren Angeln heben kann" (1889, S. 254). Doch leider ist
das nicht in dem Sinne zu verstehen, dass geistig Minderbemittelte Anderen auf die Nerven gehen. Vorurteile sind engstirnige Urteile, die
Menschen und soziale Situationen abwerten und latent aggressiv sind.

Wenden wir uns mit dieser These im Hinterkopf nun der Diskussion
in der Soziologie und in benachbarten Wissenschaften über soziale
Vorurteile zu.

12.2 Vorurteile basieren auf stereotypem Wissen

Ich habe einleitend gesagt, dass Vorurteile Bestandteil gesellschaftlichen und individuellen Wissens sind. Ich will es genauer fassen: Vorurteile sind integraler Bestandteil verschiedener Ordnungsvorstellungen,
die alle ineinander spielen und sich wechselseitig bedingen: Sie betreffen die Ordnung
• der kulturellen Orientierungen in einer sozialen Gruppe,
• der sozialen Beziehungen,
• unseres Wissens von der Welt und den Anderen und schließlich
• unserer Persönlichkeit.

Diese Ordnungsannahmen bilden den Rahmen, in dem ich das Vorurteil zunächst als Form und Qualität von *Wissen* thematisiere.

Für PETER HEINTZ, dem wir eine der frühesten und wichtigsten
deutschsprachigen Arbeiten über „Soziale Vorurteile" zu verdanken
haben, stellen Vorurteile im weitesten Sinne „ein Grundproblem der
sozialen Orientierung des Menschen überhaupt dar. Um handeln zu
können, müssen wir uns bekanntlich dauernd gewisse Vorstellungen
über das Verhalten anderer Menschen machen." (Heintz 1957, S. 28)
Diese „gewissen Vorstellungen" resultieren aus eigenen Erfahrungen

mit *ähnlichen* Fällen, die verallgemeinert werden, oder – viel häufiger
– aus dem Urteil der Anderen, die auf eben diesem Wege zu ihren „gewissen Vorstellungen" gekommen sind. Vorurteile basieren auf *stereo-
typem* „Wissen" über Personen, Gruppen und Situationen. Wie Stereotype haben sie zunächst einmal eine kognitive Dimension; sie geben
Orientierung und qualifizieren das Wissen über Andere.

Erinnern wir uns noch einmal kurz an die Konstitution unseres Wissens von den Anderen: Wir ordnen den Einzelfall unter typische Erfahrungen, die wir mit anderen Fällen gemacht haben, und generalisieren
diese Typisierung allmählich zu einem Stereotyp, in dem jeder neue
Einzelfall als typisches Exemplar des schon Bekannten erscheint. Stereotype sehen über die Besonderheit des Einzelfalles hinweg. Auf der
anderen Seite schließen sie aus Einzelmerkmalen auf irgendein Ganzes
(»halo-Effekt«). Außerdem bergen sie die Gefahr in sich, Personen und
Situationen nur selektiv wahrzunehmen. Stereotype sind vergröberndes
Wissen über Andere.

Vorurteile, habe ich gerade zitiert, sind „gewisse Vorstellungen über
das Verhalten anderer Menschen". Im strengen Sinne sind die Vorstellungen über das Verhalten der Anderen, das ja noch in der Zukunft
liegt, natürlich nicht „gewiss", sondern nur mögliche Hypothesen.
Doch Stereotype denken nicht im Modus der Möglichkeit, und Vorurteile schon gar nicht. Vorurteile halten sich mit ihren Annahmen, wie
andere sich verhalten werden, auch nicht zurück, sondern sind sofort
bei der Hand, weil sie „wissen", wie die anderen *sind*. Vorurteile sind
essentielle Urteile.

Das soziale Vorurteil nimmt an, „dass eine feste Beziehung bestehe
zwischen einer bestimmten sozialen Kategorie und bestimmten Eigenschaften" (Heintz 1957, S. 39), und deshalb schreibt es auch ohne
nachzudenken bestimmten Personen Eigenschaften zu, die der *Gruppe*,
der sie angehören, vorab zugeschrieben wurden.

Vorurteile entbehren oft sogar jeglicher konkreter Erfahrungen. In
einem engeren soziologischen Sinne richten sie sich auch nicht gegen
konkrete Individuen, sondern „immer gegen bestimmte Kategorien von
Personen (die Juden, die Armenier, die Neger, die Frauen, die Politiker,

die Zigeuner u. a.)" (Heintz 1957, S. 18). Wenn sie die Artikel in der
Klammer betonen, wissen Sie, was Heintz gemeint hat.

Von Stereotypen unterscheiden sich Vorurteile durch ihre *negative*
Bewertung und eine latente Einstellung, entsprechend zu *handeln*. In
diesem Sinne hat auch GORDON W. ALLPORT, einer der bekanntesten
Forscher zu diesem Thema, das Vorurteil so definiert: „Eine ablehnen-
de oder feindselige Haltung gegen eine Person, die zu einer Gruppe
gehört, einfach deswegen, weil sie zu dieser Gruppe gehört und deshalb
dieselben zu beanstandenden Eigenschaften haben soll, die man dieser
Gruppe zuschreibt." (Allport 1954b, S. 21)

Vorurteile operieren zirkulär. Wie auch beim Stereotyp immunisie-
ren sich Menschen mit Vorurteilen gegen den Vorwurf des Klischees,
indem sie auf immer neue Fälle verweisen, die ihre „richtige" Sicht der
Dinge bestätigen.

Ihnen wird aufgefallen sein, dass ich den Begriff des Vorurteils in
einem negativen Sinne verwende. Streng wissenssoziologisch oder
nach der reinen Lehre Kants („vorläufige Urteile als Grundsätze")
müsste man natürlich sagen, dass Urteile trotz mangelhafter Erfahrungen in der Sache auch positive Einstellungen auslösen können. Wer
wüsste nicht, dass Indianer von Natur aus friedlich sind, in Bali alle
Menschen immer nur lächeln und Menschen mit einem hohen Intelli-
genzquotienten auch besonders integer sind?! In der Alltagssprache
würden wir das vielleicht als Wunschdenken oder Phantasie, aber nicht
als Vorurteile bezeichnen. Und so will ich es auch in meinen Ausführungen halten: Vorurteile sind negative Einstellungen.

Ganz in diesem Sinne klang auch die Definition des Vorurteils bei
Allport. Er hat ihr die in Anm. 1 zitierte vielleicht kürzeste aller Definitionen vorangestellt: „Von anderen ohne ausreichende Begründung
schlecht denken." (zit. nach Allport 1954b, S. 20) Diese knappe Formulierung, die ihm aus einem bestimmten religiös-philosophischen Kontext zugetragen wurde, „enthält die beiden wesentlichen Elemente aller
einschlägigen Definitionen: den Hinweis auf die Unbegründetheit des
Urteils und auf den Gefühlston." (ebd.)

Ich meine, dass die Formulierung noch mehr enthält: Sie spricht
auch eine latente Bereitschaft zu *handeln* an, denn Denken ist, wie wir

bei Schütz[4] lesen konnten, das Durchspielen einer Handlung. Ähnlich argumentiert auch George Herbert Mead, der „innere Erfahrungen" als sinnvolle Verarbeitung äußerer Erfahrungen versteht und diese inneren Erfahrungen als „Haltungen" (»attitudes«) bezeichnet. Haltungen sind „Anfänge von Handlungen" (Mead 1934, S. 43). Wissenssoziologisch heißt das: Wir stellen uns auf eine aktuelle Situation und konkrete Personen ein, indem wir ihnen eine bestimmte Bedeutung beimessen, und die Bedeutung resultiert aus der unbewussten Vorstellung, wie unser nächstes Handeln aussehen wird oder aussehen soll.

Nach dem, was wir über die realen Konsequenzen der Definition einer Situation[5] und die Wirkung der self-fulfilling prophecy[6] gehört haben, müssen wir davon ausgehen, dass auch Vorurteile reale Konsequenzen haben. Meine These lautet: Da Vorurteile in der Regel negative Einstellungen gegen andere Personen oder Gruppen sind, signalisieren sie eine Bereitschaft zu *feindseligem* Handeln.

12.3 Vorurteile sind emotional fundiert und resistent gegen Widerlegungen

Vorurteile gehen „auf unzulängliches oder irriges Wissen" (Luckmann u. Luckmann 1983, S. 21) zurück. Sie suchen nicht nach Informationen, die das Wissen vervollständigen oder korrigieren könnten, und sie finden auch keine. Vorurteile sind bornierte Urteile, die selbst erdrückenden Gegenbeweisen trotzen. Sie beharren auf ihrer Logik, und deshalb erscheint das daraus folgende Handeln auch konsequent.

Damit wird das Vorurteil zu einem psychologischen und zu einem soziologischen Problem. Psychologisch ist es ein Problem, weil dieses Festhalten an einem „Wissen" wider mögliches besseres Wissen eine eingeschränkte, zwanghafte Wahrnehmung offenbart. Es ist ein vorge-

---

4   Vgl. oben Kap. 3.3.4 „Zeitstruktur und Sinnstruktur des Handelns".
5   Vgl. oben Kap. 2.8 „Blumer: Die Bedeutung der Dinge erwächst aus den Interaktionen der Individuen".
6   Vgl. oben Kap. 7.5 „Self-fulfilling prophecy: Die subjektive Erzeugung einer objektiven Zukunft".

fasstes Urteil, das die Dinge nur noch nach dieser „Vorfassung" selektiv wahrnimmt. Soziologisch ist es ein Problem, weil Vorurteile natürlich nicht bei sich, sprich: beim Individuum, bleiben, sondern sich *gegen* jemanden richten und ihn wider mögliches besseres Wissens aburteilen.

Für das Festhalten an einem Vorurteil gibt es noch eine andere Erklärung: Sie rühren an Gefühle tief in unserem Innersten. (vgl. Karsten 1953, S. 123) So konnte man es schon bei Arthur Schopenhauer lesen[7], der übrigens noch eine weitere Erklärung geliefert hat, warum wir an unserem Vorurteil lebenslang festhalten: Es entspringt und nützt dem *Vorteil*, den wir unserer Stellung in der Gesellschaft beimessen, kurz es ist ein interessegeleitetes Urteil: „Liebe und Hass verfälschen unser Urteil gänzlich: an unsern Feinden sehen wir nichts als Fehler, an unsern Lieben lauter Vorzüge, und selbst ihre Fehler scheinen uns liebenswürdig. Eine ähnliche geheime Macht übt unser Vorteil, welcher Art er auch sei, über unser Urteil aus: was ihm gemäß ist, erscheint uns alsbald billig, gerecht, vernünftig; was ihm zuwider läuft, stellt sich uns, im vollen Ernst, als ungerecht und abscheulich, oder zweckwidrig und absurd dar. Daher so viele Vorurteile des Standes, des Gewerbes, der Nation, der Sekte, der Religion. Eine gefasste Hypothese gibt uns Luchsaugen für alles sie Bestätigende, und macht uns blind für alles ihr Widersprechende. Was unserer Partei, unserm Plane, unserm Wunsche, unserer Hoffnung entgegensteht, können wir oft gar nicht fassen und begreifen, während es allen Andern klar vorliegt: das jenen Günstige hingegen springt uns von ferne in die Augen. Was dem Herzen widerstrebt, lässt der Kopf nicht ein." (Schopenhauer 1844, Kap. 19, S. 252f.) Deshalb halten wir auch an manchen Irrtümern ein Leben lang fest „und hüten uns, jemals ihren Grund zu prüfen, bloß aus einer uns selber unbewussten Furcht, die Entdeckung machen zu können, dass wir so lange und so oft das Falsche geglaubt und behauptet haben." (S. 253)

Weil Vorurteile emotional fundiert sind, sind sie auch sachlichen Argumenten kaum zugänglich; weil ihre Entdeckung uns „unglaubli-

---

7 Vgl. oben Kap. 9.4 „Schablonen und Stereotype".

cher Gedankenlosigkeit" (Schopenhauer 1844, S. 253) überführen würde, wehren wir ihre Reflexion ab.

An dieser Grenze zwischen unreflektierter, gefühlsmäßiger Wertung und reflektiertem Wissen um das eigene Denken und Handeln verläuft psychologisch gesehen auch die Grenze zwischen Lüge und Vorurteil: „Von der Lüge unterscheidet sich ein Vorurteil dadurch, dass der Lügner sich der Diskrepanz zwischen Behauptung und Tatsache bewusst ist, während dies beim Vorurteil nicht zutrifft." (Karsten 1953, S. 123) Im Gegenteil, müsste man fortfahren, das Vorurteil schützt sich nicht nur vor Zweifel, sondern vor Bewusstheit überhaupt: „Wenn man (vielleicht auch nur unbewusst) sein eigenes Urteil anzweifelt, tritt ein Verteidigungsmechanismus in Funktion, d. h. man bemüht sich, störende Tatsachen wegzuerklären, um das Vorurteil aufrechthalten zu können." (ebd.)

Auf diesen psychologischen Widerstand gegen *neues* Wissen hebt auch Gordon W. Allport ab, der zwischen Voreingenommenheit und Vorurteil so unterscheidet: „Prejudgements become prejudices only if they are not reversible when exposed to new knowledge." (Allport 1954a, p. 9) Es ist, als wenn man die Ohren auf Durchzug stellt oder gleich eine innere Mauer errichtet, an der alle rationalen Argumente abprallen. Doch, wie schon angedeutet, die Immunisierung hat nicht nur eine kognitive Seite: „Wenn einem Vorurteil Widerlegung droht, neigen wir dazu, mit Affekten zu reagieren." (Allport 1954b, S. 23) Auch deshalb gehören sie „zum Haltbarsten in der menschlichen Geschichte" (Mitscherlich 1964, S. 271)!

Für diese Tatsache kann man allerdings auch noch eine soziologische Erklärung anführen: Individuelle Vorurteile spiegeln in aller Regel die sozialen Vorurteile einer Gruppe, und als solche sind sie deshalb besonders haltbar, weil sie uns die Solidarität einer Bezugsgruppe sichern. Dieser Schluss war nach der Diskussion über die Entstehung des kollektiven Wissens in der Gruppe[8] und über den Druck der Bezugs-

---

8 Vgl. oben Kap. 9.1 „Die soziale Kommunikation als Quelle des Bewusstseins von uns selbst und die Gruppe als Quelle des Urteils über Andere".

gruppen[9] zu erwarten. Umso mehr lohnt sich ein Blick auf eine soziologische Theorie, die den sozialen Nutzen des Vorurteils herausstellt. Ich meine die Überlegungen von HARTMUT ESSER, der diese Bilanz bei der konkreten Situation ethnischer Differenzierung zieht. Vorurteile sind Bedingungen und Konsequenzen der Ablehnung von Fremden zugleich. Und: Sie kosten wenig, bringen aber einigen sozialen Nutzen!

12.4 Über Kosten und Nutzen von Vorurteilen

HARTMUT ESSER favorisiert eine soziologische Theorie, die konsequent von „den Strukturen" ausgeht, „denen das Handeln der Akteure in strukturierter Weise folgt" (Esser 1999, S. 175), die aber genau auch wieder zurückgeht auf dieses Handeln, das die Strukturen immer wieder neu schafft.

Esser spezifiziert seine Sicht des Zusammenhangs von Struktur und Handeln mit ROBERT K. MERTONs strukturtheoretischer Erklärung sozialer Prozesse. Merton hatte gegen Parsons, der annahm, dass die Individuen in ihrem Handeln den Strukturvorgaben der Rollen mehr oder weniger unreflektiert folgen, weil sie ihre Normativität verinnerlicht haben, eingewandt, dass die Individuen sich keineswegs so passiv verhalten. Im Gegenteil: Sie definieren die strukturellen Vorgaben als Handlungsmöglichkeiten, treffen dann ihre Wahl, welche sie wahrnehmen wollen und strukturieren dadurch die Situation und die Bedingungen ihres Handelns. (vgl. Merton 1938)

Esser fasst Mertons Analyseschritte zur Erklärung des Handelns so zusammen: „Dies ist erstens die Analyse der sozialen Strukturierung der verfügbaren Alternativen, der Motive und des Wissens der Akteure aufgrund der institutionellen Definition[10] der Situation. Auf diese Weise wird zweitens das Handeln der Akteure festgelegt. Es ist keine gänz-

---

9 Vgl. oben Kap. 10.2 „In-group und out-group – über Ethnozentrismus und die Abwertung der Anderen" und 10.4 „Bezugsgruppen, law of fashion, Außenleitung".

10 Neben den Institutionen im Sinne Durkheims und der Institutionalisierung einer gesellschaftlich konstruierten Wirklichkeit nach Berger und Luckmann ist hier auch an das Thomas-Theorem zu denken.

lich freie Wahl, sondern eine strukturierte Selektion aus dem Satz der bereits strukturell vorsortierten Optionen. Und drittens sind dadurch die – oft verdeckten – Effekte des Handelns ebenfalls strukturiert: die – meist unintendierten, latenten – strukturierten Folgen der manifest oft ganz anderen Absichten der Menschen." (Esser 1999, S. 23)

Nach Essers Theorie erfolgt Handeln als *rationale Wahl*.[11] Das heißt aber nicht, dass den Individuen bewusst sein muss, warum und wie sie handeln. Die soziologische Analyse zeigt, dass auch hinter einem scheinbar irrationalen Verhalten eine bestimmte Logik steht, und diese Logik gehorcht der Abwägung von *Kosten* und *Nutzen* bei der Definition und Realisierung von möglichen Zielen des Handelns. Die Akteure strukturieren die Situation und ihr Handeln selbst, und sie tun es, weil sie etwas Bestimmtes intendieren.

Die Theorie der rationalen Wahl nimmt an, dass der Akteur Handlungsalternativen vergleicht und danach die auswählt, die einen möglichst großen subjektiven Nutzen verspricht. Dagegen wird eingewandt, so „zweckrational" verhalte sich nur der *homo oeconomicus*. Die Rationalität des Alltagshandelnden sei aber begrenzt: Er ist nicht vollständig über alle Handlungsalternativen informiert und gar nicht in der Lage, Kosten und Nutzen des Handelns nach einer oder gar mehrerer Alternativen bis zum Ende durchzuspielen. Deshalb stütze sich das normale Handeln des *homo sociologicus* unreflektiert auf Gewohnheiten (»habits«). Ein anderer Einwand lautet, die Theorie der rationalen Wahl gelte nur für das von Weber so genannte „zweckrationale Handeln" und könne als Erklärung für „wertrationales Handeln" kaum und für „traditionales Handeln" schon gar nicht dienen.

Aus der interpretativen Soziologie, die sich an Blumers Theorie der wechselseitigen Definition der Situation orientiert, kommt der Einwand, man dürfe beim Handeln nicht von „fixen Präferenzen" oder „stabilen Erwartungen" ausgehen. Stattdessen würden Präferenzen und Erwartungen fortlaufend neu definiert, und Handeln könne damit er-

---

11 Ausführlich zum theoretischen Hintergrund der Theorie der rationalen Wahl: Abels 2007, Bd. 2, Kap. 4.4 „Rationale Wahl, gerechter Tausch, symbolische Transaktion", 4.5 „Dualität der Struktur" und 4.6 „Rationale Wahl trotz »habits« und »frames«".

klärt werden, dass Bedeutungen[12] generiert würden. „Hierbei", referiert Esser den Einwand, „werde unter den Akteuren ein Relevanzrahmen (»frame«) darüber festgelegt, was der »Sinn« der jeweiligen Situation sei. (...) Welcher »frame« in der Situation dominant wird, bestimmt danach das Handeln." (Esser 1990, S. 233f.)

Was antwortet Esser auf diese Einwände? Nun, er sagt, so ist es, aber das sind überhaupt keine Einwände. Und das erklärt er wie folgt. Versteht man unter »habits« Bündel von unreflektierten Reaktionen auf bestimmte Umgebungsreize, dann kann man mit Max Weber sagen, dass „die Masse alles eingelebten Alltagshandelns" sich diesem unreflektierten Handeln nähert. Weber hat es deshalb als traditionales Handeln bezeichnet. Im strengen Sinn stünde das traditionale Handeln „ganz und gar an der Grenze und oft jenseits dessen, was man ein »sinnhaft« orientiertes Handeln überhaupt nennen kann". (Weber 1920b, S. 673f.)

Genau das will Esser aber behaupten: Auch dieses habituelle Handeln ist sinnhaft orientiert und rational. Dazu stellt er zunächst einmal fest, dass habits kognitiv als „Schemata" oder „Skripte" repräsentiert werden. Darunter kann man das typische Wissen für typische Situationen oder „Rezeptwissen" verstehen, das Routine erlaubt. Wie gehört, hat Alfred Schütz dieses Rezeptwissen mit den Idealisierungen des „und so weiter" und des „ich kann immer wieder so handeln" (Schütz u. Luckmann 1975, S. 26) erklärt.[13]

Essers Grundidee ist nun, „dass es für die Anwendung von »Rezepten« (...) für die Akteure eine Reihe »guter Gründe« gibt, vor deren Hintergrund eine »rationale« Kalkulation von (»objektiv» vielleicht sogar »besseren«) Alternativen unterbleiben kann. Aus mindestens drei Gründen eignen sich Rezepte normalerweise für Alltagshandlungen besonders: sie sind (meist) relativ unaufwendig, sie sind (meist) relativ effizient, und sie finden (häufig) eine zusätzliche normative Stütze." (Esser 1990, S. 235) Aus der Sicht einer Theorie der rationalen Wahl

---

12 Vgl. oben Kap. 2.8 „Blumer: Die Bedeutung der Dinge erwächst aus den Interaktionen der Individuen".
13 Vgl. oben Kap. 3.3 „Schütz: Natürliche Einstellungen und Handeln in der Lebenswelt".

ist es also eine vernünftige Entscheidung, wenn man ohne viel nachzudenken Rezeptwissen verwendet und in typischer Weise handelt: Man
muss nicht nach neuen Lösungen suchen, also entfallen Informations-
kosten; man riskiert keine Fehlinvestition, da sich die Rezepte seit langem bewährt haben; schließlich, man irritiert seine Handlungspartner
nicht, sondern kommt ihren normalen Erwartungen entgegen, und deshalb riskiert man keine Missbilligung (soziale Kosten), sondern kann
auf stille Zustimmung (sozialer Nutzen) bauen.

Das ist der theoretische Hintergrund, vor dem Esser das Thema Vorurteil im Zusammenhang mit der Frage, wie ethnische Differenzierungen in einer Gesellschaft entstehen und warum sie durchweg zu ethnischen Schichtungen führen, anspricht. Vorurteile sind allgemeine Überzeugungen, „die von den Akteuren in ihren jeweiligen Lebenswelten
und primären Bezugsgruppen geteilt und durch Interaktionen immer
wieder neu bekräftigt werden" (Esser 2000, S. 298). Sie sind eine symbolische Form „sozialer Distanzierung" (ebd.), mit der wir eine Grenze
zwischen uns und Anderen ziehen, die wir nicht in unserer sozialen
Bezugsgruppe haben wollen.

Vorurteile sind für Esser zunächst einmal nur Feststellungen, die
nicht automatisch ein Verhalten *gegen* die anderen nach sich ziehen
müssen. Diese Differenz zwischen Einstellungen und Verhalten erklärt
Esser – wie Handeln überhaupt – mit der Abwägung, was entsprechen-
des Handeln kostet und welchen Nutzen man von ihm erwarten kann.
Betrachtet man Vorurteile als Teil *kollektiver* Überzeugungen, dann
kann man sie in die Abwägung individueller Kosten und sozialen Nut-
zens insofern ziehen, dass „das Äußern von Vorurteilen in einer Bezugsgruppe meist ohne weitere Folgen bleibt und dort oft sogar erwartet und belohnt wird" (Esser 2000, S. 299). Die Formulierung „ohne
weitere Folgen" muss man so interpretieren, dass man seinen Worten
keine Taten folgen lassen muss. Vorurteile kosten also nichts.

Das trifft natürlich nur zu, solange die Vorurteile *innerhalb* der Bezugsgruppe zirkulieren. Das erklärt aber auch, warum sie sich zäh halten und „durch *externe* »Aufklärung« (...) kaum zu beeinflussen" (Esser 2000, S. 298, Hervorhebung H. A.) sind. Vorurteile sind kosten-
günstig, weil man nicht viel selbst denken muss und mit minimalem

Einsatz – man braucht bloß in den Chor der anderen einzustimmen – die Anerkennung der Gruppe gewinnt. Dieser Nutzen würde verloren, wenn man sich auf die Aufklärung von außen einließe.

Vorurteile sind keine singulären Urteile einzelner Individuen in einer konkreten Situation, sondern repräsentieren bestimmte Facetten eines Systems von festen, wenn auch latenten Überzeugungen, wie es sich in einer bestimmten Lebenswelt herausgebildet hat. „Überzeugungen", schreibt Esser, „werden dann fixiert, wenn sie als »richtig« und Ertrag bringend erscheinen und/oder wenn ihre Änderung als zu teuer oder gar als unmöglich erscheint". (Esser 2001, S. 324)

Neben dieser – natürlich selten bewussten! – Abwägung von Kosten und Nutzen des Denkens und Handelns betont Esser noch einen weiteren Aspekt: Überzeugungen sind meistens stark *vernetzt*, weshalb er auch von „Überzeugungs*systemen*" spricht. Sie stehen in einem Strukturzusammenhang und beeinflussen sich wechselseitig. Würde man nun an einem Element rütteln lassen, geriete das ganze System ins Wanken. Auch deshalb weisen die Individuen den Vorwurf, Vorurteile zu haben, zurück, denn für sie sind es *richtige* Überzeugungen, die ganz auf der Linie ihrer richtigen Überzeugungen in allen *anderen* Lebensbereichen liegen. Und außerdem kann man anführen, dass „alle Anderen" auch so denken. Vorurteile sind also nicht nur *kognitiv*, sondern auch *sozial vernetzt*.

Schlagen wir nun auch noch den Bogen zu David Riesmans These von der Außenleitung, dann liegt die Erklärung, warum Vorurteile sich *sozial* erhalten, auf der Hand: Wenn wir so denken wie „alle" in unserer Bezugsgruppe, dann kostet uns das nicht nur keine eigene Anstrengung, sondern wir vermeiden auch die Kosten, nicht als normales und legitimes Mitglied dieser Gruppe angesehen und angenommen zu werden. Von Nutzen ist es auch, denn mit der stillen oder auch lauten Beipflichtung zu allen Klischees und Vorurteilen der Gruppe erdienen wir uns die stumme Anerkennung des „Gleichgesinnten".

Soziale Vorurteile sind keine kognitiven Fehlschaltungen von wenig denkfreudigen Mitläufern, sondern bewusste oder unbewusste Investitionen in die Inklusion einer Bezugsgruppe. Sie sind eine Variante des permanenten Versuchs, unser Bleiberecht in einer Gemeinschaft dadurch zu sichern, dass wir rechtzeitig zu erkennen geben, dass wir so denken, wie man dort denkt! In dieser Hinsicht sind sie sogar höchst erfolgreiche Strategien, weil man mit der Beipflichtung zum Urteil der Gruppe über die, die nicht dazugehören sollen, auch sich selbst aufwertet.

Diese Funktion des Vorurteils wird bei den folgenden Erklärungen, in denen stärker innere, psychologische Probleme des Menschen betont werden, noch deutlicher werden.

Logische Argumente sind ohnmächtig
gegen affektive Interessen.
Selbst die scharfsichtigsten Menschen
benehmen sich wie Schwachsinnige,
wenn eine verlangte Einsicht
einem Gefühlswiderstand begegnet.[1]

13 Triebabfuhr

Ich habe im vorigen Kapitel gesagt, warum ich die nun folgenden, stärker psychoanalytisch ausgerichteten Erklärungen in eine soziologische Diskussion über Vorurteile einbeziehe: Sie führen für die Entstehung der Vorurteile erstens auch soziale Bedingungen, z. B. Sozialisation, soziale Lage oder Gruppendifferenzierung an, und zweitens sprechen sie immer auch die Konsequenzen für die sozialen Beziehungen der Individuen untereinander an.

Ich beginne mit der These von der symbolischen Triebabfuhr und leite dann über zu der sozialpsychologischen Erklärung der Suche nach Sündenböcken. Im dritten Teil referiere ich eine berühmte Studie, die auf den ersten Blick Vorurteile mit einer bestimmten Charakterstruktur erklärt, bei genauerem Hinsehen aber den sozialen Kontext aufzeigt, in dem sich dieser „autoritäre" Charakter häufig entwickelt.

---

1 Frei nach Sigmund Freud (1915): Zeitgemäßes über Krieg und Tod, S. 47

13.1 Vorurteile als symbolische Triebabfuhr

Der amerikanische Persönlichkeitspsychologe Gordon W. Allport wurde oben mit den Worten zitiert, dass wir mit Affekten reagieren, wenn unseren Vorurteilen *Widerlegung* droht. Im Grunde bestand das psychologische Problem aber schon am Anfang unseres Denkens. SIGMUND FREUD hat es in einer Zeit, wo Urteile über ganze Völker dazu beigetragen hatten, die Welt in Flammen zu setzen, in einem Aufsatz „Zeitgemäßes über Krieg und Tod" (1915) so ausgedrückt: „Menschenkenner und Philosophen haben uns längst belehrt, dass wir Unrecht daran tun, unsere Intelligenz als selbständige Macht zu schätzen und ihre Abhängigkeit vom Gefühlsleben zu übersehen. (…) Logische Argumente seien (…) ohnmächtig gegen affektive Interessen, und darum sei das Streiten mit Gründen (…) in der Welt der Interessen so unfruchtbar. Die psychoanalytische Erfahrung hat diese Behauptung womöglich noch unterstrichen. Sie kann alle Tage zeigen, dass sich die scharfsinnigsten Menschen plötzlich einsichtslos wie Schwachsinnige benehmen, sobald die verlangte Einsicht einem Gefühlswiderstand bei ihnen begegnet (…)." (Freud 1915, S. 46f.)

Der Psychoanalytiker und Zeitdiagnostiker ALEXANDER MITSCHERLICH zieht die Linie von der Herrschaft der Gefühle über den Intellekt bis zum Vorurteil aus: „Vergegenwärtigen wir uns einen Augenblick, dass Affekte Triebwünsche psychisch repräsentieren, dass also, wenn wir uns z. B. in einem aggressiven Affekt befinden, ein bestimmter Triebwunsch – nämlich auf Angriff und Vernichtung oder Selbsterhaltung oder was immer sonst – vorliegt, dann erkennen wir die hohe Gefahr, dass unser Triebbedürfnis dem Intellekt vorschreibt, welche Urteile er zu fällen hat. Man nennt diese Willigkeit des Intellektes vor dem (unbewussten) Triebwunsch in der Sprache der Psychoanalyse »Rationalisierung«. Der Intellekt wird zu, wie Freud sagt, einem »Instrument zuhanden eines Willens«, d. h. der Triebwünsche, und liefert das Resultat, das den Triebwünschen Befriedigung verspricht. Es werden also gleichsam bewusstseins-offizielle Formulierungen gefunden, die eine Scheinbegründung schaffen. Und hinter der Scheinbegründung, die gar nicht das eigentliche Motiv trifft, sondern das eigentliche Motiv verbirgt, bewirkt dieses verborgene eigentliche Motiv unsere Handlungen. Eines der besten Hilfsmittel auf diesem Weg sind die Vorurteile." (Mitscherlich 1964, S. 274, unter Bezug auf Freud 1915, S. 47)

Nach der klassischen psychoanalytischen Persönlichkeitstheorie besteht der psychische Apparat aus drei Instanzen: dem Es, dem Ich und dem Über-Ich. Der Inhalt des *Es* ist alles, was ererbt und konstitutionell festgelegt ist, vor allem aber die Triebe. Das Es ist der älteste Teil und „bleibt durch das ganze Leben der wichtigste" (Freud 1938, S. 9). Zwischen dem Es und der Außenwelt befindet sich die Instanz des *Ich*. Sie verarbeitet die Reize von außen, indem sie sich an sie anpasst oder aktiv verändert, aber auch von innen, indem es (das Ich) entscheidet, welche Triebbedürfnisse befriedigt werden und welche nicht. Das Ich strebt nach Lust und will Unlust vermeiden. Aber die Erfahrung lehrt, dass bei weitem nicht alle Triebwünsche befriedigt werden dürfen. Im Laufe der kindlichen Entwicklung bildet sich im Ich eine besondere Instanz heraus, die Freud das *Über-Ich* nennt. In ihr schlagen sich die Gebote und Verbote der Eltern, anderer wichtiger Bezugspersonen und letztlich der Gesellschaft nieder.[2] Das Über-Ich fungiert als permanente innere Kontrolle des Denkens und Handelns. Die psychische Entwicklung ist nach dieser Theorie also „die Geschichte eines Konflikts zwischen konstitutioneller Triebstruktur und Realität" (Geulen 1991, S. 25). Über gesellschaftlich organisierte Erziehung wird im Über-Ich die geordnete *soziale* Wirklichkeit, die immer Einschränkung *individueller* Triebe bedeutet, nachhaltig verankert.

An dieser These der Unterdrückung der Triebhaftigkeit setzt Mitscherlich mit seiner Erklärung des Vorurteils an: „Es ist immer ein Teil nicht-sozialisierter, nicht im täglichen Verhalten bereits festgelegter, automatisierter Triebhaftigkeit des Menschen vorhanden, sie stellt einen Triebüberschuss dar, der nicht im System der Wertnormen einer

---

2   Freud misst bei der Entstehung des Über-Ich dem Vater eine besondere Rolle zu, den das Kind als Rivalen um die primäre Zuneigung zur Mutter („Ödipuskonflikt") empfindet. Aus der unbewussten Angst, dass der mächtige Vater sich an dem hilflosen Konkurrenten rächen wird, identifiziert sich das Kind mit ihm und verinnerlicht seine Gebote und Verbote im Über-Ich. (vgl. dazu Abels 2007, Bd. 2, Kap. 2.2 „Über-Ich und die Einschränkung der Triebbedürfnisse")

Gesellschaft verbraucht wird." (Mitscherlich 1964, S. 278) Dieser
Triebüberschuss kann nicht befriedigt werden, weil wir z. B. auf andere
Rücksicht nehmen müssen oder die Gesellschaft nur ein ganz bestimmtes Verhalten toleriert. Was sich da anstaut, braucht ein Ventil. In früheren Zeiten konnte man seine Triebe entladen, indem man sich über
die aus dem anderen Clan oder Feinde jenseits der Grenzen hermachte,
Ketzer verbrannte, die falsch gedacht hatten, oder Hexen ertränkte, die
sich auf den geilen Satan eingelassen hatten.

Diese Form der Triebabfuhr, die für etwas entschädigt, was man bei
sich selbst nicht zulassen darf oder was in der nahen Bezugsgruppe
nicht erlaubt ist, finden wir heute natürlich auch noch. Nur spielt sie
sich meist in unserem Kopf, manchmal auch in bestimmten Teilen der
Medien ab.

Eine andere, *symbolische* Form der aggressiven Triebabfuhr ist, sich
von anderen abzuheben, sie sozusagen symbolisch zu unterwerfen.
Vorurteile, die andere Menschen abwerten, haben genau diese Funktion. Sie liefern die Legitimation, dass man Egoismus und Aggressions-
lust, die sonst unterdrückt werden müssen, ohne Gewissenskonflikte
ausleben kann. Mitscherlich rückt diesen individuellen Mechanismus in
einen sozialen Kontext und behauptet, dass „die Gesellschaft sich
Hassobjekte erfindet[3], denen gegenüber man asoziale – oder vielleicht
genauer präsoziale – Triebverhaltensformen (...) ausleben darf" (Mitscherlich 1964, S. 279).

Hinter dieser These steht die Annahme, die sich in vielen Theorien
zum Verhältnis zwischen Individuum und Gesellschaft findet, z. B. bei
Thomas Hobbes, Emile Durkheim oder auch Sigmund Freud, dass der
Mensch von Natur aus kein verträgliches Wesen, sondern höchst egois-
tisch und aggressiv in der Konkurrenz um Lebenschancen ist, und dass
die Gesellschaft deshalb strenge Kontrolle über ihn ausüben muss. Eine
Form der Kontrolle besteht in der Sozialisation. In ihr wird das Individuum so zugerichtet, dass die Gesellschaft einigermaßen zusammen-

---

3 Diese These findet sich auch in Freuds Erklärung des Krieges. „Der kriegführende
   Staat gibt sich jedes Unrecht, jede Gewalttätigkeit frei. (…) Er bedient sich nicht
   nur der erlaubten List, sondern auch der bewussten Lüge und des absichtlichen
   Betruges gegen den Feind." (Freud 1915, S. 39)

gehalten wird. Sie verlangt ihm also einiges ab, was es freiwillig nicht tun würde, und verbietet vieles, was ihm Triebbefriedigung verschaffen würde. In der Sprache der Psychoanalyse: Es entsteht ein hoher Binnendruck.

Den lenkt die repressive Gesellschaft, wie gerade zu lesen, ab, indem sie probate Objekte zur Triebabfuhr bereitstellt.

... die Loslösung von dem abergläubischen Bedürfnis
nach einem Sündenbock
gewiss ein, vielleicht der Maßstab
für Kulturfortschritt in menschlichen Gemeinschaften[4]

13.2 Die Suche nach Sündenböcken

„Aaron soll seine beiden Hände auf den Kopf des lebenden Bockes legen und über ihm alle Sünden der Israeliten, alle ihre Frevel und alle ihre Fehler bekennen. Nachdem er sie so auf den Kopf des Bockes geladen hat, soll er ihn durch einen bereitstehenden Mann in die Wüste treiben lassen, und der Bock soll alle ihre Sünden mit sich in die Einöde tragen." So ist es im Alten Testament im Buch Levitikus (16, 21-22) zu lesen. Dieses symbolische Ritual der Entsühnung spielt auch in der Vorurteilsforschung eine wichtige Rolle. Dort wird allerdings meist der psychologische Aspekt in den Vordergrund gerückt, dass Menschen mit bestimmten Charaktereigenschaften oder aufgrund von Frustrationen sich jemanden suchen, dem sie die Schuld an ihrer Situation in die Schuhe schieben. Dabei brechen latente Vorurteile auf und werden durch die *soziale* Identifizierung der Sündenböcke verstärkt. Auf diesen Zusammenhang komme ich noch einmal bei der Diskussion über den autoritären Charakter zu sprechen.

Die *soziologische* Erklärung des Zusammenhangs zwischen Vorurteilen und der Identifizierung von Sündenböcken muss in eine andere Richtung gehen. Einen ersten Hinweis bietet das biblische Ritual selbst.

---

4 Christa Wolf (1982): Kleists „Penthesilea", S. 167

Dort heißt es nämlich, dass „alle" Sünden des Volkes über dem Bock
„bekannt" werden. Es geht also nicht um individuelle Verfehlungen,
sondern um Verfehlungen des ganzen *Kollektivs*, die Sünden werden
stellvertretend durch Aaron von allen *öffentlich bekannt*, und es steht
ein soziales Objekt *vorab* zur Verfügung, auf dessen Rücken sich das
Volk von Schuld entlasten kann.

Der innere Zusammenhalt der Gemeinschaft war offensichtlich gefährdet, und würde man in dieser Situation jeden Einzelnen für alle
seine Verfehlungen zur Rechenschaft ziehen, wäre erstens die Gemeinschaft als strafende Institution gewiss überfordert, und zweitens würden
die zu Bestrafenden zumindest zeitweise aus der Solidarität ausgeschlossen. Um die symbolische Ordnung wiederherzustellen, wird ein
Ritual der *Inklusion durch Exklusion* gewählt. Ausgeschlossen wird ein
Objekt, das nicht zur *menschlichen* Gemeinschaft gehört. Der Sündenbock wird zum Träger dessen, was nichts mehr mit uns zu tun hat. Damit die Verschiebung im kollektiven Unterbewusstsein keine Skrupel
hinterlässt, wird der Sündenbock nicht nur als *Träger* des Negativen
angesehen, sondern als das *Negative selbst*. Der Sündenbock ist das
Fremde und ganz Andere. Der Schriftsteller Botho Strauss hat in einem
politisch umstrittenen Essay Fremdenfeindlichkeit als „gefallene Kul-
turleidenschaft" bezeichnet, die einen ursprünglichen, ordnungsstiften-
den Sinn hatte, und den Sündenbock als „Opfer der Gründungsgewalt"
(B. Strauss 1993, S. 205) einer Gemeinschaft bezeichnet. Indem eine
Gemeinschaft Fremde und Sündenböcke definiert und entsprechende
ausgrenzende Vorurteile fördert, sichert sie ihre innere symbolische
Ordnung.

Diese Erklärung schließt an die Differenzierung zwischen in-group
und out-group an, wie wir sie oben bei Sumner lesen konnten.[5] Von
daher kann man eine weitere anschließen: Die *Gemeinschaft selbst*
kann das Problem sein, von dem sich das Individuum durch die aggres-
sive Verschiebung auf einen Sündenbock entlastet. In diese Richtung
deutete schon Mitscherlichs These, dass die Gesellschaft Hassobjekte

---

5 Vgl. oben Kap. 10.2 „In-group und out-group – über Ethnozentrismus und die
   Abwertung der Anderen".

zur Triebabfuhr erfinden muss. Soziologisch allgemeiner kann man sagen: Jede Gesellschaft schränkt das Individuum ein, indem sie seinen egoistischen, asozialen Neigungen institutionelle Schranken setzt. Um diese Repression auszuhalten, bedarf es gelegentlicher Ventilsitten. In Aggressionen gegen Sündenböcke, und seien die „Ausbrüche" nur verbaler, großmäuliger Art, kann das Individuum – gesellschaftsunschädlich – sozialen Druck ablassen.

Die Suche nach einem Sündenbock, den man für das institutionelle Diktat der gesellschaftlichen Verhältnisse verantwortlich machen kann, wird wahrscheinlicher, wenn diese Verhältnisse schlecht sind. Und in der Tat ist es so, dass Menschen, die sich unten oder am Rande der Gesellschaft sehen, jemanden suchen, den man dafür verantwortlich machen kann. So kann man auch die bekannte Frustrations-Aggressions-Hypothese von John Dollard u. a. lesen: Danach führen Frustrationen zu Aggressionen gegen den Verursacher der Frustration. Ist dieser aber zu stark, suchen sich die Aggressionen einen Ersatz. (vgl. Dollard u. a. 1939, S. 103) Diese *Verschiebung* von aggressiven Triebwünschen hatte schon Sigmund Freud in der Traumdeutung festgestellt. Da das Kind die direkte Auflehnung gegen den mächtigen Vater oder der Angestellte gegen seinen autoritären Chef scheuen, suchen sie sich ein Ersatzobjekt, z. B. ein anderes Geschwister oder die Kinder zu Hause. Diese Ersatzobjekte haben die Funktion des *Prügelknaben*. Bezogen auf unseren Zusammenhang hieße das, dass sich die Schwachen unter dem Druck übermächtiger gesellschaftlicher Verhältnisse einen noch Schwächeren suchen. Das lehrt ja auch die Alltagserfahrung, dass wir oft den Sack schlagen, aber den Esel *meinen*.

Doch diese Reaktion auf ein *Ersatz*objekt muss man unterscheiden von der latenten oder offenen Aggression gegen einen *Sündenbock*. Hier fehlt schon der Ansatz eines Bewusstseins, dass der, den man schlägt, eigentlich nur ein Stellvertreter ist. Die Definition des Anderen als Sündenbock definiert ihn als den *wirklichen* Verursacher. Um im biblischen Bild zu bleiben: Die Schuld wird dem Bock nicht nachträglich aufgeladen, sondern er ist die Schuld von Anfang an! Deshalb ist auch nichts mehr zu bekennen, geschweige denn öffentlich zu bereuen, sondern man kann guten Gewissens sagen, was auch *alle* Anderen sagen: Der wahre Schuldige ist ertappt. Was man vorher schon über ihn vermutete und von nun an im Einklang mit der öffentlichen Meinung immer wieder *weiß*, habe deshalb auch nichts mit einem Vorurteil zu tun, sondern entspreche der Wahrheit. Indem man den Sündenbock in die Wüste jagt, sprich: symbolisch aus der Gemeinschaft ausschließt, glaubt man, auch die gesamten frustrierenden Verhältnisse symbolisch auszulöschen.

Das ist schließlich ein weiterer auffälliger Zug am Sündenbock-Mechanismus: Er funktioniert besonders stark als *kollektiver* Modus. Deshalb nutzen ihn auch Demagogen und andere Diktatoren der öffentlichen Meinung so geschickt: Zuerst geben sie vor, dem Volk „die Augen zu öffnen", indem sie die verfahrene soziale Lage „schonungslos" beschreiben; dann sprechen sie es von jeder Verantwortung für die Verhältnisse frei und nennen die wahren Verantwortlichen.[6] Natürlich kann nicht irgendjemand zum Sündenbock gemacht werden, sondern es müssen soziale Figuren sein, über die es schon latente schlechte Meinungen gibt. Es spielt auch keine Rolle, ob diese Figuren innerhalb oder außerhalb der Gemeinschaft existieren und ob sie stark oder schwach sind. Wichtig ist nur, dass sie außerhalb der *guten* moralischen Ordnung, die eine Gemeinschaft oder Gruppe *für sich* annimmt, identifiziert werden können. Zu dieser kollektiven Identifizierung tragen Ideologen bei, indem sie latente Vorurteile auf den Punkt bringen und „rationale" Erklärungen liefern, warum es keine Vorurteile sind!

13.3 Rationalisierung und das Körnchen Wahrheit

Kommen wir noch einmal auf Mitscherlichs psychoanalytische Erklärung der Entstehung von Vorurteilen zurück und verbinden sie mit der gerade aufgestellten These, dass der Sündenbock-Mechanismus besonders stark als kollektiver Modus wirkt.

Dass wir uns Ersatzobjekte suchen, an denen wir uns abreagieren, leuchtet ein. Aber warum kommt es zu kollektiven Reaktionen, und

---

6 Diese ideologische Verführung haben Leo Löwenthal und Norbert Gutermann in ihrer Studie über „Agitation und Ohnmacht" (1949) eindrucksvoll beschrieben.

warum gehen sie fast immer mit Vorurteilen einher? Eine soziologische Antwort lautet: Vorurteile werden auch gelernt, und zwar manchmal aus der gleichen Angst heraus, die uns bewegt, uns dem Zwang der Gesellschaft zu fügen. Was hätten wir zu erwarten, wenn wir es nicht täten? Wir verlören die Solidarität der Gruppe. Darin sieht Mitscherlich auch die Erklärung, warum bei kollektiven Vorurteilen „oft ein hoher Grad der Konformität erreicht" wird, dass nämlich „mit den Wölfen zu heulen eine große Sicherheit in der eigenen Gesellschaft gewährt. Teile ich den Wahn der anderen nicht, dann werde ich selbst ein Fremder, und dann besteht für mich die Gefahr, selbst zu einem Hassobjekt" (Mitscherlich 1964, S. 280) zu werden!

Man will dazugehören, und dazu muss man manchmal auch bei Dingen mitmachen, die man eigentlich gar nicht will. Akzeptiert man den letzten Teil des Satzes, hat man die Erklärung für die Mitläufer aller Zeiten; stellt man ihn in Frage, ist man bei der bedrückenden Erklärung der psychoanalytischen Triebtheorie. Es wäre auch die Erklärung, warum Vorurteile – neben Kampf und Krieg! – tatsächlich „zum Haltbarsten in der menschlichen Geschichte gehören" (Mitscherlich 1964, S. 271)!

Es wäre allerdings noch die individualpsychologische Frage nachzutragen, ob die Aggressionen, die aus Vorurteilen folgen, Spuren im seelischen Haushalt – z. B. in Form von Schuldgefühlen oder wenigstens schlechtem Gewissen – hinterlassen. Leider ist das in der Regel nicht der Fall! Dafür kann man drei Erklärungen liefern: Aus der gerade beschriebenen Triebtheorie heraus ist der Lustgewinn so groß, dass der Verstand ausgeschaltet ist. Zweitens: Nach der These, dass Vorurteile in der Gruppe gelernt werden, kann sich das Individuum darauf berufen, dass individuell nicht falsch sein kann, was kollektiv für richtig gehalten wird. Drittens gibt es, wiederum aus einer psychoanalytischen Triebtheorie heraus, den Mechanismus der *Rationalisierung*, nach dem scheinbar irrationales aggressives Verhalten – Vorurteile natürlich eingeschlossen! – im Nachhinein zu einer symbolischen rationalen Handlung umgedeutet wird. Wer z. B. im Beruf immer wieder klein gemacht wird, sucht einen Prügelknaben, auf den er einschlagen kann. Da bietet sich einer, der noch weiter unten steht, bestens an. Weil man sich an die da oben nicht herantraut, lässt man seinen Frust an denen da unten aus. Diesen Gedanken wehrt man aber unbewusst ab und erfindet eine rationale Begründung für sein Verhalten, indem man z. B. sagt, dass der andere „wirklich" faul, unfähig und was weiß ich ist. Auf jeden Fall wird er zu Recht von uns abgelehnt, und unsere Meinung von ihm ist keineswegs ein dumpfes Vorurteil, sondern pure zwingende Logik!

Etwas vorsichtiger, aber keineswegs weniger „rationalisierend", kam z. B. das nachträgliche kollektive Bedauern der schweigenden Mehrheit über die tödlichen Konsequenzen der Vorurteile gegenüber Juden im Dritten Reich daher, indem man nachschob, menschlich und moralisch sei das, was „damals" passierte, nicht zu entschuldigen, aber einige von ihnen hätten „wirklich" zu viel Macht im Staat gehabt.

Das ist überhaupt auffällig, dass bei der Rationalisierung immer wieder angeführt wird, ein „Körnchen Wahrheit" enthielten die Vorurteile aber doch! Diese These vom Wahrheitskern (»kernel of truth theory«) hat in den 1950er Jahren in psychologischen Untersuchungen über Völkerstereotype eine Rolle gespielt. Die Vergleiche zwischen Einstellungen zu Angehörigen eines anderen Volkes und den empirischen Untersuchungen über ihre Charaktereigenschaften ergaben Widersprüchliches.[7] Auf der einen Seite gab es keinen Zusammenhang, auf der anderen fand sich angeblich doch ein Körnchen Wahrheit. Letzteres dürfte auch nicht verwundern, denn erstens findet sich für jede Einstellung irgendein Beweis, wenn sie nur grob genug formuliert ist. Und zweitens lässt sich jede noch so große Zahl von Gegenbeweisen leicht mit dem Argument „trotzdem" kontern, und dann rechtfertigt schon der

---

7 Schon jenseits der Widersprüchlichkeit liegen die Ergebnisse einer Erhebung des American Jewish Committee, das angesichts erheblicher antisemitischer Vorurteile in den Vereinigten Staaten das Ansehen verschiedener Einwanderergruppen untersucht hat. Dabei zeigte sich, dass die Deutschen weit vor den Juden und den Wisians und diese wiederum weit vor Schwarzen, Mexikanern und Zigeunern lagen. Dazu muss man wissen, dass es die Wisians gar nicht gibt. Die Meinungsforscher hatten sie einfach erfunden! (vgl. Frankfurter Allgemeine Zeitung, 5. Februar 1993)

einzige Fall den weiteren Verdacht. (vgl. zu dieser Diskussion Heintz 1957, S. 38f. und Estel 1983, S. 203ff.)

13.4 Der autoritäre Charakter

Eine Verbindung zwischen psychoanalytischen und sozialpsychologischen Aspekten zum Vorurteil findet sich in der berühmten Studie über den „Autoritären Charakter", die in den 1940er Jahren in den USA durchgeführt wurde. Sie ist insofern für eine wissenssoziologische Diskussion der Entstehung und der sozialen Konsequenzen von Vorurteilen interessant, weil sie diese mit Persönlichkeitsstrukturen und typischen Sozialisationsprozessen auf der einen Seite und einer starken Tendenz zum Ethnozentrismus auf der anderen zusammenbringt, und weil sie zeigt, wie sich eine gar nicht so seltene Spezies ihre Wirklichkeit konstruiert.

Die Erfahrung des Nationalsozialismus in Deutschland und der Verfolgung der Juden veranlasste Forscher um den Soziologen THEODOR W. ADORNO, der mit anderen Mitgliedern des Frankfurter Instituts für Sozialforschung vor den Nazis in die USA geflohen war, zu der Frage, ob so etwas auch in den USA möglich sei. In einer großen standardisierten Untersuchung wurden mehr als 2.000 Personen befragt, mit einer kleineren Gruppe wurden qualitative Interviews geführt. Die Studie, die 1950 unter dem Titel „The Authoritarian Personality" in New York erschien und als Autoren neben Adorno ELSE FRENKEL-BRUNSWIK, DANIEL J. LEVINSON und R. NEVITT SANFORD nannte, wurde schlagartig weltberühmt. Ein Grund für die heftige Diskussion, die gleich nach dem Erscheinen einsetzte, war, dass man die Bereitschaft zu so massiven Vorurteilen in einer demokratischen Gesellschaft nicht für möglich gehalten hatte!

Aus der Fülle der Ergebnisse will ich nur einige wenige hervorheben. Das wichtigste ist, dass die Forscher einen Zusammenhang zwischen einer autoritären Persönlichkeitsstruktur, Ethnozentrismus und aggressiven Vorurteilen gegen Minderheiten herausfanden. Als autoritär definierten sie den Hang, sich mächtigen Autoritäten in der eigenen

Gruppe zu unterwerfen und nach unten zu treten. Vor allem in den qualitativen Interviews wurde herausgefunden, dass es einen Zusammenhang zwischen dieser autoritären Charakterstruktur, einer unterdrückenden Erziehung in der Familie und einer rigiden sozialen Anpassung gab. Personen, die im Elternhaus vor allem mit Strafen erzogen worden waren, neigten zu feindlichen Einstellungen gegenüber sozial Schwächeren. Erklären kann man diese Einstellung mit der psychoanalytischen Theorie, dass die Kinder keine Chance zur Auseinandersetzung mit den strafenden Eltern hatten und deshalb ihre Triebwünsche unterdrücken mussten.

Nach der eben skizzierten psychoanalytischen Theorie des psychischen Apparats kann man sagen: Der autoritäre Charakter hat ein schwaches Ich und ein zwanghaftes, starkes Über-Ich. Deshalb lebt er auch in latenter ständiger Angst vor sozialen Verhältnissen, die irgendwann eintreten könnten, und Personen, die dafür verantwortlich gemacht werden. „Damit verbunden ist ein starkes Bedürfnis nach Anlehnung an etablierte Autoritäten einerseits und rigides und intolerantes Verhalten gegenüber sozial Schwachen andererseits." (Peuckert 2006, S. 343) Der autoritäre Charakter wertet sein schwaches Ich durch die Identifikation mit mächtigen Autoritäten auf und sucht für den Druck, der sich durch die Unterwerfung unter die Autorität der Eltern aufgebaut hat, ein Ventil, indem er sich mittels Vorurteilen gegen stellvertretende Hassobjekte wenigstens symbolisch abreagiert.

Adorno u. a. haben diesen Zusammenhang in mehreren Einstellungsskalen belegt. Eine, die sogenannte E-Skala, erfasste den Ethnozentrismus, der die autoritäre Persönlichkeit kennzeichnet. Sie maß die Einstellung zu damals noch so bezeichneten Negern, zu Minderheiten in den USA generell und zu Angehörigen anderer Nationen. Die Untersuchung bestätigte die Hypothese, „dass Ethnozentrismus eine durchgängige Mentalität ist, und dass er sich selten (nur, Ergänzung H. A.) gegen eine einzelne Gruppe richtet, dass vielmehr die Haltung gegenüber der einen mit ziemlicher Sicherheit auf eine ähnliche Einstellung zu allen anderen schließen lässt" (Adorno u. a. 1950, S. 107). Außerdem entspricht die „ethnozentrische Feindseligkeit Fremdgruppen gegenüber (...) genau der ethnozentrischen Idealisierung der Eigengruppe" (Adorno u. a. 1950, S. 107).

Bei der Unterscheidung zwischen Eigengruppe und Fremdgruppe muss bedacht werden, dass damit nicht unbedingt eine tatsächliche Zugehörigkeit zu einer bestimmten Gruppe gemeint ist. Es geht entscheidend um die *Identifikation* mit einer Bezugsgruppe. So fühlt sich der nach oben Strebende den höheren Kreisen zugehörig, und nach deren vermuteten Idealen und Regeln wird er sich verhalten, wie umgekehrt jemand sich auch mit den Schwachen und Diskriminierten identifizieren kann, aus deren Blickpunkt er dann die Welt beurteilt.

Die Ablehnung von Fremdgruppen ist das erste Charakteristikum der ethnozentrischen Einstellung: „Es ist, als ob das ethnozentrische Individuum sich von den meisten Gruppen, zu denen es selbst nicht gehört, bedroht fühlt; wo es sich nicht identifizieren kann, muss es sich in Gegensatz stellen; wenn eine Gruppe nicht »annehmbar« ist, ist sie eben »fremd« und damit schon fast »feindlich«." (Adorno u. a. 1950, S. 150)

Ein anderes Charakteristikum der ethnozentrischen Einstellung ist, dass sie nach konzentrischen sozialen Kreisen differenziert ist. So stellten die Forscher fest, dass Personen mit einer ausgeprägten ethnozentrischen Einstellung einem Satz wie „Wir sind das hervorragendste Volk der Welt" sofort zustimmten. „Doch dieses »Wir« bricht sofort auseinander, wenn es sich um Beziehungen innerhalb der Nation handelt" (Adorno u. a. 1950, S. 151), wie man also z. B. Menschen anderer Hautfarbe, anderer ethnischer Herkunft oder einer anderen Religion einschätzt. „Die soziale Welt, wie sie die meisten Ethnozentriker sehen, ist als eine Serie konzentrischer Kreise um einen Mittelpunkt organisiert. Jeder Kreis steht für eine Eigen-Fremdgruppenbeziehung: jede Linie dient als eine Grenze, um alle Fremdgruppen von einem Eindringen in das Zentrum abzuhalten, und jede Gruppe wird durch immer engere Kreise davon ausgeschlossen – zum Beispiel: die Weißen, die Amerikaner, die geborenen Amerikaner, die Christen, die Protestanten, die Kalifornier, meine Familie und schließlich – Ich." (ebd.)

Eine dritte Eigentümlichkeit der Ethnozentriker ist, dass sie Angehörige der Fremdgruppe stereotyp beurteilen („die sind alle gleich") und dass sie darauf eingestellt sind, auch Gruppen, mit denen sie noch nie etwas zu tun hatten, von vornherein abzulehnen. Sie nähern sich einer „unbekannten Person oder Kultur nicht mit Aufgeschlossenheit, Interesse und Entgegenkommen, sondern mit Misstrauen und Ablehnung. Das Empfinden der Fremdartigkeit verwandelt sich unmittelbar in ein Gefühl von Bedrohtsein und Feindseligkeit. Schon ist die neue Gruppe eine »Fremdgruppe« im Sinn der ethnozentrischen (negativen, Ergänzung H. A.) Affekte." (Adorno u. a. 1950, S. 154)

Dafür bietet die Studie mehrere Erklärungen an. Eine hängt mit dem Gefühl der „moralischen Bedrohung" zusammen. Der autoritäre Ethnozentriker lehnt selbst eine zahlenmäßig kleine Fremdgruppe ab, weil er ihr eine moralische Verworfenheit unterstellt. So stellte sich heraus, dass in der parallelen Untersuchung eines latenten Antisemitismus viele der Befragten von ansteckenden jüdischen Krankheiten, ungezügelter Sexualität oder zersetzenden politischen Ideen sprachen. Das alles wollte der Ethnozentriker von vornherein und entschieden abwehren, damit seine Ordnung nicht kontaminiert würde.

Bei dieser Angst vor Ansteckung spielte auch die Projektion eigener, unterdrückter Triebe eine Rolle: Was man bei sich vielleicht am stärksten unterdrücken musste, das wurde als Schuld auf die Anderen projiziert. Eine typische psychologische Tendenz der autoritären Persönlichkeit war, einen Sündenbock zu finden. Sie reagiert feindselig auf solche Personen, „die sich (angeblich, Ergänzung H. A.) die Freiheit nehmen, von den moralischen Prinzipien abzuweichen, die der autoritäre Charakter für sich als bindend ansieht. Man kann diesen Prozess so verstehen, dass für den betreffenden Menschen die Unterdrückung der eigenen Wünsche letztlich eine Frustration darstellt und er versucht, diese Frustration durch ein feindseliges Handeln gegenüber einer Person abzureagieren, die er assoziativ mit diesen Frustrationen in Verbindung bringt. (...) Der Andere dient gewissermaßen als Sündenbock für eine Frustration, die im Grunde in der Person selber liegt. Typisch für diesen Sündenbockprozess ist, dass die wirkliche Basis der Frustration nicht beseitigt wird und deshalb dauernd neue Feindseligkeit erzeugt und nach außen zum Ausdruck gebracht wird." (Fischer u. Wiswede 2002, S. 278f.)

Die Suche nach Sündenböcken und die Verdichtung kollektiver Vorurteile über Feinde kann man allerdings auch noch anders erklären: Sie
dienen der sozialen Schließung einer Gruppe und damit der Resta-
bilisierung einer sozialen oder symbolischen Ordnung, die aus bestimmten Gründen riskant geworden ist.

Mit der Unterdrückung starker Triebe im eigenen seelischen Haushalt erklärt sich auch, warum man die Eigengruppe für den Hort der
Moral hielt und warum man ihren angeblichen Idealen blind folgte oder
sie zumindest im Munde führte. Deshalb halten Ethnozentriker auch die
Tugenden Ordnung, Gehorsam und Loyalität hoch.

Damit ist ein weiterer Zusammenhang angesprochen, der von Autorität und Ordnung. „Der Ethnozentriker betrachtet alle sozialen Wech-
selbeziehungen unter hierarchischen und autoritären Gesichtspunkten.
Gruppen wie Individuen müssen da ihren (richtigen und angemessenen,
Korrektur H. A.) »Platz« finden. Nichts ist gefährlicher, als wenn die
eine oder andere Gruppe ihren »natürlichen« Ort in einer »von Gott
gewollten Ordnung« nicht mehr anerkennt, wenn sie ihn verlassen will,
um sich zu verbessern. Aber auch innerhalb der eigenen Gruppe soll
sich dem Ethnozentriker zufolge das soziale Leben denselben Prinzipien entsprechend vollziehen. Unkritischer und unbedingter Gehorsam
bestimmt das ideale Verhältnis der Kinder zu ihren Eltern, während
diese sich zu einseitigem Druck von oben berechtigt, ja verpflichtet
fühlen, die kindliche Spontaneität einzuschränken und Konformität mit
von außen aufoktroyierten Werten und Maßstäben zu erzwingen."
(Adorno u. a. 1950, S. 156)

Lässt man sich auf die Erziehungshypothese als Erklärung der autoritären Eigenschaft des Ethnozentrikers ein, dann liegt ein soziologischer Schluss nahe: „Da das Elternhaus als entscheidend für die Entwicklung dieser Eigenschaft angesehen wird, die Erziehungspraxis und
Familienstruktur ihrerseits jedoch stark durch Gruppennormen bestimmt sind, kann sich der autoritäre Charakter zur Gruppen-
Eigenschaft entwickeln." (Schmid 1991, S. 151) Der amerikanische
Soziologe SEYMOUR MARTIN LIPSET, der sich auf Studien beruft, die
einen Zusammenhang zwischen Schicht, Erziehungspraxis und aggres-
sivem Verhalten nachgewiesen haben, hat mit Blick auf die Fähigkeit

zur Demokratie von einem „working-class authoritarianism" (Lipset 1959) gesprochen. Diese Feststellung ist auch für die Erklärung von Vorurteilen interessant, denn die Normen der Demokratie akzeptieren heißt, dass man bereit und in der Lage ist, andere Meinungen und anderes Verhalten zu akzeptieren. (vgl. Lipset 1959, S. 492) Das wiederum setzt voraus, dass man gelernt hat, die Dinge zu reflektieren und seine Einstellungen rational zu begründen. Wer sogar daran gehindert worden ist, Dinge und Meinungen zu hinterfragen, und gezwungen war, sich der Definitionsmacht einer Autorität zu unterwerfen, wird diese Fähigkeit nicht mitbringen. Die Sicherheit der kulturellen Orientierungen, die unter dem Joch rigider Erziehung erworben wurde, ist nur eine scheinbare. In Wahrheit besteht sie nur aus dogmatischem Denken. Deshalb lehnt der autoritäre Charakter auch Alternativen ab.

LOTHAR KRAPPMANN hat diesen Gedanken aufgegriffen und die strukturellen Bedingungen der abwehrenden Haltungen gegenüber Veränderungen und ungewohnten Verhaltensweisen betont: „Das von Lipset gekennzeichnete Syndrom lässt sich so erklären, dass eine abwehrende Haltung gegenüber Veränderungen und ungewohnten Verhaltensweisen eingenommen wird, eine Abwehr, die Individuen mit sehr schwachen Fähigkeiten zur Wahrung von Identität helfen soll, nicht überschaubare Situationen zu vermeiden. Folglich handelt es sich bei diesem Typ autoritärer Einstellung nicht um ein auf psychologischer Ebene erklärbares Persönlichkeitsmerkmal, sondern um eine strukturell erzwungene Orientierung, die Rollenbeziehungen entspricht, in denen abwägende Interpretationen nicht zugelassen oder nicht gefordert werden." (Krappmann 1969, S. 130) Die Angehörigen der Unterschicht machen in der Familie und im Beruf häufiger genau diese Erfahrungen als andere Schichten. Schlagen wir noch den Bogen zum Umgang mit der sozialen Wirklichkeit, dann hat die Erklärung ULRICH OEVERMANNs, „warum der Angehörige der Unterschicht keine reflexive Einstellung im Handeln" entwickeln kann, paradigmatische Bedeutung: „Er »rezipiert« passiv die Sozialstruktur, aber er »interpretiert« sie nicht." (Oevermann 1968, S. 306) Ersetzen Sie das Wort „Sozial-

struktur" durch „das Wissen und die Einstellungen seiner Gruppe",
dann wissen Sie, was gemeint ist!

Kommen wir noch auf eine letzte Auffälligkeit der Einstellung des
autoritären Ethnozentrikers zu sprechen: seine Konstruktion der Wirklichkeit. Er kann nicht mit Komplexität umgehen, weder mit sozialer
noch mit symbolischer. Deshalb bevorzugt er klare Kategorien, je grö-
ber, umso besser. An diesen Kategorien hält er unter allen Umständen
fest. In sozialer Hinsicht denkt er in den Kategorien „oben" und „unten", „stark" und „schwach", „innen" und „außen". In seinem Wunsch
nach klaren Verhältnissen akzeptiert er Ordnungsvorstellungen, die ihm
Nutzen bringen. Das bedeutet auch, sich Autoritäten zu unterwerfen,
die er als Stellvertreter der Macht ansieht, die er eigentlich selbst haben
möchte, und mit denen er sich deshalb identifiziert.

Allein Komplexität beunruhigt schon, mehr noch aber die Angst vor
der Störung der symbolischen Ordnung der Welt, wie man sie sich bisher zurechtgelegt hat. Die autoritäre Persönlichkeit scheut das Unge-
wohnte, und deshalb wehrt sie es auch ab. Vorurteile sind präventive
Strategien zur Erhaltung einer symbolischen Sinnwelt.

Diesen Zweck erfüllen Vorurteile nicht nur bei der autoritären Persönlichkeit, sondern bei allen, die die symbolische Ordnung ins Wanken geraten sehen. Und wer spürte dieses „Unbehagen in der Modernität" (Berger, Berger u. Kellner 1973) nicht?! Übrigens: zu jeder Zeit.
Deshalb sollten Sie das folgende Kapitel auch nicht als Bericht über
eine lange versunkene Zeit verstehen. Was BENITA und THOMAS
LUCKMANN (1983) seinerzeit referierten, hat paradigmatischen Charakter.

14 Vorurteile entstehen in einer Krise der kulturellen Orientierungen

14.1 Die Verunsicherung durch die Moderne

14.2 Benita und Thomas Luckmann (1983): Eine exemplarische Geschichte: Die Hexenverfolgung in Salem Ende des 17. Jahrhunderts

14.3 Vorurteile dienen auch dazu, eine vertraute Sinnwelt zusammenzuhalten

Vorurteile entstehen auch in einer Krise der kulturellen Orientierung, und sie dienen dazu, eine alte Sinnwelt zusammenzuhalten. Zur Untermauerung dieser These muss ich noch einmal auf die oben[1] angesprochen Pluralisierung der symbolischen Welt zurückkommen.

Der soziale Wandel in der Moderne ist durch eine fortschreitende Differenzierung der Gesellschaft und damit Vervielfältigung ihrer Teilsysteme gekennzeichnet. Parallel zu dieser sozialen Differenzierung vollzog sich eine kulturelle Differenzierung. Sie begann mit dem Zerfall religiöser Weltbilder und setzte sich in der Ermunterung der Aufklärung, selbst zu denken, und der politischen Verbürgung der Freiheit des Individuums fort. In beiden Hinsichten ist die Gesellschaft pluralistisch geworden. Diese Entwicklung geht weiter und beschleunigt sich noch. Das soll mit dem Begriff der Pluralisierung zum Ausdruck gebracht werden. Im engeren Sinn meint Pluralisierung die Vervielfältigung der Erklärungen der Welt und ihrer Teilbereiche und damit auch der kulturellen Orientierungen.

In dem Maße, wie sich neue Wirklichkeitsbestimmungen gegen konservative durchsetzten und erfolgreich waren, wurde auch der Mut zum Neuen gestärkt. (vgl. Berger u. Luckmann 1966, S. 134) Aber es gibt

---

1 Vgl. oben Kap. 8.1 „Entzauberung und Pluralisierung".

auch eine Kehrseite, die ich jetzt ansprechen will: Menschen können sich durch die Pluralisierung der symbolischen Welt verunsichert fühlen, und zur Abwehr der Störung ihrer Sinnwelt reagieren sie mit Aggressionen gegen Personen, die ihnen für die Störung der symbolischen Ordnung verantwortlich zu sein scheinen. Vorurteile sind die Vorstufe zu solchen Aggressionen.

14.1 Die Verunsicherung durch die Moderne

Der soziale Wandel berührt auch die symbolische Ordnung. Auch in kultureller Hinsicht sind die meisten modernen Gesellschaften „pluralistisch", was bedeutet, „dass sie alle bestimmte gemeinsame Grundelemente" (Berger u. Luckmann 1966, S. 133f.) einer überwölbenden symbolischen Sinnwelt haben, über die Konsens herrscht, dass aber unterhalb dieser verbindenden Welt verschiedene Teilwelten existieren, in denen Individuen und Gruppen dauerhaft oder auf Zeit leben. Diese Teilwelten bestehen in der Regel friedlich nebeneinander, manchmal aber auch in Konkurrenz zueinander. Jede Teilwelt funktioniert nach ihrer eigenen Logik. Indem wir uns auf die entsprechenden Rollen einstellen, die in den Teilwelten existieren, hoffen wir, den Wechsel zwischen den Welten zu bewältigen.

Doch das wird aus zwei Gründen immer schwieriger. Erstens haben die Menschen das Gefühl, dass die ökonomische, politische und soziale Welt immer komplexer, sachlicher und letztlich unüberschaubar wird. An die Stelle einheitlicher kultureller Orientierungen, die das ganze Leben betreffen, treten die Logiken der zahlreichen Teilsysteme. Mit der funktionalen Differenzierung bildeten sich zahllose, spezifische Perspektiven und Teilsinnwelten heraus. Jede war in sich stimmig und deshalb prinzipiell für jede andere nicht leicht zu verstehen, zumal integrierende Symbolsysteme, z. B. in Form religiöser Überzeugungen, schwächer wurden. Auch diese, wie die Gesellschaft insgesamt, werden „von jeder Subsinnwelt her in anderem Blickwinkel gesehen" (Berger u. Luckmann 1966, S. 91). Pluralisierung hat also zunächst einmal zur Konsequenz, dass wir vieles nicht mehr verstehen.

Zweitens beanspruchen die Teilsysteme ihre Mitglieder unausweichlich mit ihrer spezifischen Logik, die auch nicht beim Pförtner abgelegt wird. Unter der Hand werden den Mitgliedern nämlich mit dem Argument des Sachzwangs auch spezifische Gründe für die Verbindung dieses Sinnsystems zu ihrer *individuellen* Welt geliefert. Die Individuen werden also immer verschiedener. Die Überschneidung der sozialen Kreise, von denen GEORG SIMMEL[2] gesprochen hat, wird immer kleiner. Auch dadurch lockern sich soziale Bindungen.

Pluralisierung bedeutet Auflösung einer einheitlichen symbolischen Sinnwelt zugunsten einer Vervielfältigung der kulturellen Orientierungen. Damit können die wenigsten souverän umgehen, im Gegenteil, viele spüren, dass damit das Fundament ihres Lebens zerbröckelt.

Nachdem ich oben dargelegt habe, welche Probleme sich für die moderne Identität aus der Erfahrung der Pluralisierung ergeben können, wie also das Individuum für sich Orientierung findet, will ich nun auf *soziale* Reaktionen zu sprechen kommen, die sich gegen die Pluralisierung und die richten, die sie angeblich zu verantworten haben. Ich tue es unter dem Stichwort der Verunsicherung durch die Moderne und mit Blick auf einen historischen Fall.

Die These lautet: Wenn kulturelle Orientierungen in eine Krise geraten, dann ist eine häufig zu beobachtende Reaktion des Individuums, sich auf scheinbar sichere, alte Werte und Traditionen zu besinnen. Das hat fast immer *soziale* Konsequenzen: Individuen schließen sich mit denen zusammen, die nach einer ähnlichen Lösung für ihre Sinnkrise suchen. Diffuse, *individuelle* Angst vor drohendem Sinnverlust schlägt in soziale Vorurteile um. Sie können sich gegen Individuen oder Institutionen richten, die tatsächlich für die Verunsicherung verantwortlich sind; sie können sich aber auch Sündenböcke suchen.

Ein besonders drastisches Beispiel für die Entstehung von Vorurteilen bei der Abwehr der Modernisierung stellt die Hexenverfolgung En-

---

2 Vgl. Abels 2006, Kap. 11.2 „Simmel: Die einzigartige Schneidung sozialer Kreise"

de des 17. Jahrhunderts in der puritanischen Gemeinde Salem im amerikanischen Bundesstaat Massachusetts dar.[3]

14.2 Benita und Thomas Luckmann (1983): Eine exemplarische Geschichte: Die Hexenverfolgung in Salem Ende des 17. Jahrhunderts

Die Salemer Hexenprozesse sind eine in der amerikanischen Geschichte wohlbekannte dramatische Episode. In Geschichtsbüchern, Erzählungen, Gedichten und Theaterstücken sind Hintergründe und die Bedeutung einer Hexenjagd immer wieder von neuem aufgerollt worden. Die Ereignisse von 1692 sind jedoch nie ganz verstanden worden. Die Frage, wie in einer streng puritanischen christlichen Gesellschaft an der Schwelle der Moderne der anachronistische Ausbruch von Hexenhysterie mit solch tragischen Folgen stattfinden konnte, ist nie völlig geklärt worden, obwohl man sich darum wie um die Anamnese eines Kindheitstraumas bemüht hat.

Vor einigen Jahren haben zwei amerikanische Historiker, PAUL BOYER und STEPHEN NISSENBAUM, anhand einer detaillierten Dokumentation alltäglicher Geschichte und alltäglicher Geschichten dieser kleinen ländlichen Gemeinde die Entstehung, Struktur und Auswirkungen der Hexenprozesse von 1692 dargestellt (Boyer u. Nissenbaum 1974). Indem sie eine Vielfalt von Methoden verschiedener Sozialwissenschaften angewendet haben, ist es ihnen gelungen, die Wurzeln dieser Schreckenszeit aufzudecken. Sie finden diese in der Biographie einzelner Familien, in Besitz und

---

3 Das folgende Kapitel ist eine leicht gekürzte und bearbeitete Fassung des Kapitels 5 „Übergang zur modernen Gesellschaft: Hexenverfolgungen Ende des 17. Jahrhunderts – ein Fall von Wissen oder Vorurteil?" im Studienbrief „Wissen und Vorurteil" von Benita und Thomas Luckmann (1983) dar. Ich danke Thomas Luckmann für die Zustimmung zu der Überarbeitung an dieser Stelle und der Adaption des Studienbriefes an vielen anderen Stellen.

Landverteilung, in Erbschaftsstreitigkeiten und den alltäglichen Geschehnissen dieser Gemeinde. Sie verfolgen sie aber auch im Verhältnis der Gemeinde zur puritanischen Kirche, in ihren Beziehungen zur nahe liegenden Stadt des gleichen Namens, in der besonderen geschichtlichen Lage der Neu-Englischen Kolonien Ende des 17. Jahrhunderts, wie im sozialen Wandel innerhalb und außerhalb der Gemeinde.

Die Geschichte beginnt damit, dass sich Salemer Jugendliche mit der Suche nach Wegweisern für ihre Zukunft mit Wahrsagerei und Okkultismus zu beschäftigen begannen, einem kirchlich verwerflichen Unterfangen. Die Jugendlichen – es waren meist junge Mädchen – gebrauchten Schlüssel, Siebe, Erbsen, Hufeisen, Kristallbälle, um in die Zukunft zu sehen, vor allem um Hinweise über ihre zukünftigen Männer zu finden: welchen Beruf diese haben werden, welchen sozialen Status sie selber durch ihre Heirat in ihrem erwachsenen Leben erwarten dürfen usw.. Mit der Zeit begannen einige junge Mädchen und Frauen ein seltsames Benehmen an den Tag zu legen: Sie hatten Verzückungen, Gliederverrenkungen, Schmerzen; sie liefen, tanzten, sprangen, schrieen, hatten Anfälle verschiedener Art. Sie waren wie besessen.

Diese Erscheinungen wurden im Dorf anfänglich mit Erstaunen aufgenommen. Man versuchte, sie zu ignorieren. Doch als sie um sich griffen, schenkte man ihnen zunehmend mehr Aufmerksamkeit, Zuerst versuchte man es mit Gebeten, Predigten, Andachten. Nichts half. Die Besessenheit nahm eher zu als ab. Allerdings schien die Besessenheit in diesem Stadium kein besonderes Muster aufzuzeigen, keinem besonderen Zweck zu dienen. Bald danach aber nahm der Wahn konkrete Formen an. Er schien sich in eine bestimmte Richtung zu bewegen. Er schien interpretierbar geworden zu sein. Er wurde als Besessenheit vom bösen Geist bestimmter, von den Mädchen genannter Dorfbewoh-

ner interpretiert. Die besessenen Mädchen erklärten, dass diese Dorfbewohner Hexen waren, die mit dem Teufel im Bündnis standen. Die Hexen kniffen und peinigten die Mädchen, so dass sie seltsame Zustände bekamen. Sie wollten die Mädchen dazu verführen, dass sie dem Glauben abschworen und sich selber dem Teufel verschrieben. Die von den Mädchen der Hexerei angeklagten Dorfbewohner wurden ihnen nach den Regeln von Hexenprozessen gegenübergestellt. Die Mädchen identifizierten ihre Peiniger. Diese wurden öffentlich der Hexerei angeklagt und eingesperrt.

Es handelte sich im ersten Schub der Anklagen um Rand-Personen, Außenseiter: eine wegen ihrer Aggressivität und bösen Zunge gefürchtete Bettlerin, eine westindische Sklavin, einen Krüppel, mit anderen Worten, um die Art von Personen, von deren Schuld die Allgemeinheit bereits im Voraus überzeugt ist, die kaum einen Verteidiger finden und deren Bestrafung niemand beklagt. Von solchen Leuten kann man schließlich nichts Besseres erwarten, höchstens noch Schlimmeres.

Einen Monat später werden gewichtigere Personen der Hexerei angeklagt: alte ehrbare Witwen, Kirchenmitglieder[4], Gastwirte, wohlhabende Landbesitzer, ein früherer Pfarrer der Gemeinde. Kurz danach kommen Leute mit sehr hohem Status an die Reihe: sieben Gemeinderäte der Stadt Salem, die Frau des reichsten Reeders dieser Stadt, reiche Kaufleute und deren Frauen aus der Hauptstadt Boston, Regierungsmitglieder der Provinz Massachusetts, Räte des Gouverneurs, die Frau des Gouverneurs. Innerhalb von neun Monaten werden 150 Personen als Hexen oder Zau-

---

4 Kirchenmitglied und Gemeindemitglied waren in der puritanischen Kirche zwei verschiedene Kategorien. Gemeindemitglied war ein jeder, der zur Kirche gehörte. Kirchenmitglied war nur ein innerer Kreis der »Auserwählten«.

berer eingekerkert, darunter ein vierjähriges Kind. Neun-
zehn Personen werden hingerichtet.

All diese Leute werden von einem Dutzend junger Mäd-
chen und Frauen angeklagt. Die später Angeklagten wer-
den von den Anklägerinnen öfter weder erkannt noch be-
nannt. Einige Jahre später erklären verschiedene dieser
Mädchen und Frauen, dass sie falsche Aussagen gemacht
haben. Es ist anzunehmen, dass andere Leute ihnen die
Namen der Angeklagten eingeflüstert haben. Zu welchen
Zwecken, fragt es sich?

BOYER und NISSENBAUM geben eine Reihe wohl doku-
mentierter Beschreibungen der damaligen Verhältnisse und
Ereignisse, die vielleicht nicht Antworten auf alle Fragen
enthalten, aber uns gleichwohl eine Reihe glaubwürdiger
Hypothesen liefern. Anbei eine Zusammenfassung der ein-
zelnen Faktoren, die zur Hexenverfolgung in Salem beige-
tragen haben.

Die frühen amerikanischen Siedler in Massachusetts wa-
ren Anfang des 17. Jahrhunderts aus England ausgewan-
dert, um religiösen Verfolgungen zu entgehen. Sie waren in
die Neue Welt gezogen, um hier, ungehindert von den Be-
schränkungen von Staat und Staatskirche, das Neue Jerusa-
lem zu begründen. In fest gefügten Gemeinden, den stren-
gen Gesetzen des calvinistischen[5] Glaubensbekenntnisses
folgend, wollten sie, Gott zu Ehren und anderen Menschen
als Beispiel, gemeinsam arbeiten und wirken, in der Hoff-
nung, von Gott zum ewigen Leben auserkoren zu sein. Ihr
Leben sollte dem Lob Gottes gewidmet sein: durch Arbeit
und Tat und durch Überwindung der Versuchungen des
Fleisches und des Teufels in ihm.

---

5   Die religiöse Lehre des Calvinismus hat Max Weber in seiner berühmten Schrift
    „Die protestantische Ethik und der »Geist« des Kapitalismus" (1904/05) beschrie-
    ben. Für eine kurze Information vgl. Abels 2006, Kap. 7.3 „Calvin: Durch rastlose
    Arbeit Selbstgewissheit erlangen".

*Das Dorf Salem war eine landwirtschaftliche Gemein-
schaft, die im Hinterland der sich schnell entfaltenden Stadt
Salem landwirtschaftliche und andere ökonomische Zu-
bringerdienste leistete. Es war auch politisch in jeder Hinsicht – einschließlich von Steuerzahlungen und Dienstleis-
tungen – von der Stadt abhängig. Diese weigerte sich, den
verschiedenen Versuchen des Dorfes, Selbständigkeit zu
erwirken, stattzugeben. Neben dem Wunsch nach politischer Selbständigkeit war es vor allem der Wunsch, eine
eigene Kirche zu bekommen. Das alles führte zu vielen
Streitigkeiten zwischen Stadt und Dorf, doch letztlich blieben die jahrzehntelange Rekurse gegen die Stadt – in Form
von Bittschriften, Resolutionen, Protesteinlagen – erfolglos.
In den frühen 1690er Jahren wurde sogar diese Art von
Protesttätigkeit unmöglich, da Massachusetts einige Zeit
keinen Gouverneur hatte, der erst neu von London bestimmt
werden musste, so dass es keinen Adressaten für die Schriften gab. Die Dorfbewohner fühlten sich verlassen und von
der Stadt ausgebeutet.*

*Die Stadt Salem entwickelte sich, nach Boston, zur
nächst größten und reichsten Hafenstadt von Massachusetts. Der Reichtum der Kaufleute und Reeder führte mit
der Zeit zu Änderungen im anfänglich schlichten Lebensstil
der puritanischen Siedler. Ihre ständigen Kontakte mit den
westindischen Kolonien, England und Europa lockerten die
Sitten der Stadtbewohner. Ihr Lebensstil wurde urbanisiert,
genusssüchtiger und weltoffener. Die ökonomische Struktur
war frühkapitalistisch.*

*Das von der Stadt in so vielerlei Hinsicht abhängige
Dorf war durch seine Nähe zur Stadt von diesen Entwicklungen auf zwiespältige Art und Weise beeinflusst. Der der
Stadt nächst liegende Ostteil des Dorfes richtete sich immer
mehr nach der Stadt. Er versuchte, an deren erfolgreichen
Unternehmungen teilzuhaben. Die im Ostteil des Dorfes
liegenden Wasserwege und die große Ipswicher Straße be-*

*günstigten diese Bemühungen und gaben den sozialen Auf-
stiegschancen der dortigen Einwohner Auftrieb. Die Stra-
ßennähe hatte einen weiteren auflockernden Einfluss auf
das Ostdorf; sie brachte Kontakte mit Reisenden, mit der
Außenwelt. Handwerker ließen sich dort nieder, Schenken
wurden eröffnet, die auch Jugendliche aus dem westlichen
Teil des Dorfes anzogen – zum großen Ärger der Eltern.
Die mobilitätsfreudigen Ostdörfler waren gegen den Sepa-
ratismus der Westdörfler und hatten keine Absicht, ihre
Kirchenmitgliedschaft in der Stadt Salem aufzugeben, um
Sonntags zum neuen Gebetshaus des Westdorfs zu gehen.*

*Die ferner liegenden landwirtschaftlichen Betriebe hat-
ten nicht die gleichen Chancen, vom sozialen Wandel der
Stadt zu profitieren. Umzingelt von anderen Gemeinden
waren sie von Landmangel bedroht und befanden sich in
ewigem Streit mit ihren Nachbarn. Die vorkapitalistischen
Farmer des Westdorfs hatten keine Ausdehnungsmöglich-
keiten. Die andauernden Land-, Grenz- und Erbschaftsstreitigkeiten wurden durch die strukturellen Schwächen
und die rechtliche Machtlosigkeit des Dorfes verschärft,
denn auch in den Lösungen solcher Streitfragen war man
abhängig. All dies stiftete Unzufriedenheit, Neid und Streit.
Die verschiedenen Geschäftsversuche der Farmer, deren
Land immer mehr schrumpfte, waren meist erfolglos. Sie
beschleunigten dadurch nur häufig ihren sozialen Abstieg.
Wucherer und Landspekulanten aus der Stadt trugen das
Ihrige zu den ökonomischen Schwierigkeiten des Dorfes
bei. Die ersten Erfahrungen der Modernität brachten Bedrohung, soziale Desorientierung und Unzufriedenheit mit
sich.*

*Schon Jahre vor der Hexenverfolgung hatte es zwischen
Stadt und Dorf fortwährenden Streit um eine eigene Kir-
cheninstitution gegeben. Schließlich war es dem Dorf – auf
nicht ganz legale Weise – gelungen, ein Gebetshaus zu er-
richten, einen Pfarrer anzustellen und Gottesdienste abzu-*

halten. Aber nach puritanischen Begriffen war dies keine volle Kirche. Das Gebetshaus wurde dann auch vom Ostdorf kaum besucht. Es war aber der Versammlungsort der weniger erfolgreichen Farmer, der anti-städtischen Gruppe und der ärmeren Leute im Dorf.

Der Pfarrer (es war der dritte innerhalb weniger Jahre), dessen Interessen – auch finanzieller Art – eng mit der dörflichen Kirchengemeinde verbunden waren, verschärfte den Konflikt unter den verschiedenen Gruppen und Familien der Dorfbewohner. Er brandmarkte die durch städtischen Einfluss entstandenen Veränderungen als Verrat des Judas an Christus, als eine Verschwörung des Bösen, als Werk Satans.

Dies war der allgemeine Bedingungsrahmen, innerhalb dessen der Auftakt zur Hexenverfolgung stattfand. Darin bekommen die jungen Mädchen und Frauen ihre seltsamen Zustände; darin wird die Aufmerksamkeit aller auf diese Zustände gelenkt. Bemerkenswert ist, wer die Geschichte auslöst: die junge Generation, die in dieser Gemeinde gewiss keine einflussreiche Position besaß, sondern eine unterlegene Stellung einnahm, dazu weiblichen Geschlechts, das ebenfalls als schwach galt. Die sozial nicht voll Verantwortlichen, daher auch weniger Exponierten, wurden zu Trägern der allgemeinen Unruhe, der Unsicherheit über die Zukunft – zuerst der eigenen, dann der ihrer Familien. Fast alle kamen sie aus Familien, die durch den sozialen Wandel geschädigt waren und die sich energisch – wenn auch erfolglos – für die Selbständigkeit des Dorfes und der Kirche eingesetzt hatten.

Interessant ist zu beobachten, wie die Zeichen der Besessenheit – die bei den alten Hexenprozessen als Indiz des Hexen-Seins selbst galten – in Salem sukzessive auf die Personen übertragen werden: zuerst auf die wehrlosen, allgemein verpönten Außenseiter, und, als sich dies bewährte, auf diejenigen, die die Ursache der vielen Befürchtungen, des Ärgers, des Schadens repräsentieren. Es trifft nicht die persönlichen Feinde im Dorf, sondern die Vertreter der Neuen Ordnung, die man nicht von Angesicht zu Angesicht kennt oder selten trifft: die Kneipenbesitzer des Ostdorfs, die Politiker, die Stadtbewohner, die Leute aus Boston.

Die Konflikte, Unzufriedenheiten, Verunsicherungen und Verfolgungskomplexe der Dorfbewohner werden in den Hexenprozessen offensichtlich. Vor allem vier soziologische Erklärungen der um sich greifenden kollektiven Vorurteile schälten sich heraus:

Erstens: Die individuellen Statusverluste durch Erb- und Grenzstreitigkeiten und sozialen Wandel und Unwilligkeit oder Unfähigkeit, sich neuen ökonomischen Konstellationen erfolgreich anzupassen.

Zweitens: Die anhaltende Weigerung der Stadt und der Kolonie, der Gemeinde eine rechtliche und politische Identität zuzugestehen.

Drittens: Die kontinuierliche Bedrohung durch den sozialen Wandel, der nicht nur Konflikte zwischen Stadt und Dorf stiftet, sondern auch unter den Dorfbewohnern selbst, ja, auch den einzelnen mit sich selbst in Konflikt bringt.

Viertens: Die religiöse Identität, die symbolisch an einer eigenen Kirche und einer selbständigen Gemeinde festgemacht wird, ist unsicher, da ihr das institutionelle Fundament fehlt.

Diese Erklärung scheint besonders interessant. Betrachten wir sie etwas genauer.

Die Kirche war die einzige wenigstens halbwegs autonome und eigenständige Institution, um die sich die Unzufriedenen scharen konnten. Sie war der Kern der Hoffnung auf weitere Gemeinderechte, die für die puritanische[6] Welt mehr als rein politische Selbständigkeit bedeutete. Sie bedeutete auch die Hoffnung auf Transzendenz und Unsterblichkeit. Die Kirche, so wie sie war, wurde also durchaus folgerichtig zum Mittelpunkt der Auseinandersetzung für die Dorfbewohner und lieferte den institutionellen Rahmen, die Sprache und die symbolische Bedeutung für den Kampf auf Leben und Tod. Der Pfarrer rief in seinen Predigten die kosmisch-religiöse Bedeutung dieser Dorfgeschichte ins Bewusstsein: Die Kräfte des Guten gegen die Kräfte des Bösen, die alte Moral gegen die neuen Unsitten, Christus gegen die, die ihn verraten haben.

Wenn die kleinen und großen Bitterkeiten und Ängste, die untragbar gewordenen Fehlschläge, der Neid, der Hass, diese Bedeutung haben, dann ist die Ursache leicht zu finden: das Böse. Und das Böse wird nun endlich identifizierbar, ganz konkret. Als Hexen wurden die Träger der Neuen Ordnung „erkannt". Sie wurden für die Störung der symbolischen Ordnung, misslungene Anpassungsversuche an den ökonomischen Fortschritt und den sozialen Statusverlust verantwortlich gemacht. Der rechte Glaube, wie ihn der Pfarrer durch seine Bibelauslegungen konfirmierte, half den Betroffenen, ihr Scheitern als eine Verfolgung durch das Böse zu erklären, und er bestärkte sie, einschneidende, radikale Maßnahmen zu seiner Ausmerzung zu ergreifen.

Die Hysterie der Hexenverfolgung traf zunächst wirtschaftlich und gesellschaftlich marginale Personen und dann, als sich der „Mechanismus" verfestigte, solche, die die Umstände des sozialen Wandels zu ihren Gunsten aus-

---

6 Vgl. zu dieser aus dem Geist des Calvinismus erwachsenen religiösen Bewegung und Lebensauffassung Abels 2006, Kap. 7.5 „Puritanismus: Innerweltliche Askese und der Zwang zum Erfolg".

*zunützen verstanden hatten: sozial hoch stehende Leute aus
der Stadt und der Hauptstadt.*

*Das Gericht gab sich Mühe, die als Hexen Angeklagten
auch nach allen Regeln und Indizien als Hexen zu identifizieren. Am schwersten wurden die bestraft, die nicht willig
waren zu bereuen, weil sie glaubten, nichts zum Bereuen zu
haben. Bekannte puritanische Theologen nahmen regen Anteil an den Prozessen und berieten das Gericht über Natur
und Merkmale von Hexen. Das heißt: Die Verwalter des
„wahren" Wissens legitimierten das Verhalten der Gemeinde, indem sie ihnen objektive Kriterien für ihre Vorurteile lieferten!*

(...)

14.3 Vorurteile dienen auch dazu, eine vertraute Sinnwelt zusam-
menzuhalten

Das Beispiel Salem lehrt, dass in der Phase einer gesellschaftlichen
Verunsicherung Versuche unternommen werden, die alte Sinnwelt zusammenzuhalten. Eine Strategie ist, neues Wissen abzuwehren. Es
kommt aber auch altes „Wissen" wieder hoch. Man erinnert sich an die
Erklärungen, die die Vorfahren bei der Verteidigung der vertrauten
Ordnung hinterlassen haben. Misstrauen gegenüber einer neuen Ordnung schlägt um in Vorurteile gegen ihre Repräsentanten. Sie werden
zu Sündenböcken, denen man die Angst, vor der Zukunft zu versagen,
auflädt.

Auf den ersten Blick scheinen Vorurteile etwas mit einer Verhaftung
am Alten zu tun zu haben. Wissenssoziologisch interessanter ist aber
die Tatsache, dass sie Reaktionen auf vage gedachte Zukunft sind!

Vorurteile entstehen in sozialen Übergangsphasen, seien es gesellschaftliche Umbrüche oder individuelle oder kollektive Krisen. Sie
dienen dazu, „Verantwortliche" für die Krise zu identifizieren. Sie lassen die Angst, an der Krise möglicherweise selbst Schuld zu sein, gar
nicht erst hoch kommen, sondern lenken sie in Aggressivität gegen

Sündenböcke um. Dass Vorurteile dabei soziale, kulturelle oder auch ethnische Unterschiede betonen, kann man damit erklären, dass auf diese Weise die Homogenität der eigenen Sinnwelt gestärkt wird und die Anderen, möglicherweise Feinde, auf jeden Fall aber anstößige Exemplare einer falschen Ordnung, außen vor gehalten werden. Vorurteile gegen konkrete Individuen oder diffuse Typen von Menschen dienen der Abgrenzung zwischen wahrem und falschem Wissen, und zugleich sind es Ausgrenzungen von „Anderen", die nicht zu „uns" gehören – und auch nicht zu „uns" gehören sollen!

Vor diesem Hintergrund will ich noch ein letztes Mal den Bogen zu unserer permanenten Konstruktion der sozialen Wirklichkeit schlagen. Unser Wissen über die Wirklichkeit entsteht im Laufe der Sozialisation in einer konkreten Gesellschaft, in der alles schon geregelt ist, wenn wir auf die Bühne des Lebens treten. Die Institutionalisierung der kulturellen Orientierungen gibt uns den Rahmen für unsere Annahmen über die Welt und für unsere sozialen Beziehungen zu den Anderen vor. In den alltäglichen Interaktionen bringen wir zum Ausdruck, welche Bedeutung wir den Dingen um uns herum beimessen und wie wir deshalb zu handeln gedenken. Selbstverständlich tun wir das nicht immer bewusst, aber wenn man uns fragen würde, warum wir so und nicht anders handeln, würden wir sagen, dass das normal und selbstverständlich ist. Unser Wissen über die gemeinsame Wirklichkeit ist selbstverständlich, und wir unterstellen, dass alle, zumindest die in unseren Kreisen, so denken wie wir.

Durch die selbstverständliche Verwendung gesellschaftlichen Wissens, mehr noch aber durch die öffentliche Beipflichtung zu den Meinungen in unseren Bezugsgruppen bringen wir zum Ausdruck, dass wir rechtmäßige Mitglieder dieser Gruppen sind. Indem wir so denken wie die anderen, sichern wir unser Bleiberecht in einer sozialen Gemeinschaft. Wir investieren durch die Bekundung des richtigen Wissens in die Inklusion einer Bezugsgruppe. In dieser Hinsicht sind Vorurteile nur Varianten des unablässigen Versuchs, sich auch durch gemeinsame Urteile über die Welt diesseits der Grenzen unserer kulturellen Orientierungen zu halten. Vorurteile sind deshalb nicht einfach individuelle, unbedachte Entwürfe von Situationen und Personen, sondern *soziale* Rahmen, wie Situationen und Personen zu bewerten sind.

Indem Vorurteile immer Grenzen zwischen „Uns" und „Anderen" ziehen, bringen sie das soziologische Grundproblem der Spannung zwischen Individuum und Gesellschaft auf den Punkt: Wir wissen, dass wir in einer Gesellschaft leben und von ihr auch in unserem Denken und Handeln beeinträchtigt werden. Umso wichtiger ist es, auch Antworten auf die Frage zu finden, wer wir dann selbst sind. Diese Frage berührt uns im Alltag selten, aber sie könnte spätestens dann aufkommen, wenn wir von Personen überrascht werden, die nicht so denken und handeln, wie wir es gewohnt sind. Doch auch diese Überraschung fällt aus, weil wir Strategien der Vereinnahmung des Neuen oder gar Fremden entwickelt haben. Gleichwohl bleibt das Problem der Grenze zwischen uns und den Anderen virulent. Manifest wird es, wenn wir uns der kulturellen Wirklichkeit, von der wir uns bis dahin getragen fühlten, nicht mehr sicher sind. Sicher können wir uns eigentlich nie sein, weil die kulturelle Wirklichkeit permanent im Fluss ist. Aber in bestimmten Situationen wird das Problem akut, und wenn dann jemand zur Verfügung steht, auf dem man seine Ungewissheit symbolisch abladen kann, dann hat das selbstkritische Denken ein Ende.

Richtiger: Bewusst hat es noch gar nicht begonnen, und es braucht auch nicht zu beginnen.

Vorurteile sind deshalb „erfolgreiche" Strategien der Investitionen in das Bleiberecht in einer Gruppe, weil sie die eigene Person auf- und die Anderen, die Fremden oder die ungewissen sozialen Verhältnisse abwerten. Um uns der eigenen symbolischen Wirklichkeit wieder gewiss zu werden, klinken wir uns ein in das kollektive Denken unserer Bezugsgruppe und identifizieren uns wechselseitig als die „Rechtgläubigen". Mit dieser Selbstdefinition ist automatisch verbunden, die zu identifizieren, die nicht so denken wie wir und insofern eine Gefahr darstellen. Da Menschen Erklärungen für soziale Verhältnisse gerne an Personen festmachen, suchen sie auch in kulturellen Krisen nach *Schuldigen*. Soziale Vorurteile helfen dem Einzelnen und der Gruppe, „Erklärungen" zu finden und konkrete Personen dingfest zu machen.

Vorurteile sind *individuelle* Maßnahmen, unsere symbolische Sinnwelt zusammenzuhalten, und *verdinglichende,* weil an Personen fest-
gemachte, Strategien, in einer sozialen Wirklichkeit im Fluss, in der wir
permanent gefordert sind, sie und uns in ihr neu zu definieren und dadurch Ordnung zu schaffen.

Unser Wissen hat keine andere Funktion.

Literatur

(Die erste Jahreszahl bezeichnet das Jahr der Originalveröffentlichung bzw. der letzten Überarbeitung, die Jahreszahl nach dem Verlag die benutzte Auflage.)

ABELS, HEINZ
1993   Abschied von der Identität. In: Profession und Engagement. Festschrift für Raymund Krisam. Essen: Fachgruppe Soziologie im Fachbereich 1 der Universität GH Essen (unveröffentlicht). Später abgedruckt in: Hagener Materialien zur Soziologie, 1997, H. 1.
1997   Karl Mannheim. In: Erler, Hans; Ehrlich, Ernst Ludwig; Heid, Ludger (Hrsg.) (1997): „Meinetwegen ist die Welt erschaffen". Das intellektuelle Vermächtnis des deutschsprachigen Judentums. Frankfurt am Main: Campus
2006   Identität. Wiesbaden: VS Verlag für Sozialwissenschaften
2007   Einführung in die Soziologie, Bd. 1: Der Blick auf die Gesellschaft, Bd. 2: Die Individuen in ihrer Gesellschaft. 3., überarb. Auflage. Wiesbaden: VS Verlag für Sozialwissenschaften
ABELS, HEINZ; STENGER, HORST
1986   Gesellschaft lernen. Opladen: Leske + Budrich, 2. Aufl. 1989
ADORNO, THEODOR W.; FRENKEL-BRUNSWIK, ELSE; LEVINSON, DANIEL J.; SANFORD, R. NEVITT
1950   Der autoritäre Charakter. In: Adorno u. a. (1968): Der autoritäre Charakter, Band 1: Studien über Autorität und Vorurteil. Amsterdam: de Munter, Schwarze Reihe Nr. 6
ALLPORT, GORDON W.
1954a   The nature of prejudice. Reading, Mass.: Addison-Wesley Publishing Company
1954b   Die Natur des Vorurteils. Köln: Kiepenheuer & Witsch, 1971
ASCH, SALOMON E.
1955   Opinions and social pressure. In: Hare u. a. (Hrsg) (1965): Small groups. Studies in social interaction. New York: Knopf
ASSMANN, JAN
1988   Kollektives Gedächtnis und kulturelle Identität. In: Assmann, Jan; Hölscher, Tonio (Hrsg.) (1988): Kultur und Gedächtnis. Frankfurt am Main: Suhrkamp

BACON, FRANCIS
1620   Neues Organ der Wissenschaften. Darmstadt: Wissenschaftliche Buchgesellschaft, 1981

VON BAEYER, ALEXANDER
1971   Einleitung. In: Schütz (1971): Gesammelte Aufsätze, Bd. III. Den Haag: Nijhoff

BAUMAN, ZYGMUNT
1990   Moderne und Ambivalenz. In: Bielefeld (Hrsg.) (1991): Das Eigene und das Fremde. Neuer Rassismus in der Alten Welt? Hamburg: Junius

1991   Moderne und Ambivalenz. Das Ende der Eindeutigkeit. Hamburg: Junius, 1992

1993   Wir sind wie Landstreicher. Die Moral im Zeitalter der Beliebigkeit. In: Süddeutsche Zeitung vom 16./17. November 1993. Auszug in: Keupp (1997): Diskursarena Identität

BECK, ULRICH
1986   Risikogesellschaft. Auf dem Weg in eine andere Moderne. Frankfurt am Main: Suhrkamp

1991   Der Konflikt der zwei Modernen. In: Zapf (Hrsg.) (1991): Die Modernisierung moderner Gesellschaften. Frankfurt am Main: Campus

1993   Die Erfindung des Politischen. Zu einer Theorie reflexiver Modernisierung. Frankfurt am Main: Suhrkamp

1995   Wie aus Nachbarn Juden werden. Zur politischen Konstruktion des Fremden in der reflexiven Moderne. In: Beck (1995): Die feindlose Demokratie. Ausgewählte Aufsätze. Stuttgart: Reclam

BECKER, HOWARD S.
1963   Außenseiter. Zur Soziologie abweichenden Verhaltens. Frankfurt am Main: Fischer, 1973

1971   Nachträgliche Betrachtungen zur »Etikettierungstheorie«. In: Becker (1963)

BERGER, PETER L.
1963   Einladung zur Soziologie. München: Deutscher Taschenbuch Verlag, 1977

1980   Der Zwang zur Häresie. Religion in der pluralistischen Gesellschaft. Freiburg: Herder, 1992

1983   Das Problem der mannigfaltigen Wirklichkeiten: Alfred Schütz und Robert Musil. In: Grathoff u. Waldenfels (Hrsg.) (1983): Sozialität und Intersubjektivität. München: Fink

BERGER, PETER L.; BERGER, BRIGITTE; KELLNER, HANSFRIED
1973   Das Unbehagen in der Modernität. Frankfurt am Main: Campus,
        1975
BERGER, PETER L.; LUCKMANN, THOMAS
1966   Die gesellschaftliche Konstruktion der Wirklichkeit. Frankfurt am
        Main: Fischer, 20. Aufl. 2004
1995   Modernität, Pluralismus und Sinnkrise. Die Orientierung des moder-
        nen Menschen. Gütersloh: Bertelsmann-Stiftung
BLUMER, HERBERT
1969a   The methodological position of symbolic interactionism. In: Blumer
        (1969): Symbolic interactionism. Perspective and method. Engle-
        wood Cliffs: Prentice-Hall
1969b   Der methodologische Standort des Symbolischen Interaktionismus.
        In: Arbeitsgruppe Bielefelder Soziologen (Hrsg.) (1973): Alltags-
        wissen, Interaktion und gesellschaftliche Wirklichkeit. Bd. 1: Sym-
        bolischer Interaktionismus und Ethnomethodologie. Reinbek: Ro-
        wohlt
BOURDIEU, PIERRE
1979   Die feinen Unterschiede. Kritik der gesellschaftlichen Urteilskraft.
        Frankfurt am Main: Suhrkamp, 1987
BOYER, PAUL; NISSENBAUM, STEPHEN
1974   Salem Possessed. The Social Origins of Witchcraft. Cambridge,
        Mass.: Harvard University Press
BROCKHAUS. DIE ENZYKLOPÄDIE
1997   Zwanzigste, überarbeitete und aktualisierte Auflage. Fünfter Band.
        Leipzig, Mannheim: Brockhaus, 1997
CAPELLE, WILHELM
1935   Die Vorsokratiker. Fragmente und Quellenberichte. Stuttgart: Krö-
        ner, 4. Aufl. 1953
COSER, LEWIS A.; ROSENBERG, BERNARD
1957   Sociology of Knowledge. In: Coser u. Rosenberg (Hrsg.) (1964):
        Sociological Theory. New York: The Macmillan Company, 3rd prin-
        ting
DAHRENDORF, RALF
1958   Homo sociologicus. Opladen: Westdeutscher Verlag, 15. Aufl. 1977

DEUTSCHES WÖRTERBUCH VON JACOB GRIMM UND WILHELM GRIMM
1951 Zwölfter Band II. Abteilung, Vesche – vulkanisch. Bearbeitet von Rudolf Meiszner. (= Deutsches Wörterbuch von Jacob und Wilhelm Grimm, Bd. 26) München: Deutscher Taschenbuch Verlag, 1984

DILTHEY, WILHELM
1900 Die Entstehung der Hermeneutik. In: Dilthey (1957): Die geistige Welt. Einleitung in die Philosophie des Lebens. (Wilhelm Dilthey: Gesammelte Schriften, V. Band) Stuttgart: Teubner, 1974

DOLLARD, JOHN; U. A.
1939 Frustration und Aggression. Weinheim: Beltz, 4. Aufl. 1972

DOSTOJEWSKI, FJODOR M.
1880 Die Brüder Karamasoff. München: Piper, 1992, Lizenzausgabe Zweitausendeins

DREITZEL, HANS PETER
1968 Die gesellschaftlichen Leiden und das Leiden an der Gesellschaft. Vorstudien zu einer Pathologie des Rollenverhaltens. Stuttgart: Enke. (3., neubearb. Aufl. mit dem Untertitel: Eine Pathologie des Alltagslebens. Stuttgart: Enke, 1980)

DURKHEIM, EMILE
1893 Über soziale Arbeitsteilung. Studie über die Organisation höherer Gesellschaften. Frankfurt am Main: Suhrkamp, 1992
1895 Die Regeln der soziologischen Methode. Neuwied: Luchterhand, 4., rev. Aufl. 1976
1903 Erziehung, Moral und Gesellschaft. Frankfurt am Main: Suhrkamp, 1. Aufl. 1984

EBNER-ESCHENBACH, MARIE VON
1889 Die Freiherren von Gemperlein. In: Ebner-Eschenbach (1928): Božena. Neue Erzählungen. Leipzig: Fikentscher

EISENSTADT, SHMUEL N.
1999 Die Konstruktion kollektiver Identität im modernen Nationalstaat. In: Eisenstadt (2006): Theorie und Moderne. Soziologische Essays. Wiesbaden: VS Verlag für Sozialwissenschaften

ELIAS, NORBERT
1982 Über die Einsamkeit der Sterbenden. Frankfurt am Main: Suhrkamp

ELIAS, NORBERT; SCOTSON, JOHN L.
1965 Etablierte und Außenseiter. Frankfurt am Main: Suhrkamp, 1993

EPIKTET
2. Jh.   Handbüchlein der Moral und Unterredungen. Hrsg. von Heinrich
           Schmidt, 1966. Stuttgart: Kröner, 10. Aufl. 1978

ESSER, HARTMUT
1990   Nur eine Frage der Zeit? Zur Eingliederung von Migranten im
           Generations-Zyklus und zu einer Möglichkeit, Unterschiede hierin
           zu erklären. In: Esser u. Friedrichs (Hrsg.) (1990): Generation und
           Identität. Theoretische und empirische Beiträge zur Migrationsso-
           ziologie. Opladen: Westdeutscher Verlag
1999   Soziologie. Spezielle Grundlagen. Band 1: Situationslogik und Han-
           deln. Frankfurt am Main: Campus
2000   Soziologie. Spezielle Grundlagen, Band 2: Die Konstruktion der
           Gesellschaft. Frankfurt am Main: Campus
2001   Soziologie. Spezielle Grundlagen, Band 6: Sinn und Kultur. Frank-
           furt am Main: Campus

ESTEL, BERND
1983   Soziale Vorurteile und soziale Urteile. Kritik und wissenssoziologi-
           sche Grundlegung der Vorurteilsforschung. Opladen: Westdeutscher
           Verlag
1993   Nation und nationale Identität. Studienbrief. Hagen: FernUniversität

FICHTE, JOHANN GOTTLIEB
1808   Reden an die deutsche Nation. 5., durchgesehene Aufl. nach dem
           Erstdruck von 1808, mit neuer Einleitung von Reinhard Lauth.
           Hamburg: Meiner, 1978

FISCHER, LORENZ; WISWEDE, GÜNTER
2002   Grundlagen der Sozialpsychologie. München: Oldenbourg, 2., über-
           arbeitete und erweiterte Aufl.

FISCHER, WOLFRAM; MARHOLD, WOLFGANG (HRSG.)
1978   Religionssoziologie als Wissenssoziologie. Stuttgart: Kohlhammer

FREUD, SIGMUND
1914   Zur Geschichte der psychoanalytischen Bewegung. In: Sigmund
           Freud (1949): Gesammelte Werke, Bd. 10. Frankfurt am Main: Fi-
           scher, 6. Aufl. 1973
1915   Zeitgemäßes über Krieg und Tod. In: Sigmund Freud. Studienaus-
           gabe, Band IX. Frankfurt am Main: Fischer Taschenbuch Verlag,
           1982
1921   Massenpsychologie und Ich-Analyse. In: Sigmund Freud: Studien-
           ausgabe, Bd. IX. Frankfurt am Main: Fischer, 1982

1930   Das Unbehagen in der Kultur. In: Freud (1953)
1933   Neue Folge der Vorlesungen zur Einführung in die Psychoanalyse.
         In: Sigmund Freud: Studienausgabe, Band I. Frankfurt am Main: Fischer, 1982
1938   Abriss der Psychoanalyse. In: Freud (1953)
1953   Abriss der Psychoanalyse. Das Unbehagen in der Kultur. Frankfurt
         am Main: Fischer

FRISCH, MAX
1985   Tagebuch 1946-1949. Frankfurt am Main: Suhrkamp

GEENEN, ELKE
2002   Soziologie des Fremden. Ein gesellschaftstheoretischer Entwurf.
         Opladen: Leske + Budrich

GEHLEN, ARNOLD
1940   Der Mensch. Seine Natur und seine Stellung in der Welt. Frankfurt
         am Main: Athenäum, 9. Aufl. 1971

GEULEN, DIETER
1991   Die historische Entwicklung sozialisationstheoretischer Ansätze. In:
         Hurrelmann u. Ulich (Hrsg.) (1991): Neues Handbuch der Sozialisationsforschung. Weinheim: Beltz, 4., völlig neubearbeitete Aufl.

GOFFMAN, ERVING
1961   Asyle. Über die soziale Situation psychiatrischer Patienten und anderer Insassen. Frankfurt am Main: Suhrkamp, 8. Aufl. 1991

GOULDNER, ALVIN W.
1973   Romantisches und klassisches Denken. Tiefenstrukturen in den Sozialwissenschaften. In: Gouldner (1984): Reziprozität und Autonomie. Frankfurt am Main: Suhrkamp

GRATHOFF, RICHARD
1978   Alfred Schütz. In: Kaesler (Hrsg.) (1978): Klassiker des soziologischen Denkens, Bd. II. München: Beck

GRIMMSCHES WÖRTERBUCH (s. Deutsches Wörterbuch)

HAHN, ALOIS
1994   Die soziale Konstruktion des Fremden. In: Sprondel (Hrsg.) (1994):
         Die Objektivität der Ordnungen und ihre kommunikative Konstruktion. Für Thomas Luckmann. Frankfurt am Main: Suhrkamp
1995   Identität, Nation und das Problem der Fremdheit in soziologischer
         Sicht. In: Heinze (Hrsg.) (1995): Kultur und Wirtschaft. Perspektiven gemeinsamer Innovation. Opladen: Westdeutscher Verlag

HEINTZ, PETER
1957   Soziale Vorurteile. Ein Problem der Persönlichkeit, der Kultur und
        der Gesellschaft. Köln: Verlag für Politik und Wirtschaft

HELSPER, WERNER
1997   Das »postmoderne« Selbst – ein neuer Subjekt- und Jugend-
        Mythos? In: Keupp u. Höfer (Hrsg.) (1997)

HERAKLIT
        Fragment. In: Kranz (1959): Vorsokratische Denker. Berlin: Weid-
        mannsche Verlagsbuchhandlung, 3. Aufl.

HERSKOVITS, MELVILLE J.
1947   Man and his works. The science of cultural anthropology. New
        York: Alfred A. Knopf, third printing 1949

HETTLAGE, ROBERT
2003   Vom Leben in der Lügengesellschaft. In: Hettlage (Hrsg.) (2003):
        Verleugnen, Vertuschen, Verdrehen. Leben in der Lügengesell-
        schaft. Konstanz: UVK Verlagsgesellschaft

HITZLER, RONALD; REICHERTZ, JO; SCHROER, MARKUS (HRSG.)
1999   Hermeneutische Wissenssoziologie. Standpunkte zur Theorie der
        Interpretation. Konstanz: Universitätsverlag

HOFSTÄTTER, PETER R.
1963   Einführung in die Sozialpsychologie. Stuttgart: Kröner, 3., neubar-
        beitete Aufl.

HORKHEIMER, MAX
1947   Zur Kritik der instrumentellen Vernunft. In: Horkheimer (1947): Zur
        Kritik der instrumentellen Vernunft. Herausgegeben von Alfred
        Schmidt. Frankfurt am Main: Fischer, 1967

HORSTMANN, AXEL
1989   Das Fremde und das Eigene – „Assimilation" als hermeneutischer
        Begriff. In: Archiv für Begriffsgeschichte, Band XXX. Bonn: Bou-
        vier

HUSSERL, EDMUND
1936   Die Krisis der europäischen Wissenschaften und die transzendentale
        Phänomenologie. (Teile I und II) Herausgegeben von Elisabeth
        Ströker. Hamburg: Meiner, 3. Aufl. 1996
1937   Die Krisis der europäischen Wissenschaften und die transzendentale
        Phänomenologie, hrsg. von Walter Biemel. (Husserliana. Edmund
        Husserl: Gesammelte Werke, Bd. VI) Den Haag: Nijhoff, 2. Aufl.
        1976

HYMAN, HERBERT H.
1942   The psychology of status. New York: Arno
JOAS, HANS
1999   George Herbert Mead. In: Kaesler (Hrsg.) (1999): Klassiker der
        Soziologie, Band 1. München: Beck
KANT, IMMANUEL
1784   Beantwortung der Frage: Was ist Aufklärung? In: Kant (1968):
        Werke, Band 9
1800   Logik. In: Kant (1968): Werke, Band 5
1968   Werke in zehn Bänden. Hrsg. von Wilhelm Weischedel. Darmstadt:
        Wissenschaftliche Buchgesellschaft
KARSTEN, ANITRA
1953   Das Vorurteil. In: Karsten (Hrsg.) (1978)
KARSTEN, ANITRA (HRSG.)
1978   Vorurteil. Ergebnisse psychologischer und sozialpsychologischer
        Forschung. Darmstadt: Wissenschaftliche Buchgesellschaft
KEUPP, HEINER
1997   Diskursarena Identität: Lernprozesse in der Identitätsforschung. In:
        Keupp u. Höfer (Hrsg.) (1997)
KEUPP, HEINER; HÖFER, RENATE (HRSG.)
1997   Identitätsarbeit heute. Klassische und aktuelle Perspektiven der
        Identitätsforschung. Frankfurt am Main: Suhrkamp
KIESERLING, ANDRÉ
1999   Kommunikation unter Anwesenden. Studien über Interaktionssys-
        teme. Frankfurt am Main: Suhrkamp
KLINEBERG, OTTO
1968   Prejudice. In: Sills (ed.) (1968): International Encyclopedia of the
        Social Sciences. Vol. 11. New York: The Macmillan Company &
        The Free Press, 1972
KNOBLAUCH, HUBERT
2005   Wissenssoziologie. Konstanz: UVK Verlagsgesellschaft
KOESTLER, ARTHUR
1941   Sonnenfinsternis. München, Wien: Europa Verlag, 1978, 3. Aufl.
        1998
KRAPPMANN, LOTHAR
1969   Soziologische Dimensionen der Identität. Strukturelle Bedingungen
        für die Teilnahme an Interaktionsprozessen. Stuttgart: Klett, 1. Aufl.
        1971

KRISTEVA, JULIA
1988   Fremde sind wir uns selbst. Frankfurt am Main: Suhrkamp, 1990
KRÜGER, MARLIS
1981   Wissenssoziologie. Stuttgart: Kohlhammer
LENGFELD, HOLGER (HRSG.)
1995   Entfesselte Feindbilder. Über die Ursachen und Erscheinungsformen
        von Fremdenfeindlichkeit. Berlin: Ed. Sigma
LENK, HANS
1987   Kritik der kleinen Vernunft. Einführung in die jokologische Philo-
        sophie. Frankfurt am Main: Suhrkamp
LESSING, GOTTHOLD EPHRAIM
1754   Die Juden. Herausgegeben von Wilhelm Grosse. Stuttgart: Reclam,
        1996
LIPPMANN, WALTER
1922   Die öffentliche Meinung. München: Rütten + Loening, 1964
LIPSET, SEYMOUR MARTIN
1959   Democracy and working-class authoritarianism. In: American Soci-
        ologcial Review, Vol. 24, No. 4, August 1959
LOCKE, JOHN
1690   An essay concerning human understanding. Oxford: Clarendon
        Press, 1975
LÖWENTHAL, LEO; GUTERMANN, NORBERT
1949   Agitation und Ohnmacht. Auf den Spuren Hitlers im Vorkriegsame-
        rika. Neuwied: Luchterhand, 1966
LUCKMANN, THOMAS
1975   Vorwort zu: Schütz u. Luckmann (1975)
1979a   Phänomenologie und Soziologie. In: Sprondel u. Grathoff (Hrsg.)
        (1979)
1979b   Soziologie der Sprache. In: König (Hrsg.) (1979): Handbuch der
        empirischen Sozialforschung, Bd. 13: Sprache. Künste. Stuttgart:
        Enke, 2. völlig neubearbeitete Auflage
1982   Individuelles Handeln und gesellschaftliches Wissen. In: Luckmann
        (2002)
1992   Theorie des sozialen Handelns. Berlin: de Gruyter
2002   Wissen und Gesellschaft. Ausgewählte Aufsätze 1981-2002. Kon-
        stanz: UVK Verlagsgesellschaft
2006   Die kommunikative Konstruktion der Wirklichkeit. In: Tänzler,
        Knoblauch, Soeffner (Hrsg.) (2006a)

LUCKMANN, BENITA; LUCKMANN, THOMAS
1983   Wissen und Vorurteil. Studienbrief. Hagen: FernUniversität
LUHMANN, NIKLAS
1975   Macht. Stuttgart: Enke
1984   Soziale Systeme. Grundriss einer allgemeinen Theorie. Frankfurt am
        Main: Suhrkamp
1990   Das Moderne der modernen Gesellschaft. In: Luhmann (1992): Be-
        obachtungen der Moderne. Opladen: Westdeutscher Verlag
1993   Gesellschaftsstruktur und Semantik. Studien zur Wissenssoziologie
        der modernen Gesellschaft, Bd. 3. Frankfurt am Main: Suhrkamp
1995   Die Soziologie des Wissens: Probleme ihrer theoretischen Konstruk-
        tion. In: Luhmann (1995): Gesellschaftsstruktur und Semantik. Stu-
        dien zur Wissenssoziologie der modernen Gesellschaft, Bd. 4.
        Frankfurt am Main: Suhrkamp
MAASEN, SABINE
1999   Wissenssoziologie. Bielefeld: transcript
MANNHEIM, KARL
1929   Ideologie und Utopie. Frankfurt am Main: Schulte-Bulmke, sechste,
        unveränderte Aufl. 1978
1964   Wissenssoziologie. Auswahl aus dem Werk. Hrsg. von Kurt H.
        Wolff. Neuwied: Luchterhand, 2. Aufl. 1970
MARKEFKA, MANFRED
1982   Vorurteile, Minderheiten, Diskriminierung. Neuwied: Luchterhand,
        4., veränderte und erweiterte Aufl.
MARX, KARL
1859   Zur Kritik der Politischen Ökonomie. In: Karl Marx; Friedrich En-
        gels: Werke, Bd. 13. Berlin: Dietz, 1981
1867   Das Kapital. Kritik der politischen Ökonomie. Erster Band. (= Karl
        Marx; Friedrich Engels: Werke, Bd. 23) Berlin: Dietz, 1972
1894   Das Kapital. Kritik der politischen Ökonomie. Dritter Band. Her-
        ausgegeben von Friedrich Engels (= Karl Marx; Friedrich Engels:
        Werke, Bd. 25) Berlin: Dietz, 1970
MARX, KARL; ENGELS, FRIEDRICH
1846   Die Deutsche Ideologie. In: Karl Marx, Friedrich Engels: Werke,
        Bd. 3. Berlin: Dietz, 1981

MEAD, GEORGE HERBERT
1929   Das Wesen der Vergangenheit. In: Mead (1980): Gesammelte Auf-
        sätze, Bd. 1. Herausgegeben von Hans Joas. Frankfurt am Main:
        Suhrkamp
1934   Geist, Identität und Gesellschaft. Mit einer Einleitung hrsg. von
        Charles W. Morris. Frankfurt am Main: Suhrkamp, 1993
1934   Mind, self, and society. From the standpoint of a social behaviorist.
        Edited and with an introduction by Charles W. Morris. Chicago: The
        University of Chicago Press
MEJA, VOLKER; STEHR, NICO (HRSG.)
1982   Der Streit um die Wissenssoziologie, 2 Bde. Frankfurt am Main:
        Suhrkamp
MERTON, ROBERT K.
1938   Sozialstruktur und Anomie. In: Sack u. König (Hrsg.) (1968): Kri-
        minalsoziologie. Frankfurt am Main: Akademische Verlagsgesell-
        schaft, 2. Aufl. 1974
1945   Zur Wissenssoziologie. In: Merton (1985): Entwicklung und Wan-
        del von Forschungsinteressen. Aufsätze zur Wissenschaftssoziolo-
        gie. Frankfurt am Main: Suhrkamp
1948   Die Eigendynamik gesellschaftlicher Voraussagen. In: Topitsch
        (Hrsg.) (1966): Logik der Sozialwissenschaften. Köln: Kiepenheuer
        & Witsch (u. d. T. „Die self-fulfilling prophecy" in: Merton 1995)
1957a   Weiterentwicklungen der Theorie von Bezugsgruppen und Sozial-
        struktur. In: Merton (1995)
1957b   Beiträge zur Theorie des Bezugsgruppenverhaltens. In: Merton
        (1995)
1972   Insiders and Outsiders: A Chapter in the Sociology of Knowledge.
        In: American Journal of Sociology, Vol. 78, bimonthly July 1972-
        May 1973
1995   Soziologische Theorie und soziale Struktur. Herausgegeben und
        eingeleitet von Volker Meja und Nico Stehr. Berlin: de Gruyter
MITSCHERLICH, ALEXANDER
1964   Zur Psychologie des Vorurteils. In: Karsten (Hrsg.) (1978)
MONTESQUIEU, CHARLES-LOUIS DE SECONDAT
1721   Persische Briefe. Stuttgart: Reclam, 1991
MÜNKLER, HERFRIED (HRSG.)
1997   Furcht und Faszination. Facetten der Fremdheit. Berlin: Akademie
        Verlag

MUSIL, ROBERT
1930   Der Mann ohne Eigenschaften. Hrsg. von Adolf Frisé. Reinbek: Rowohlt, 1978, Sonderausgabe 1981
NASSEHI, ARMIN
1995   Der Fremde als Vertrauter. Soziologische Betrachtungen zur Konstruktion von Identitäten und Differenzen. In: Kölner Zeitschrift für Soziologie und Sozialpsychologie, Jg. 47, Heft 3, S. 443-463
NATANSON, MAURICE
1979   Das Problem der Anonymität im Denken von Alfred Schütz. In: Sprondel u. Grathoff (Hrsg.) (1979)
NEUMANN, FRIEDRICH JULIUS
1888   Volk und Nation. Leipzig: Duncker & Humblot
NIETZSCHE, FRIEDRICH
o. J.   Nietzsche über sich selbst. In: Nietzsche (1978)
1885/87 Nachgelassene Fragmente 1885-1887. Friedrich Nietzsche: Sämtliche Werke. Kritische Studienausgabe, Bd. 12. Hrsg. von Giorgio Colli und Mazzino Montinari. München: Deutscher Taschenbuch Verlag, 1988, Bd. 12
1885/88 Entwürfe zu Vorreden. In: Nietzsche 1978
1886   Jenseits von Gut und Böse. (= Friedrich Nietzsche: Sämtliche Werke, Band 76: Jenseits von Gut und Böse. Zur Genealogie der Moral) Stuttgart: Kröner, 10. Aufl. 1976
1887   Zur Genealogie der Moral. (= Friedrich Nietzsche: Sämtliche Werke, Band 76: Jenseits von Gut und Böse. Zur Genealogie der Moral) Stuttgart: Kröner, 10. Aufl. 1976
1901   Der Wille zur Macht. Versuch einer Umwertung aller Werte. (= Friedrich Nietzsche: Sämtliche Werke, Bd. 78) Stuttgart: Kröner, 1964
1978   Die Unschuld des Werdens. Der Nachlass. Ausgewählt und geordnet von Alfred Bauemer. (= Friedrich Nietzsche: Sämtliche Werke, Band 82) Stuttgart: Kröner
OEVERMANN, ULRICH
1968   Schichtspezifische Formen des Sprachverhaltens und ihr Einfluss auf die kognitiven Prozesse. In: Roth (Hrsg.) (1968): Begabung und Lernen. Stuttgart: Klett
PARK, ROBERT EZRA
1928   Human Migration and the Marginal Man. In: American Journal of Sociology, Vol. 33

PASCAL, BLAISE
1669   Über die Religion. (Pensées). Heidelberg: Verlag Lambert Schneider, 1954

PEUCKERT, RÜDIGER
2006   Vorurteil. In: Schäfers, Bernhard; Kopp, Johannes (Hrsg.) (2006): Grundbegriffe der Soziologie. Wiesbaden: VS Verlag für Sozialwissenschaften, 9., grundlegend überarbeitete und aktualisierte Auflage

REISINGER, KLAUS; SCHOLZ, OLIVER R.
2001   Vorurteil. In: Historisches Wörterbuch der Philosophie. Hrsg. von Joachim Ritter u. a. Bd. 11. Basel: Schwabe

RIESMAN, DAVID
1950   Die einsame Masse. Reinbek: Rowohlt, 1958

SCHÄFFTER, OTFRIED (HRSG.)
1991   Das Fremde: Erfahrungsmöglichkeiten zwischen Faszination und Bedrohung. Opladen: Westdeutscher Verlag

SCHIMANK, UWE
2005   Die Unaufhörlichkeit des Entscheidens. Studienbrief. Hagen: Fern-Universität

SCHMID, JEANNETTE
1991   Die Wahrnehmung des Anderen. Sozialpsychologische Anmerkungen zu Ethnozentrismus und Marginalisierung. In: Fögen (Hrsg.) (1991): Fremde der Gesellschaft. Historische und sozialwissenschaftliche Untersuchungen zur Differenzierung von Normalität und Fremdheit. Frankfurt am Main: Klostermann

SCHOPENHAUER, ARTHUR
1844   Die Welt als Wille und Vorstellung, Ergänzungen zum zweiten Buch. Leipzig: Reclam, 1892, Zweiter Band

SCHÜTZ, ALFRED
1932   Der sinnhafte Aufbau der sozialen Welt. Eine Einleitung in die verstehende Soziologie. Frankfurt am Main: Suhrkamp, 1974

1944   Der Fremde. Ein sozialpsychologischer Versuch. In: Schütz (1972): Gesammelte Aufsätze, II. Studien zur soziologischen Theorie. Den Haag: Nijhoff

1953   Wissenschaftliche Interpretation und Alltagsverständnis menschlichen Handelns. In: Schütz (1971)

1971   Gesammelte Aufsätze I: Das Problem der sozialen Wirklichkeit. Den Haag: Nijhoff

SCHÜTZ, ALFRED; LUCKMANN, THOMAS
1975   Strukturen der Lebenswelt, Bd. I. Neuwied: Luchterhand
1984   Strukturen der Lebenswelt, Bd. II. Frankfurt am Main: Suhrkamp
SCHÜTZ, ALFRED; PARSONS, TALCOTT
1977   Zur Theorie sozialen Handelns. Ein Briefwechsel, hrsg. von Walter M. Sprondel. Frankfurt am Main: Suhrkamp
SCHÜTZEICHEL, RAINER (HRSG.)
2007   Handbuch Wissenssoziologie und Wissensforschung. Kosntanz: UVK Verlagsgesellschaft
SIMMEL, GEORG
1890   Über sociale Differenzierung. In: Simmel 1989: Aufsätze 1887-1890. (Georg Simmel. Gesamtausgabe, Band 2) Frankfurt am Main: Suhrkamp
1894   Das Problem der Sociologie. In: Simmel 1992: Aufsätze und Abhandlungen 1894-1900. Herausgegeben von Heinz-Jürgen Dahme und David P. Frisby. (Georg Simmel. Gesamtausgabe, Band 5) Frankfurt am Main: Suhrkamp
1903   Die Großstädte und das Geistesleben. In: Simmel: Aufsätze und Abhandlungen 1901-1908, Band I. (Georg Simmel. Gesamtausgabe, Band 7) Frankfurt am Main: Suhrkamp, 1995
1908   Soziologie. Untersuchungen über die Formen der Vergesellschaftung. (Georg Simmel. Gesamtausgabe, Band 11) Frankfurt am Main: Suhrkamp, 1992
SOEFFNER, HANS-GEORG
1987   Literaturbesprechung zu Schütz u. Luckmann: Strukturen der Lebenswelt. In: Kölner Zeitschrift für Soziologie und Sozialpsychologie, 39. Jg., H. 4
1992   Rekonstruktion statt Konstruktivismus. 25 Jahre „Social Construction of Reality". In: Soziale Welt, Jg. 43 (1992) H. 4
SPRONDEL, WALTER M.; GRATHOFF, RICHARD (HRSG.)
1979   Alfred Schütz und die Idee des Alltags in den Sozialwissenschaften. Stuttgart: Enke
SRUBAR, ILJA
2006   Die Unwissensgesellschaft. Moderne nach dem Verlust von Alternativen. In: Tänzler, Knoblauch, Soeffner (Hrsg.) (2006b)
STICHWEH, RUDOLF
1992   Der Fremde – Zur Evolution der Weltgesellschaft. In: Rechtshistorisches Journal 11, 1992

STRAUSS, ANSELM L.
1959   Spiegel und Masken. Die Suche nach Identität. Frankfurt am Main: Suhrkamp, 1968

STRAUSS, BOTHO
1993   Anschwellender Bocksgesang. In: Der Spiegel, 1993, Nr. 6

STROEBE, WOLFGANG
1980   Grundlagen der Sozialpsychologie I. Stuttgart: Klett-Cotta

STRZELEWICZ, WILLY
1965   Das Vorurteil als Bildungsbarriere in der industriellen Gesellschaft. In: Strzelewicz (Hrsg.) (1965): Das Vorurteil als Bildungsbarriere. Göttingen: Vandenhoeck & Ruprecht, 2. Aufl. 1970

SUMNER, WILLIAM G.
1906   Folkways. A study of the sociological importance of usages, manners, customs, mores, and morals. New York: Dover Publications, 1959

TÄNZLER, DIRK; KNOBLAUCH, HUBERT; SOEFFNER, HANS-GEORG
2006   Neue Perspektiven der Wissenssoziologie. Eine Einleitung. In: Tänzler, Knoblauch, Soeffner (Hrsg.) (2006a)

TÄNZLER, DIRK; KNOBLAUCH, HUBERT; SOEFFNER, HANS-GEORG (HRSG.)
2006a   Neue Perspektiven der Wissenssoziologie. Konstanz: UVK Verlagsgesellschaft
2006b   Zur Kritik der Wissensgesellschaft. Konstanz: UVK Verlagsgesellschaft

TAJFEL, HENRI
1978   Social Categorization, Social Identity and Social Comparison. In: Tajfel (ed.): Differentiation between Social Groups. Studies in the Social Psychology of Intergroup Relations. European Monographs in Social Psychology, Vol. 14. London: Academic Press, p. 61-76
1982   Gruppenkonflikt und Vorurteil. Entstehung und Funktion sozialer Stereotypen. Bern: Huber

THOMAS, WILLIAM I.; THOMAS, DOROTHY S.
1928   Das Kind in Amerika. In: Thomas (1965): Person und Sozialverhalten. Hrsg. von Edmund H. Volkart. Neuwied: Luchterhand

THOMASIUS, CHRISTIAN
1691   Einleitung zur Vernunftlehre. Repografischer Nachdruck. Hildesheim: Olms, 1968

ULMER, BERND
1988   Konversionserzählungen als rekonstruktive Gattung. Erzählerische
          Mittel und Strategien bei der Rekonstruktion eines Bekehrungser-
          lebnisses. In: Zeitschrift für Soziologie, Jg. 17, Heft 1, Februar 1988

VALENTIN, KARL
o. J.   Die Fremden. In: Karl Valentin (1985): Gesammelte Werke in ei-
          nem Band. Herausgegeben von Michael Schulte. Frankfurt am
          Main: Zweitausendeins

WALDENFELS, BERNHARD
1992   Einführung in die Phänomenologie. München: Fink
1993   Husserl (1993): Arbeit an den Phänomenen. Ausgewählte Schriften.
          Herausgegeben und mit einem Nachwort versehen von Bernhard
          Waldenfels. Frankfurt am Main: Fischer Taschenbuch Verlag
1995   Einleitung. In: Husserl (1995): Die Krisis des europäischen Men-
          schentums und die Philosophie. Mit einer Einführung von Bernhard
          Waldenfels. Weinheim: Beltz Athenäum
1996   Herausforderung durch das Fremde. Festvortrag Alexander von
          Humboldt-Stiftung. Japanisch-deutsches Kolloquium zur Bedeutung
          der Geisteswissenschaften (Kyoto 30.3.1996) (internet Zugang
          31.8.2006)

WATZLAWICK, PAUL
1976   Wie wirklich ist die Wirklichkeit? Wahn, Täuschung, Verstehen.
          München: Piper, 2. Aufl.

WEBER, MAX
1904/05a Die protestantische Ethik und der »Geist« des Kapitalismus. In:
          Weber (2002)
1904/05b Die protestantische Ethik und der Geist des Kapitalismus. In: We-
          ber (1947): Gesammelte Aufsätze zur Religionssoziologie, Bd. I.
          Tübingen: Mohr, 4. Aufl.
1917   Der Sinn der »Wertfreiheit« der soziologischen und ökonomischen
          Wissenschaften. In: Weber (2002)
1919   Wissenschaft als Beruf. In: Weber (2002)
1920a   Einleitung. Die Wirtschaftsethik der Weltreligionen. Vergleichende
          religionssoziologische Versuche. In: Weber (2002)
1920b   Soziologische Grundbegriffe. In: Weber (2002)
1922   Wirtschaft und Gesellschaft. (= Grundriss der Sozialökonomik. III.
          Abteilung. Bearbeitet von Max Weber. Herausgegeben von Marian-
          ne Weber) Tübingen: Mohr-Siebeck

2002   Schriften 1894-1922. Ausgewählt von Dirk Kaesler. Stuttgart: Kröner

WEIß, JOHANNES
1999   Identitätsoptionen und Identitätsfallen. Einige Reflexionen über das Glück des Fremdseins und die Dialektik kultureller Identität. In: Willems u. Hahn (Hrsg.) (1999): Identität und Moderne. Frankfurt am Main: Suhrkamp

WOLF, CHRISTA
1982   Kleists „Penthesilea". In: Heinrich von Kleist. Penthesilea. (Kleist, Gesammelte Werke, 2. Band, Berlin: Aufbau-Verlag, 1955), Wiesbaden: Fourier, o. J.

WOLF, HEINZ E.
1969   Soziologie der Vorurteile. Zur methodologischen Problematik der Forschung und Theoriebildung. In: König (Hrsg.) (1969): Handbuch der empirischen Sozialforschung, Bd. 2. Stuttgart: Enke

WOLFF, CHRISTIAN
1721   Rede über die praktische Philosophie der Chinesen. (Oratio de Sinarum philosophia practica) Übersetzt, eingeleitet und herausgegeben von Michael Albrecht. Hamburg: Meiner, 1985

ZURCHER, LOUIS A.; SNOW, DAVID A.
1981   Collective Behavior: Social Movements. In: Rosenberg, Morris; Turner, Ralph H. (eds.) (1981): Social Psychology. New York: Basic Books

MIX
Papier aus verantwortungsvollen Quellen
Paper from responsible sources
FSC® C105338

FSC
www.fsc.org

If you have any concerns about our products,
you can contact us on
ProductSafety@springernature.com

In case Publisher is established outside the EU,
the EU authorized representative is:
Springer Nature Customer Service Center GmbH
Europaplatz 3, 69115 Heidelberg, Germany

Printed by Libri Plureos GmbH
in Hamburg, Germany